Benazir Bhutto

Jusqu'au bout du destin

Éric RAYNAUD

Benazir Bhutto

Jusqu'au bout du destin

JEAN-PAUL BERTRAND

Du même auteur

Les Réseaux cachés des pervers sexuels,
Éd. du Rocher, octobre 2004.
Un crime d'État ? La mort étrange de Pierre Bérégovoy,
Éd. Alphée, janvier 2008.
Ingrid Betancourt, femme courage !
Éd. Alphée, janvier 2008.

www.editions-alphee.com

EAN : 978 2 7538 0307 7

À Jeannette.

« *C'est l'ombre de la mort qui donne son relief à la vie.* »
Ingmar BERGMAN

1

Un assassinat annoncé

D ANS LA VOITURE BLINDÉE, Benazir Bhutto et sa conseillère, Naheed Khan, se congratulent. Le meeting qui vient de se dérouler à Rawalpindi, à 20 km d'Islamabad, a rassemblé plus de 100 000 personnes, favorables au PPP (Parti du peuple pakistanais), créé par son père Ali Bhutto, près de trente ans plus tôt.

« *Tu vas voir, on va gagner* », exulte l'ex-Premier ministre du Pakistan, première femme à avoir eu la charge de gouverner un pays musulman, en embrassant sa fidèle conseillère politique Naheed. Dehors, c'est l'exubérance : « *Jiye Bhutto ! Jiye Bhutto !* » « Vive Bhutto ! Vive Bhutto ! » en pakistanais. Acclamée, réclamée, elle ne résiste pas à la tentation de répondre à ses fans, se lève dans le véhicule au toit ouvert, et crie avec la foule « *Jiye Bhutto ! Vive Bhutto !* » Mais elle, c'est plus probablement à son père qu'elle s'adresse…

Ce seront ses derniers mots. Des coups de feu claquent, Benazir retombe sur son siège. Une explosion souffle tout dans un rayon de plusieurs dizaines de mètres : un fanatique islamiste, le même, semble-t-il, qui a tiré sur la candidate, s'est fait exploser avec sa bombe, en s'accrochant à l'arrière de la voiture blindée. Il y a des morts. Des blessés. Partout, on gémit de douleur : il y a des dizaines de corps étendus dans des mares de sang… C'est l'affolement général, bien sûr. Encore…

À l'intérieur du véhicule, Naheed Khan s'aperçoit soudain que les vêtements de Benazir sont ensanglantés, notamment son foulard. Il y a du sang sur le plancher du Land Cruiser Toyota blindé, aussi… On constate très vite que l'une des balles tirées par le kamikaze l'a touchée au cou, apparemment, dans un premier temps. Elle perd son sang en abondance.

La photo de John Moore, un reporter américain, est floue[1]. Mais c'est la dernière de Benazir Bhutto. Il est 17 h 16, heure locale, et le journaliste se trouve dans la foule, face au véhicule qui arrive vers lui extrêmement lentement, au pas. Normal : tout autour du 4 x 4 de la candidate, des milliers de supporters sont agglutinés, les bras tendus vers leur idole, la main parfois à moins de 50 cm d'elle… Benazir Bhutto, son immuable foulard blanc sur la tête, les salue de la main droite. Si le cliché de John Moore n'est pas net – faire une mise au point relèverait de l'exploit, dans cette marée humaine –, il n'en est pas moins un véritable document : c'est la toute dernière image de la pasionaria pakistanaise en vie, une poignée de secondes avant l'attentat…

« *La voiture se frayait très lentement un chemin dans la foule* », explique le journaliste. « *J'attendais qu'elle arrive à ma hauteur, lorsque j'ai entendu trois détonations, et vu*

---

1. *Paris Match*, 3 janvier 2008.

Benazir Bhutto plonger à l'intérieur. » Dans la foulée, la bombe que le kamikaze porte à la ceinture explose, alors que l'avant du véhicule n'est qu'à trois mètres du reporter. Le terroriste s'est accroché à l'arrière du Toyota, d'après un membre du PPP, et a ajusté la candidate : trois balles, dont une lui a traversé le cou, de la nuque à la gorge, puis l'explosion.

John Moore, lui, est placé devant le 4 x 4 et n'est donc pas blessé. L'appareil qu'il tient en l'air, à bout de bras, est en mode « rafale ». Et l'un des clichés pris à la volée fixe ainsi pour la postérité l'instant exact, à la demi-seconde près, de la déflagration. « *J'ai aussitôt été entraîné par la foule paniquée, mais le moteur de mon appareil continuait à tourner* », raconte-t-il. Cette photo est d'une force incroyable : une énorme lueur rouge et jaune éclaire la scène, pétrifiant dans l'instant la foule sur place, la tête rentrée dans les épaules.

Farhattulah Babar, porte-parole du Parti pour le peuple pakistanais, se trouve à ce moment précis dans un autre véhicule, devant celui de Benazir Bhutto. « *J'ai entendu une forte déflagration, puis j'ai vu de la fumée et des flammes* », témoigne-t-il. « *Mais on nous a interdit de nous arrêter.* »

Le sénateur est extrêmement inquiet, et pour cause. Il a forcément compris qu'il s'agissait d'un attentat mais, de plus, le téléphone du Toyota ne répond plus. Dix minutes plus tard, il est à l'hôpital le plus proche : « *Les médecins m'ont introduit dans sa chambre. Ils m'ont dit qu'elle était déjà morte à son arrivée. Il était très exactement 17 h 25.* »

Le service policier de protection ? Il n'y en a pas : le président du Pakistan, le général Pervez Musharraf, le lui a refusé. Même en sachant que moins de deux mois plus tôt, pour le retour de Benazir au Pakistan, où plusieurs centaines de milliers de personnes l'attendaient, un attentat contre elle avait entraîné la mort de... cent trente-neuf personnes, sans compter plusieurs centaines de blessés... La veille même de sa mort, alors qu'elle tenait un meeting à Peshawar, à 150 km à l'est de Rawalpindi, un kamikaze avait été intercepté dans la foule par le service d'ordre du PPP. Il faut dire que Peshawar est à la frontière de la région pakistanaise des zones tribales, véritable réservoir d'extrémistes musulmans, et à une trentaine de kilomètres de la frontière avec l'Afghanistan. Et le programme électoral de Benazir Bhutto contient une option visant à l'éradication des fanatiques et autres talibans. Dangereux déplacements électoraux que ceux de Peshawar et Rawalpindi, donc, mais aucune protection n'est mise en place par le pouvoir, ni policière, ni militaire, pour les militants du PPP et leur chef de file.

Il faut bien dire qu'il ne s'agit pas d'une simple « mauvaise volonté », d'un geste de mauvaise humeur du président Musharraf et de son staff au pouvoir. Non : le président autoproclamé de la République islamiste du Pakistan ne peut voir dans le retour d'exil de Benazir Bhutto que la fin, à plus ou moins long terme, de sa présence à la tête de l'État. Il a dû manger son chapeau devant la pression des États-Unis et laisser revenir son adversaire au pays, comme on le verra. Mais pour ce spécialiste du double-jeu – allié de l'Occident dans la lutte contre l'intégrisme d'un côté, soutenant les extrémistes musulmans de l'autre –, l'assassinat éventuel de Benazir serait un vrai cadeau.

Du reste, tout le monde sait, en décembre 2007, qu'au moins trois organisations islamistes ont juré d'avoir la peau de cette dernière. Sans compter que dans les rangs des militaires, mais aussi et peut-être surtout au sein des tout-puissants services secrets pakistanais, véritable État dans l'État, il ne manque pas de voix pour proposer que tombe la tête de Benazir Bhutto. Et ses partisans ne doivent pas se tromper beaucoup de cible, dès l'annonce de sa mort, en montrant d'un doigt vengeur le régime militaire d'Islamabad.

Mais en tout état de cause, c'est une véritable icône de la politique pakistanaise qui est assassinée ce 27 décembre 2007, à onze jours d'élections législatives pour lesquelles le PPP fait figure de favori, grâce évidemment à son retour aux affaires. Une icône pakistanaise, mais pas seulement : du sous-continent indien, sans l'ombre d'un doute, et encore au niveau mondial, tout simplement. D'ailleurs, un concert de désapprobation international se fait très vite entendre à l'adresse de Musharraf.

Après son père, renversé par un coup d'État militaire et exécuté, ses deux frères, l'un empoisonné en France – les « services » pakistanais, voire la CIA, sont alors plus que suspectés –, l'autre abattu dans une très énigmatique fusillade avec la police, Benazir est la quatrième victime d'une famille qui avait pour ligne de vie de se battre pour la démocratie dans leur pays, le Pakistan.

Il y a comme ça des dynasties qui paient cher leur engagement. On ne peut que penser, inévitablement, aux Gandhi, en Inde, et autres Kennedy aux États-Unis. Des familles qui ont, comme les Bhutto, payé le tribut le plus cher pour leur engagement à faire régner l'égalité minimum et la démocratie dans leurs nations respectives. Le problème étant, pour leurs assassins et leurs commanditaires, qu'ils deviennent au fur et à mesure des symboles, des martyrs, des références. Ce qui décuple, à plus ou moins long terme, la force de leurs idées.

Benazir Bhutto savait très bien qu'elle risquait de mourir, en revenant au Pakistan. Elle l'avait dit. Elle avait expliqué de nombreuses fois, aussi, qu'elle n'avait pas peur de la mort. Elle l'avait prouvé, également, puisqu'ayant échappé dans le passé à un certain nombre de tentatives d'assassinat, elle était revenue se battre pour un statut démocratique dans son pays.

Dans sa dernière interview accordée à un magazine français, *L'Express*[2], Dominique Lagarde lui posait la question sans ambiguïté :

— Il y a eu tant de morts dans votre famille… Le jour de votre retour, un attentat visant votre convoi a fait des dizaines de victimes à Karachi. N'avez-vous pas peur ?

— Je suis convaincue que ce qui s'est passé à Karachi n'aurait pas eu lieu sans complicités au sein de l'appareil d'État. Pour le reste, toute ma vie j'ai pris des risques. Et aujourd'hui, c'est surtout mon pays qui est en danger. Les premières écoles coraniques extrémistes [les *madrasas*, qui préparent entre autres des candidats aux attentats suicides, NdA] sont apparues lorsque je dirigeais le gouvernement, il y a plus de onze ans. La situation a empiré. Le Pakistan est confronté à une menace très sérieuse. J'ai peur pour

---

2. *L'Express*, Dominique Lagarde, 3 janvier 2008.

l'avenir de ma patrie, et nous avons une bataille très rude à livrer.

Quant à sa propre personne, Benazir Bhutto se montrait philosophe devant une mort brutale et faisait confiance à Allah : « *Quand elle doit venir, elle vient. C'est quelque chose que nul ne peut contrôler, moi pas plus qu'une autre. Dieu donne et retire la vie, c'est notre destin. Je crois qu'il y a une existence après, et ça m'aide à supporter l'idée de la mort.* » [3]

« Dieu », Allah, lui a donc retiré la vie. À 2 km de l'endroit où, vingt ans plus tôt, il avait repris celle de son père et maître à penser, Zulfikar Ali Bhutto…

Son assassinat est également un massacre, tout comme l'attentat de Karachi, une dizaine de semaines plus tôt : cinquante-six morts, près de deux cents blessés… Les supporters de la démocratie au Pakistan paient un cher tribut à l'histoire politique du pays. Plus de deux cent cinquante morts, uniquement dans ces deux opérations kamikazes…

Reste le mystère qui entoure le décès de l'ex-Premier ministre, sur un plan « matériel ». Pour le pouvoir, Benazir Bhutto n'a pas été tuée par balles. C'est le souffle de l'explosion qui l'a propulsée sur le rebord du toit ouvrant du véhicule, lui occasionnant une fracture du crâne fatale. Le régime militaire s'accrochera comme un damné à cette version, contre toute logique.

« *Absolument pas !* », répliquent les proches de la candidate, qui ont notamment procédé à la toilette rituelle d'avant

---

3. *Paris Match*, Olivier O'Mahonny, 3 janvier 2008.

funérailles. « *Il y avait bien deux impacts balles sur le corps !* »

Dans cette optique, le témoignage de John Moore, le reporter – et sans aucun doute de dizaines de personnes qui étaient près de lui – est très précieux. Le photographe explique très clairement qu'après avoir entendu trois coups de feu, il a « *vu Benazir Bhutto plonger à l'intérieur du véhicule* ». Et que dans la continuité, il était « *en train de lever* [son, NdA] *appareil photo* [pour faire des clichés en rafale, NdA] *quand la bombe a explosé.* » Il y a bien deux temps dans le récit du journaliste américain : les trois détonations et l'affaissement de la victime dans le véhicule, tout d'abord, *puis* l'explosion de la bombe humaine.

Pourtant, les sbires de Pervez Musharraf s'accrochent à leur version à tout prix. Ils demanderont même une expertise de Scotland Yard pour prouver leurs dires… et les Anglais confirmeront leur version ! On connaît les progrès énormes en matière de médecine légale, au plan mondial, mais en la circonstance, on est en droit de se poser un certain nombre de questions. Comment les spécialistes britanniques, plusieurs semaines après l'attentat, sans avoir pu observer le corps de Benazir Bhutto, sans l'assassin, évidemment déchiqueté dans l'explosion, ont-ils bien pu arriver à cette conclusion ?

Il faut aussi se souvenir que les proches de Benazir, qui étaient avec elle dans le véhicule blindé, se sont aperçus qu'elle avait été touchée en observant une mare de sang sur le plancher du 4 x 4, et sur les vêtements de la victime. Si les experts anglais ont étudié le véhicule, ils n'ont pu que tomber sur ces taches du plancher, puisqu'il n'a pas brûlé.

Pourquoi cette tentative de tour de passe-passe du gouvernement ? Très probablement, parce que dans le *modus operandi* de l'attentat, l'arme à feu entre les mains du fou de Dieu supposé est de trop. Et que, donc, les soupçons peuvent tout à fait se tourner du côté du président Musharraf et de l'armée… D'ailleurs, qu'est-elle devenue, cette arme ?

On n'aura sans doute jamais la clé de l'énigme : il aurait fallu pour cela pratiquer une autopsie du corps, et elle n'a jamais été faite. Asif Ali Zardari, l'époux de Benazir Bhutto s'y est formellement opposé au nom du Coran, qui interdit cette pratique.

Mais pour autant, les Pakistanais, dès la nouvelle de l'attentat connue dans tout le pays, ne regardent pas ailleurs qu'en direction du pouvoir militaire. L'espoir de millions d'entre eux vient de prendre un mauvais coup, peut-être définitif, en ce qui concerne un retour à la démocratie. C'est en tout cas leur première réflexion à onze jours désormais des élections législatives. Autant dire demain… Et ils descendent dans la rue à travers tout le pays, dès l'annonce de l'hospitalisation de Benazir Bhutto pour certains. Les slogans anti-Musharraf fusent dans toutes les villes, et les pierres tombent dru sur les forces de l'ordre qui tentent de ramener le calme.

Malgré l'annonce d'un deuil national de trois jours par le président, l'état d'alerte est décrété et l'armée tente de prendre le contrôle des grandes villes. Mais rien n'y fait : la situation, déjà précaire, devient totalement explosive. Les manifestations se poursuivent un peu partout au Pakistan le lendemain, vendredi 28 décembre, et encore le samedi et le dimanche. À Peshawar, le bâtiment du parti présidentiel est incendié. On ramasse des morts, dans les villes du pays, quand l'armée ou la police tirent à balles réelles contre les lanceurs de pierres…

Au bout de quatre jours d'émeutes et une quarantaine de morts – un chiffre officiel probablement très loin de la vérité –, le pouvoir n'a d'autre solution que de reporter les élections du 8 janvier à une date indéterminée pour calmer le jeu.

L'islam veut qu'on enterre les morts au plus vite, à savoir dans les vingt-quatre heures, et c'est donc dès la matinée du vendredi 28 décembre que se déroulent les obsèques de Benazir Bhutto. On a rapatrié son corps de Rawalpindi au village ancestral de Ghari Khuda Baksh, où se trouve le cimetière de la dynastie Bhutto, à près de 900 km de la capitale, Islamabad [4]. C'est d'ailleurs depuis la capitale que le corps a été transporté, par un avion militaire, sous haute surveillance. Avant de décoller, l'appareil a toutefois attendu les arrivées du mari de « L'Incomparable », Asif Zardari, et de leurs trois enfants : Bilawal, dix-neuf ans, l'aîné, Aseefa et Bakhtwar, ses deux filles, avant de décoller. Tous les quatre étaient toujours en exil, à Dubaï, quand le drame s'est déroulé.

Malgré la rapidité de l'enterrement, ce sont des centaines de milliers de Pakistanais qui ont investi la région d'origine des Bhutto pour assister aux funérailles de Benazir. C'est de Naudero, village voisin de Ghari Khuda Baksh, que démarre le cortège, entouré d'une véritable marée

---

4. Voir carte en annexe.
5. En ourdou, langue officielle du Pakistan avec l'anglais, Benazir – le prénom choisi par son père – signifie « L'Incomparable ».

humaine. Il faudra plus de deux heures au cercueil pour rallier le cimetière des Bhutto, à... 5 km de Naudero !

Comme le veut le Coran, on en sortira le corps pour l'inhumer dans un linceul blanc sans coutures, la tête tournée vers l'ouest, en direction de La Mecque. Elle repose désormais aux côtés de l'homme qu'elle a probablement le plus aimé au monde : son père, Sulfikar Ali Bhutto.

Le surlendemain, dimanche 30 décembre, est une date importante pour le Pakistan. Plusieurs faits majeurs s'entrechoquent. Tout d'abord, la junte militaire décide de reporter les élections, prévues huit jours plus tard, à une date indéterminée.

Et puis, le troisième jour après la mort d'un musulman est sacré. Une cérémonie religieuse veut que l'on prie pour le repos du défunt. Là encore, des dizaines de milliers de supporters de Benazir Bhutto viendront faire leur devoir religieux, autour de la famille et des proches du Parti du peuple pakistanais. Il leur faudra passer ou éviter par les champs de nombreux barrages policiers sur les routes, pour s'y rendre, et ils devront prier dans un cimetière cerné par un imposant dispositif militaire...

Enfin, c'est ce jour-là, dans la soirée, que l'on dévoilera le nom du successeur de l'ancienne Premier ministre. Ce que le monde ne sait pas encore est que Benazir Bhutto, deux jours avant son retour d'exil, le 16 octobre, a écrit un testament. Son testament politique... La preuve qu'elle était parfaitement consciente des risques énormes auxquels elle s'exposait.

La surprise n'est pas mince lorsque les dirigeants du PPP dévoilent le nom de son successeur à leur présidence, dans la soirée. Ce sera… Bilawal, « l'Inégalable » en ourdou, son fils de dix-neuf ans. Et le coprésident du Parti pour le peuple pakistanais sera Asif Zardari, son mari, à charge pour lui de tenir la maison jusqu'aux vingt-cinq ans de Bilawal. Il aura alors terminé les études qu'il a prévues de faire, et devra se lancer dans l'arène politique.

On pourrait estimer que Benazir, en opérant ces choix, a « bétonné », verrouillé le PPP. Oui et non. Elle a surtout opté pour la préservation de l'unité du parti, dans lequel pas mal de courants se côtoient, y compris une frange… trotskiste. L'unité, surtout, autour d'un nom de légende. Le sien, mais aussi celui de son père et de ses deux frères, tous les trois assassinés, devenus tous les trois, aussi, des martyrs : Bhutto…

À nouveau, les Pakistanais assoiffés de démocratie vont pouvoir scander des « *Jiye Bhutto ! Jiye Bhutto !* », après l'avoir fait des millions de fois à l'adresse de sa mère et de son grand-père, les légendes, Zulfikar Ali et Benazir Bhutto.

Ce dimanche 30 janvier, en fin de soirée, Bilawal Bhutto gagne le cimetière de la dynastie, saluer une dernière fois sa mère avant de repartir le lendemain pour Dubaï. Il s'y rend dans un 4 x 4 Toyota blindé, accompagné et protégé par une dizaine de véhicules de sympathisants du service de sécurité interne au PPP. La foule est encore là, énorme, à prier pour sa mère en pleurant, mais aussi dans une rage folle.

Bilawal s'est approché de la tombe et a prié, lui aussi. Longuement, tristement, en pleurs. Mais un poing vengeur levé au ciel…

2

Une légende programmée

ALI BHUTTO aimait à raconter à ses enfants les histoires de leur dynastie, lorsqu'ils étaient tout jeunes. Une dynastie, c'est bien le mot, puisque chacun de leurs ancêtres avait eu une vie hors des sentiers battus, et souvent au service de la politique.

Benazir, l'aînée, « Pinkie » de son surnom parce qu'elle était d'un rose incroyable lorsqu'elle est née ; Murtazar, dit « Mir » né en 1954, un an après sa sœur ; Sanam, la deuxième fille d'Ali et Nusrat Bhutto, son épouse, surnommée « Sunny », née en 1957 ; et enfin Shah Nawaz, « Shah », né un an plus tard, profitaient largement de ces souvenirs de famille. Ils aimaient particulièrement l'histoire de leur arrière-grand-père Ghulan Murtazar Bhutto. L'Inde était alors sous la domination coloniale de l'Angleterre, et à Larkana, dans la province du Sind, fief des Bhutto, une immense famille de riches propriétaires terriens, Ghulan passait pour être le plus bel homme de la ville, à vingt et un ans. Toutes les femmes étaient amoureuses de lui… y compris des Anglaises, dont l'une se prit d'une véritable passion pour le jeune homme. Leur liaison arriva aux oreilles du « protecteur » anglais, et l'arrière-grand-père de Benazir fut convoqué par un colonel de Sa Gracieuse Majesté.

La fureur de ce dernier était à son comble : « *Comment osez-vous… Avec une Anglaise ???* » Et décrétant qu'il était dans l'obligation de donner une leçon à Ghulan Bhutto, il se saisit d'un fouet… qu'il n'eut pas le temps d'utiliser. Il prit, en effet, pour l'occasion, la plus belle raclée de sa vie de militaire, finissant caché sous son bureau, avant que Ghulan ne quitte les lieux…

Cela dit, il fut obligé de fuir rapidement Larkana : sa tête ne valait plus très cher après cet épisode, certes glorieux, mais terriblement dangereux pour sa santé… Il partit donc avec quelques fidèles – et l'Anglaise, qui insista pour l'accompagner. Les Britanniques aux trousses, le groupe dut se séparer en deux : l'un était conduit par Ghulan, l'autre avait pour consigne de garder la jeune Anglaise et de ne la laisser sous absolument aucun prétexte à l'occupant. « *C'est une question d'honneur.* » Ce qui fut fait : rattrapés par les militaires anglais, les compagnons de Ghulan la tuèrent avant de mourir eux-mêmes. « Question d'honneur »…

Le héros des Bhutto, pour sa part, trouva refuge dans le proche État indépendant du Bahawalpur. Qu'à cela ne tienne : les Anglais menacent d'envahir le Bahawalpur ! Disproportionné ? Il faut se remettre dans le contexte du XIXe siècle, où les Anglais sont les rois des Indes. Les défier était totalement inconcevable, à une époque où, dans certaines régions, les Hindous n'avaient pas même le droit, par exemple, d'emprunter les rues que les Européens utilisaient ! Et encore moins de répliquer à un Anglais, quel que soit le motif. Alors bastonner un colonel dans son propre bureau, pensez…

Ghulan Murtazar Bhutto se rend au royaume d'Afghanistan, où il est recueilli par la famille royale, ni plus, ni moins. Et là, c'est une autre paire de manches pour les militaires anglais que d'aller le récupérer… Ils se vengeront en saisissant tous ses biens, à Larkana, avant de les vendre aux enchères.

Toutefois, on trouva un arrangement, à la longue, et Ghulan put regagner ses terres natales de Larkana. Pas pour très longtemps : Albion est perfide, on le sait, et l'arrière-grand-père héroïque fut empoisonné. Personne ne trouva d'où venait le déclin de sa santé, jusqu'à sa mort, à vingt-sept ans, bien qu'on soupçonnât un empoisonnement. Ce n'est qu'ensuite qu'on découvrit le pot aux roses : le poison venait de la pipe à eau qu'il avait coutume de fumer, le soir, après le dîner…

Ces véritables chansons de gestes, probablement embellies au fur et à mesure du temps par la mémoire collective de la dynastie, faisaient cinq heureux dans la maison d'Ali Bhutto : lui-même, qui les racontait avec délectation, et ses quatre enfants, qui les écoutaient religieusement, les yeux et la bouche grands ouverts.

« *J'aimais entendre ces histoires familiales, comme mes frères, qui s'identifiaient naturellement à leurs ancêtres* », a expliqué Benazir Bhutto[1]. « *Les épreuves que les anciens avaient affrontées fondaient notre propre code moral, ainsi que l'avait voulu notre père : loyauté, honneur, principes.* » Et progressisme, est-on tenté d'ajouter.

Car le grand-père de Benazir et sa fratrie allaient faire figure de visionnaires en la matière, tout comme leur père

---

1. Benazir Bhutto, *Fille de l'Orient*, éd. Héloïse d'Ormesson, janvier 2008.

Ali, plus tard. Lorsque cet aïeul, Sir Shah Nawaz, est le « chef de clan », nous sommes dans les années 1920. Il y a, très grossièrement, trois « catégories » en Inde : les colons britanniques, qui ont la main haute sur l'Inde ; un système féodal de grands propriétaires terriens très aisés, parmi lesquels figurent les Bhutto ; et le reste de la population, qui vit comme il le peut.

Dans le milieu féodal, les femmes sont mariées d'office, sans qu'elles n'aient à dire quoi que ce soit. Et tout cela se passe en famille, histoire de ne pas disperser les terres : selon l'islam, ce sont les femmes qui sont autorisées à hériter des biens… Dans ces années 1920/1930, le grand-père de Benazir est le premier à autoriser ses filles à se marier en dehors du cercle familial. Même si ces unions sont « arrangées », côtés affaires, il faut bien se dire qu'il s'agit d'une révolution. Du reste, la sœur de Benazir, Sanam, sera la première femme de la millénaire dynastie Bhutto à se marier selon son propre choix.

En cela, leur grand-père fait figure de progressiste à l'époque, et ses prises de position font scandale dans son milieu. Encore plus lorsqu'il décide que ses filles suivront des études, une initiative inimaginable en ces temps-là.

En fait, Sir Shah Nawaz, qui a été administrateur d'une province indienne sous la coupe de l'Empire britannique, avant la partition de 1947, a compris plusieurs choses. La première est que l'Angleterre ne pourra pas rester indéfiniment en Inde, et qu'on en est même, désormais, à du court terme. En effet, les Britanniques quitteront les lieux tout juste après la Seconde Guerre mondiale. Shah Nawaz prévoit aussi qu'inévitablement un État souverain du Pakistan se dégagera de l'ensemble, ne serait-ce que pour des raisons religieuses : les quatre régions qui formeront le Pakistan d'aujourd'hui sont musulmanes à 95 %. Et ce pays neuf, pour ne pas stagner – donc reculer – devra avoir à disposition des élites pour le diriger. Ce qui passe par l'instruction et des études supérieures, y compris des femmes.

Comme on le verra, il est plus que probable que cette vision des choses ait très largement inspiré Ali Bhutto, son fils, lorsqu'il parviendrait à se hisser aux sommets politiques. Et d'ailleurs, le Parti pour le peuple pakistanais, le PPP, ne prône pas autre chose que les visions prospectives – élargies, amendées et améliorées – de son père. Un flambeau… éclairé, que reprendra Benazir plus tard.

Mais dans un premier temps, Sir Shah Nawaz envoie son fils étudier à l'étranger : université de Californie, à Berkeley (diplômé avec mention), puis études de droit à Oxford, à l'issue desquelles il devient avocat. Les haussements d'épaules de ses pairs, lorsqu'il prend cette décision, laissent Shah Nawaz de marbre. Et quand Ali Bhutto devient ministre du Commerce, en 1958, les mêmes pairs sont bien obligés de réviser leur jugement…

Ce qu'avait prévu le grand-père de Benazir Bhutto se passe effectivement : immédiatement après la Seconde Guerre mondiale, les Britanniques quittent l'Inde, immense pays. Et dès 1947, on assiste à la partition : le Pakistan, où domine donc la religion islamique, prend son indépendance. C'est ainsi que voit le jour ce pays d'une surface de 800 000 km² au nord-ouest de l'Inde, un peu moins d'une fois et demie la France, et peuplé aujourd'hui de 163 millions d'habitants.

La République islamiste du Pakistan est née, elle est une fédération de quatre grandes régions : le Baloutchistan au sud-ouest, frontalier de l'Afghanistan et de l'Iran ; les Territoires du Nord-Ouest, frontaliers de l'Afghanistan et de la Chine parmi lesquels figurent les « zones tribales », aujourd'hui véritable vivier de terroristes islamistes et de talibans ; le Pendjab, à l'ouest, frontière entre le Pakistan et l'Inde ; et le Sind, région d'origine des Bhutto, au sud-est, également frontalier de l'Inde, mais s'ouvrant aussi sur plusieurs centaines de kilomètres sur la mer d'Arabie. Une cinquième région fait partie intégrante de l'État pakistanais : le Bengladesh, qui a la particularité de se trouver à... 1 200 km de la frontière, de l'autre côté de l'Inde. Un statut bien particulier, dont on verra plus loin qu'il ne se révélera pas viable.

De cette description à grands traits, on ne peut faire qu'une constatation : avec des voisins comme l'Iran, l'Afghanistan et la Chine, plus quelques dizaines de kilomètres de frontières avec le Népal, le Pakistan était véritablement destiné à devenir une poudrière. En outre, le voisinage avec l'Inde sera le motif de plusieurs guerres pour le contrôle du Cachemire, aujourd'hui sous double administration indo-pakistanaise. Détail : la capitale du Pakistan, Islamabad, est située à une centaine de kilomètres du Cachemire indien. Donc largement à portée de missiles indiens...

La rivalité indo-pakistanaise donnera d'ailleurs des sueurs froides au reste de la planète par moments, surtout quand il sera prouvé que les deux nations disposent de l'arme nucléaire...

Quand la partition intervient, en 1947, Ali Bhutto est un jeune homme de dix-neuf ans qui étudie à l'étranger. Il est en l'occurrence à Oxford, en Angleterre, où il réussit de brillantes études de droit international. Ce qui lui permet de s'inscrire au barreau de Londres, en 1953, l'année de la naissance de Benazir, son aînée. Car il s'est marié entre-temps avec Nusrat, une très belle jeune femme, fille d'un riche homme d'affaires iranien, en 1951. Benazir héritera de la grande intelligence politique de son père, et de la tout aussi grande beauté de sa mère, qui n'en possède pas moins un QI nettement supérieur à la moyenne…

Pour aborder cette période réellement extraordinaire – rien de moins que la naissance d'une nation – Ali Bhutto, lui, a hérité de l'amour, de la passion paternelle intégrale de la chose politique. De ses principes démocratiques, également. De fait, après avoir fait ses armes d'avocat à Londres, il regagne assez vite sa patrie, « son » Pakistan. Il y exerce le droit, mais dans le même temps se lance dans la carrière politique. Et dès 1958, à… trente ans, il devient ministre du Commerce du gouvernement formé par le Premier ministre Iskander Mirza ! Cinq ans plus tard, à trente-cinq ans, après un bref passage à la tête du ministère de l'Énergie, il devient l'un des plus jeunes ministres des Affaires étrangères du monde, qu'il surprend d'ailleurs par son audace. En effet, il convainc le président et le gouvernement pakistanais d'un nécessaire accord avec la Chine voisine, et signe lui-même, le 2 mars 1963, un traité sino-pakistanais ! Cet accord, s'il fait couler beaucoup d'encre à l'époque, sera tout simplement visionnaire à des moments clés de l'histoire de son pays. Et puis dans le même temps, ce jeune politique, visiblement très prometteur, est nommé chef de la délégation pakistanaise à l'ONU.

Benazir a dix ans à peine, mais comprend les choses. D'autant plus facilement que son père lui en livre l'essence, les explications, les tenants et les aboutissants. À l'examen, il semble bien qu'Ali Bhutto, en accord avec ses convictions à propos des droits de la femme, en accord aussi avec l'héritage philosophique de son père sur la question, et également en parfait accord avec l'islam le plus pur, « non pollué » est-on tenté de dire, religion d'État, a délibérément choisi sa fille aînée pour successeur dès l'origine.

Un choix totalement impensable ne serait-ce que quinze à vingt ans plus tôt, dans un Pakistan féodal où les garçons avaient toutes les faveurs, en particulier l'aîné. À un point tel que, si la nourriture se faisait rare, ces derniers étaient servis les premiers, la mère et les filles ensuite. S'il en restait…

C'est encore la règle, peu ou prou, dans le Pakistan naissant. Chez les Bhutto, Ali, bien dans sa ligne progressiste, balaie tous ces vestiges d'une époque qu'il veut révolue : ses enfants ne se marieront pas avec des membres de la famille, et les filles ne porteront jamais la *burqa*, infâme tenue noire qui couvre intégralement le corps des femmes musulmanes sous les talibans, laissant tout juste une sorte de « grillage » de tissu devant leurs yeux.

Benazir la portera quelques heures, lorsque sa mère, musulmane fervente et pratiquante ardente, estimera qu'elle est sortie de l'enfance. Le temps d'un voyage en train, de Karachi à Larkana, où les deux femmes vont rejoindre Ali Bhutto. Ce sera la première et la dernière fois, et l'épouse d'Ali Bhutto, Nusrat, le sait très bien. Mais son devoir de mère musulmane aura été rempli.

À Larkana en effet, après un moment de réflexion en silence, le chef de famille se montre formel [2] : « *Elle n'a pas besoin de la porter. Le Prophète lui-même a dit que le meilleur voile, c'est celui qu'on porte derrière les yeux. Qu'on la juge sur son caractère et sur son intelligence, et non sur son vêtement.* »

« *Je fus donc la première femme Bhutto, libérée d'une vie passée dans un perpétuel crépuscule* », se réjouit Benazir.

Le témoignage qu'elle apporte sur l'aspect « physique » du port de la *burqa* est d'ailleurs très intéressant, tant on a de la peine à s'imaginer la vie d'une femme, au XXᵉ ou au XXIᵉ siècle, sous ce vêtement de honte : « *En accomplissant ce rite séculaire des familles conservatrices,* [sa mère, NdA] *me faisait passer du monde de l'enfance à celui des adultes. Mais ce monde, comme il était décevant. Les couleurs du ciel, de l'herbe, des fleurs avaient disparu, ternies, grisâtres. Tout s'estompait sous le voile qui le cachait, ce monde, à mes yeux... En descendant du train, le tissu qui me couvrait de la tête aux pieds me gêna pour marcher. Hors d'atteinte de la moindre brise, je sentis la sueur couler sur mon visage.* »

Tout est dit en peu de mots, semble-t-il, sur la condition des femmes forcées de porter cette tenue indigne sous peine des pires représailles.

Benazir, ses deux frères et Sanam, sa sœur, baignent dès l'enfance dans la politique, et même dans la géopolitique. Ali Bhutto aime parfois les emmener avec lui lors de visites importantes de délégations étrangères. C'est ainsi qu'elle

---

2. Ibid.

saute sur les genoux d'un certain Chou En-laï. Déçue : elle comptait bien rencontrer Mao… Un autre jour c'est un certain Hubert Humphrey, vice président des États-Unis, et le président pakistanais Ayub Khan, qui viennent visiter Ali Bhutto à son domicile, au 70 Clifton Road à Karachi. Le « 70 Clifton » comme le nomme Benazir à l'anglaise, véritable siège provincial de son ministre de père. En la personne du deuxième personnage des États-Unis, elle croit reconnaître… Bob Hope, le très célèbre fantaisiste !

Cependant, Humbert Humphrey ne vient pas pour faire rire Ali Bhutto. L'objet de sa visite est assez insolite : il vient demander au Premier ministre une aide aux USA, sous la forme de quelques centaines de milliers de… raquettes de badminton, pour les troupes américaines engagées au Vietnam. Réel besoin de distraire les GI de leur bourbier, ou bien manière détournée d'engager le Pakistan dans un « effort de guerre » ? L'histoire ne le dit pas, mais toujours est-il qu'Ali Bhutto éconduit fraîchement le vice-président américain : pas question d'accéder à ce geste, même anodin. Il est moralement contre toute ingérence étrangère dans cette sale guerre, à plus forte raison de la part du Pakistan.

Ali Bhutto n'a de cesse d'instruire ses quatre enfants de ce qui se passe au Pakistan et dans le vaste monde. Pas étonnant, dès lors, que Benazir ait embrassé la carrière qu'on connaît, et que ses deux frères ne vivent, eux aussi, que par la politique. Sanam, « Sunny », pour elle, évitera de s'engager. Trop de morts violentes autour d'elle ? Peut-être. Néanmoins, après la mort de Benazir et malgré que la présidence du PPP donnée à Bilawal, son neveu, certains observateurs, notamment en Grande-Bretagne où elle vit, estiment qu'elle pourrait être amenée à jouer un rôle au

Pakistan, à terme. L'avenir seul dira si cette analyse est fondée.

En 1963, à dix et sept ans, les deux filles de la famille vont ainsi poursuivre leur scolarité en pension, à Murree. Curieusement, leur père choisit une institution catholique. Où la fantaisie n'est guère de mise, et là se trouve sans doute la raison de son choix... « *Pour les endurcir* », expliqua-t-il. Et aux religieuses irlandaises : « *Surtout, pas de faveurs pour mes filles !* » Les fillettes, à partir de là, devront se prendre en main. Sous peine de voir tomber dru les coups de baguette sur les fesses...

Durant ces deux années, où qu'il soit, Ali Bhutto leur écrit très régulièrement et continue ainsi leur éducation politique. De retour du Sommet des pays non alignés de Djakarta, il leur poste une longue missive à propos des intérêts des grandes puissances du monde, à l'ONU, et par conséquent l'abandon des pays du tiers-monde. Une analyse assez visionnaire, comme on peut amèrement le constater près d'un demi-siècle plus tard.

Mais Benazir et Sanam sont bien jeunes... Benazir elle-même admet qu'à l'époque, tout cela leur est passé un peu au-dessus de la tête... L'épisode montre bien, malgré tout, la détermination d'Ali Bhutto quant à la double éducation de ses enfants : des études solides, rigoureuses, le plus longtemps possible, et une formation politique tout aussi complète, avec une sensibilisation dès leur plus jeune âge.

La deuxième et la dernière année de pensionnat, les deux sœurs vivront en direct, cette fois, une importante leçon de géopolitique. Nous sommes le 6 septembre 1965, et pour la première fois – mais pas la dernière... – l'Inde et le Pakistan entrent en guerre à propos du Cachemire. En cas d'invasion indienne du Pakistan, une donnée à prendre tout à fait au sérieux à l'époque – il se trouve que Murree, où elles étudient, se situe juste sur la voie routière principale Pakistan-Cachemire. À douze et neuf ans, les deux sœurs apprendront ainsi avec les religieuses irlandaises ce qu'il convient de faire en cas d'attaque aérienne, par exemple, en matière de défense passive. Des aînées sont choisies pour guider des groupes de « petites » aux abris, les gérer, organiser tout ce qui peut les mettre en sécurité. Bien entendu, Benazir est dans le lot des « protectrices » de groupes.

Pendant ce temps, Ali Bhutto, alors ministre des Affaires étrangères et chef de la délégation pakistanaise à l'ONU, se rue à New York, aux Nations unies. Son but : faire appliquer son droit à l'autodétermination d'un Cachemire, « *agressé par l'Inde* ». Il faut d'ailleurs bien noter aujourd'hui que si l'ONU avait reçu sa requête, à l'époque, deux guerres et des dizaines de milliers de victimes auraient été évitées…

Sur le terrain, malgré un rapport de force notoirement en faveur de l'Inde, ce sont les Pakistanais qui l'emportent. Ils repoussent l'armée indienne mais, cerise sur le gâteau, reprennent du terrain *kachmiri* qui leur avait été retiré lors d'un précédent incident ! On en est là lorsque l'ONU se décide à demander un cessez-le-feu.

Ce territoire, les Pakistanais le reperdront aussitôt… Lors des négociations de paix en URSS, à Tachkent, le président Ayub Khan perd l'acquis remporté le fusil à la main, et les deux belligérants doivent retirer leurs troupes sur leurs positions initiales. D'une victoire aussi historique qu'inattendue, le Pakistan passe à un « match nul » en quelques heures.

Il faut bien connaître la rivalité indo-pakistanaise viscérale pour comprendre la colère du peuple, de Karachi à Islamabad et de Peshawar à Hyberadab. Connaître aussi le caractère fier des Pakistanais, qui plus est à l'occasion d'une victoire contre le géant Goliath que représente l'Inde ; admettre que le président Ayub Khan s'est quelque peu fait rouler dans la farine, à Tachkent, enfin, pour appréhender la déception énorme et la colère monstre qui s'emparent du pays. De nombreuses et importantes manifestations sont organisées à travers le territoire, notamment dans le Pendjab et le dans Sind. Bien que réprimés par la police, ces rassemblements continuent de plus belle.

Cet épisode de l'histoire du Pakistan marque également une véritable rupture pour la dynastie Bhutto, dans son fief du Sind. Le ministre des Affaires étrangères et représentant à l'ONU qu'est Ali Bhutto est fou de rage. Son état d'esprit est résumé dans l'anecdote suivante : le lendemain de la signature des accords de Tachkent, un ministre indien qui a participé aux négociations, Lal Bahadur Shastri, meurt d'une crise cardiaque. « Il a dû mourir de joie, ou de rire », grince le père de Benazir…

Et son choix est arrêté : il présente sa démission du gouvernement au président Ayub Khan, qui mettra… près de six mois à l'accepter !

3

Ali Bhutto, le visionnaire

À TREIZE ANS, Benazir Bhutto, déjà pétrie de culture politique, comprend très bien ce qui se passe. Et n'en retire, si on lit attentivement sa biographie [1], que plus d'admiration et de respect pour son père. Très jeune, à trente-sept ans, ce dernier coupe en effet définitivement les ponts avec le monde politique traditionnel du Pakistan, et s'apprête à voler de ses propres ailes. Des ailes de démocrate progressiste.

Avec le recul, on peut très bien considérer qu'Ali Bhutto a choisi un moment clé, stratégiquement, pour se « libérer » du pouvoir en place. Depuis la naissance du Pakistan, en 1947, les gouvernements qui se sont succédé n'avaient en effet pas grand-chose de démocrate. L'omnipotence de l'armée, en particulier, qui avait verrouillé dès l'origine le pouvoir, n'y était pas pour rien. Si l'on voulait faire une carrière politique, dans les vingt premières années de vie de cette nation, il fallait s'engager à droite ou… à droite.

En disponibilité, mais bénéficiant toujours des dispositifs propres aux ministres des Affaires étrangères, pendant

---

1. Benazir Bhutto, *Fille de l'Orient*, éd. Héloïse d'Ormesson, janvier 2008.

les six mois de « réflexion » du président Ayub concernant sa démission, Ali Bhutto peut toutefois mesurer sa popularité. Elle est en fait énorme, et s'est considérablement amplifiée avec ses prises de position après les accords de Tachkent.

« *Les différences entre eux* [Ayub et Ali Bhutto, NdA] *étaient désormais manifestes, et le soutien populaire qui faisait de mon père un leader politique monta comme une lame de fond* », raconte Benazir Bhutto [2]. « *Lors de notre dernier voyage de la maison* [de Karachi, NdA] *à Larkana, dans le wagon personnel du ministre des Affaires étrangères, des foules en délire couraient le long du train, se jetant sur les marchepieds pour essayer de nous suivre. "Fakhr-e-Asia zindabad! Vive l'honneur de l'Asie!" hurlait la foule, grimpant sur le toit du train et courant sur les toits des immeubles sur son passage. "Bhutto zindabad! Vive Bhutto!"* »

Les convictions de gauche du ministre – appelons les choses par leur nom – ne demandent maintenant qu'à être exploitées. Il paraît prudent de ne pas y voir un effet du hasard, un déclic provoqué par l'issue de la guerre avec l'Inde. L'homme était beaucoup trop intelligent et structuré, beaucoup trop stratège, aussi, pour s'en remettre à un aléa. Très probablement, sa décision de s'ancrer sur la gauche de l'échiquier politique pakistanais était-elle inscrite depuis l'origine dans son plan de carrière. Et très probablement aussi la création de son parti, le mythique PPP, Parti du peuple pakistanais, se serait-elle faite avec ou sans guerre indo-pakistanaise à peu près dans les mêmes années.

---

2. *Ibid.*

Car la condition est rude, au Pakistan, pour les petites gens. Misère, famine, maladie : les promesses de restructuration de l'économie du pays par Ayub étaient passées à la trappe. En revanche, autour du pouvoir, on s'enrichit grassement. Corruption, détournements, etc., un grand classique… Un groupe en particulier, surnommé « Les 22 familles » – dont celle du président – fait main basse sur les richesses du pays. Elles les phagocytent, en gérant ou créant toutes les banques, toutes les compagnies d'assurance, les grands pôles d'industrie, avec la bienveillance et l'appui de l'armée – de nombreuses familles militaires figurent dans les « 22 » –, et aussi de l'ISI, l'Inter-Services Intelligence, c'est-à-dire les tout-puissants et redoutables services secrets pakistanais, véritable État dans l'État. Ce qui est d'ailleurs encore vrai aujourd'hui.

« *Du pain ! Des vêtements ! Un toit !* » Ce sera le cri de ralliement du PPP, lorsqu'Ali Bhutto le crée en 1967. Dans la foulée, il effectue une tournée à travers tout le pays, visitant jusqu'aux villageois les plus isolés, au fin fond des campagnes. Cette initiative, en plus de présenter ses objectifs politiques, lui permet de faire un test. Le résultat est plus que probant. Avec des arguments comme « *du pain, des vêtements, un toit* », il ne pouvait guère en être autrement dans un Pakistan miséreux, où certaines zones ressortent encore du Moyen Âge. C'est un triomphe. Ali Bhutto, remarquable orateur au surplus, harangue les foules avec des slogans qui font mouche : « *Debout ! Ne rampez pas devant les autres ! Vous êtes des êtres humains, vous avez des droits ! Exigez la démocratie, où le vote du plus pauvre compte autant que celui du plus riche !* »

Il semble bien que, même déjà consciente de la chose politique par la force des choses, la création du PPP ait été un vrai déclencheur de conscience pour Benazir. C'est une adolescente désormais, à quatorze ans, et la campagne menée par la presse pakistanaise – aux ordres – contre son père la fait sortir de ses gonds : « *Cela scandalisait mon idéalisme. Bien que nous ayons toujours vécu à l'abri des soucis et fréquenté des écoles privilégiées, j'avais vu des gens sans souliers, sans chemise, des jeunes filles aux cheveux emmêlés et des bébés maigres. Les pauvres ne comptent-ils pas comme des personnes ? Pourtant, nos études coraniques nous avaient appris que, dans l'islam, tous sont égaux au regard de Dieu. Nous avions aussi appris de nos parents à traiter chacun avec respect, et à ne laisser personne se prosterner devant nous pour toucher nos pieds ou sortir à reculons en notre présence...* »

Cette touchante naïveté, face à un monde qu'elle ne connaissait pas, préfigure toutefois l'engagement constant qui sera le sien. D'ailleurs, c'est à ce moment-là, à quatorze ans, qu'elle accomplit son tout premier geste politique : elle adhère très sérieusement et très officiellement au Parti du peuple pakistanais, moyennant le paiement de sa cotisation, quatre *annas,* la monnaie de l'époque ! Son premier job de militante : aider Babu, le fidèle majordome de la famille. Ils inscrivent, comptent et encaissent les cotisations des adhérents qui ne cessent d'affluer et faire la queue devant le « 70 Clifton », la maison des Bhutto à Karachi.

C'est à cette époque, aussi, que le pouvoir en place comprend le danger qui le guette avec la création du PPP. On sort alors un très grand classique à Ali Bhutto : la corruption. De l'argent, beaucoup d'argent. Qu'il laisse

Ayub en paix, ça sera son tour plus tard ; il est jeune, il a le temps devant lui, etc. Qu'il travaille plutôt avec le régime en place, et on lui « *facilitera les choses* »... De l'argent, Ali Bhutto en a. Et de plus, il a une conscience. Les émissaires du pouvoir sont rembarrés sans ménagement. « *Exactement les mêmes propos que j'entendrai plus tard, d'un autre dictateur* » note, amusée, Benazir. Ça ne fonctionne pas avec l'argent ? La dictature sort alors un autre très grand classique de la politique : la menace. De mort, évidemment. L'atmosphère s'épaissit, au 70 Clifton Road... Et de fait, Ali Bhutto est la cible de plusieurs attentats lors de déplacements. À Sanghar, il ne doit probablement la vie qu'à plusieurs militants du PPP, qui se jettent devant les balles destinées à leur leader... Un esprit de sacrifice assez impensable en Occident, mais qui n'étonne pas outre mesure en Asie du Sud.

Arrive 1968. On se souvient essentiellement, en France, des événements de mai. On a tellement été pris dans la tourmente franco-française, avec les batailles rangées étudiants-CRS, puis les grèves générales, le départ du général de Gaulle en Allemagne, etc., qu'on a un peu oublié de regarder le monde. En effet, c'est la planète entière qui est secouée de convulsions. Les étudiants manifestent dans le Quartier latin, à Paris, mais aussi de Tokyo à Mexico et des États-Unis à Rawalpindi, tout près d'Islamabad.

Les mouvements de gauche, partout, profitent du contexte pour s'affirmer et poser leurs revendications. Le Pakistan n'échappe pas à la règle, et le tout jeune Parti pour le peuple pakistanais fait entendre sa voix au régime dictatorial du président Ayub. Ce qui vaut à Ali Bhutto son premier emprisonnement au pire établissement pénitentiaire du pays, Mianwali, puis à la prison de Sahiwal, dans un cachot infesté de rats… Il fallait trancher la tête du PPP, dans ces moments délicats pour le pouvoir, et Ali Bhutto connaîtra la cellule de novembre 1968 à février 1969, tout comme une bonne partie des dirigeants du PPP.

C'était mal connaître la détermination de Pakistanais avides de démocratie, maintenant : les militants et les sympathisants du Parti pour le peuple organisent de nombreuses manifestations de protestation contre ces emprisonnements, qui se terminent régulièrement en émeutes à travers tout le pays. Le régime en est réduit à fermer toutes les écoles et toutes les universités du Pakistan.

Mais les émeutes se poursuivent, inlassablement. Le peuple est excédé, à bout, il ne lâchera pas prise. On en arrive au point de non-retour lorsque l'armée commence à tirer à balles réelles dans les foules de manifestants… Il y a des morts, de nombreux blessés, mais les Pakistanais n'en démordent pas, et continuent de réclamer d'une part la démission d'Ayub, de l'autre la libération d'Ali Bhutto et de ses camarades emprisonnés. Les émeutes durent près de trois mois, et la situation devient telle que le président Ayub cède, et fait libérer Bhutto et ses cadres du PPP…

Pas sans arrière-pensée, toutefois : la famille du leader reçoit une information très fiable, selon laquelle l'avion du retour d'Ali serait saboté… Nusrat, son épouse, organise à la hâte une conférence de presse, dénonce ce projet d'assassinat. Finalement, Ali Bhutto regagnera ses terres de Larkana par le train. Cerise sur le gâteau : il est attendu et reçoit des ovations monstres à chaque station.

Il est évidemment accueilli en héros dans son fief, et « *jamais de ma vie je n'avais été aussi heureuse de revoir quelqu'un* », avouera Benazir, qui a quinze ans à l'époque. Pourtant, le danger est toujours là : lors d'une marche triomphale qui suit son retour, des milliers de supporters accompagnent le véhicule au toit découvert d'où le leader politique les salue. L'auto roule au pas et, à un moment, panique : un jeune homme, au premier rang, tire à bout portant sur le futur Premier ministre ! Miracle : son arme s'enraye ! L'envoyé – plus que probable – du président Ayub n'aura pas de cadeau du ciel, lui : il est immédiatement lynché par la foule… Mais l'épisode est révélateur : la lutte avec le pouvoir est loin, très loin d'être finie, et promet d'être sans merci.

Cette période, et notamment les mois de novembre et décembre 1968, est extrêmement importante pour Benazir Bhutto. Elle fait connaissance avec la violence, l'arbitraire et les coups bas terribles que peut engendrer la politique. À travers l'emprisonnement du père, bien sûr, qu'elle vit très mal. Quelle a été sa faute pour connaître le cachot ? Vouloir plus de démocratie pour son pays ? L'adolescente qu'elle est ne comprend pas, ou plutôt refuse de comprendre cet état de fait. Mais elle n'en est que plus renforcée, à travers cette douleur et cette peur intenses, dans ses valeurs, celles que lui ont inculquées son père et l'exemple de son grand-père.

Elle n'en est que plus âpre à la tâche, aussi, alors que se présente le premier grand rendez-vous concernant ses études : les O-Levels, l'équivalent du brevet des collèges en France, qu'elle doit passer fin décembre.

« *Je prie chaque jour pour ton succès à tes examens* »,
lui écrit son père depuis le fond de sa cellule, fin
novembre 1968. « *Je suis vraiment fier d'avoir une fille
qui passe ses O-Levels dès quinze ans, trois ans plus tôt
que je ne l'ai fait moi-même. À ce train-là, tu peux devenir
présidente !* » Présidente de la République parce qu'elle
passe son brevet à quinze ans, chose évidente pour
n'importe quel collégien en France ? Le propos d'Ali
Bhutto peut paraître très exagéré pour nous, Occidentaux.
Mais il faut se remettre dans la perspective de l'époque.
Nous sommes en 1968, au Pakistan, pays sous-développé
pour une très grande partie, où la femme n'a pas droit de
cité. Son père lui-même, pourtant issu d'une riche famille
où l'éducation est une priorité fondamentale, n'a passé
ses O-Levels avec succès qu'à l'âge de dix-huit ans, ce
qui ne l'a pas empêché d'être nommé trois fois ministre
avant qu'il ne crée son propre parti politique.

Benazir travaillera d'arrache-pied, faisant abstraction
de l'absence du père, pour finalement obtenir ses O-Levels
haut la main. Dans les conditions décrites précédemment,
dans le contexte pakistanais de l'époque, aussi, il s'agit
bien d'une réussite rare, à plus forte raison pour une
femme…

Depuis sa prison, où Ali Bhutto ne sait évidemment
pas quel sort va lui être réservé, il livre aussi des conseils
qui peuvent apparaître comme une sorte de testament intel-
lectuel à sa fille : « *Je sais que tu lis beaucoup, mais tu
devrais t'intéresser un peu plus à la littérature et à l'histoire. Tu as tous les livres qu'il te faut. Fais des lectures
sur Napoléon Bonaparte, l'homme le plus complet de
l'histoire moderne. Sur la révolution américaine et*

Abraham Lincoln. Lis Dix jours qui ébranlèrent le monde, *de John Reed. Étudie Bismarck et Lénine, Atatürk* [3] *et Mao Tsé-toung. Lis l'histoire de l'Inde depuis l'Antiquité et, par-dessus tout, l'histoire de l'islam.* » Autant de conseils qu'elle suivra… mot à mot.

Si Benazir passe aisément ce cap scolaire important pour elle, puisqu'il lui ouvre la voie d'études plus poussées à l'étranger, le Pakistan n'en a pas fini avec la crise débutée en novembre 1968, malgré la libération des responsables du PPP. Être proche des Bhutto n'est plus très bien vu, d'ailleurs, et la jeune Benazir en fait l'amère expérience : la plupart de ses camarades l'évitent dorénavant, à la demande de leurs parents. Seules quatre amies lui resteront fidèles. Mais, en revanche, jusqu'à sa mort.

Non, le Pakistan n'en a pas fini avec une crise devenue majeure, puisque le Parti pour le peuple pakistanais décide de battre le fer tant qu'il est chaud. Ainsi, Ali Bhutto entame une grève de la faim publique, dans son fief de Larkana. C'est sa manière pacifique de protester contre la dictature de l'État, ses privilèges exorbitants et ses arrestations arbitraires. Tout en demandant, bien entendu, la démission du président Ayub… Il n'est pas seul : plusieurs dirigeants du PPP l'ont rejoint, mais, surprise, des groupes entiers de grévistes de la faim se forment à travers tout le pays, dans des endroits les plus symboliques possibles. Benazir garde un mauvais souvenir, encore, de cette initiative. Le visage de plus en plus émacié de son père, au fil des jours, hante ses rêves d'adolescente.

---

3. Mustafa Kemal Atatürk (1880 ou 1881-1938) est le fondateur mythique et le premier président de la République turque.

Pourtant, la stratégie se révèle gagnante : des centaines de milliers de Pakistanais apportent leur soutien aux grévistes, sur tout le territoire. Des rassemblements de milliers de personnes se forment autour d'eux, pour leur apporter un soutien moral, certes, mais aussi physique : la police n'est jamais très loin. Bientôt, les policiers n'ont d'ailleurs plus les moyens de contrôler la situation. Et Ayub, sous la pression internationale, n'est pas en mesure de faire donner l'armée.

Vaincu pacifiquement, le président du Pakistan finit par démissionner le 25 mars 1969. Les arrestations arbitraires de novembre 1968 lui auront été fatales, mais, de toutes les manières, la vague de fond engendrée par la création du PPP l'aurait renversé par un autre biais. Et il l'a bien compris…

Pour les démocrates, c'est une grande victoire. Ils ne la fêteront que brièvement, toutefois : Ayub part, certes, mais pas sans avoir craché son venin. Le PPP connaît en fait une victoire bien amère : contrairement à ce que prévoit sa propre Constitution, Ayub ne remet pas le pouvoir au président de l'Assemblée nationale, mais… à son chef d'état-major, Yahya Khan ! D'une dictature civile, le pays passe à une dictature militaire.

Il faut voir ici, sans beaucoup de risques de se tromper, l'œuvre d'une armée pakistanaise discrète jusque-là, mais toute-puissante en coulisses, et des services secrets de l'ISI (Inter-Services Intelligence), disposant eux aussi d'un pouvoir énorme. Le tout appuyé, en sous-main, par Washington…

Le changement de régime est immédiatement visible : l'une des toutes premières décisions de Yahya Khan – après s'être bien sûr autoproclamé président – est de suspendre la loi civile et de décréter la loi martiale… Un coup dur pour le PPP ? Oui, bien évidemment, parce que la démocratie dont rêvent les Pakistanais est remise à plus tard, voire aux calendes grecques. Cela dit, Ali Bhutto sait pertinemment qu'une dictature de type militaire à ce moment-là, au Pakistan, est de nature à s'attirer un certain nombre de problèmes au plan international. Et que son pays, très peu développé, a besoin des nations les plus riches, qui demanderont immanquablement un peu de démocratie au régime. Sans compter que d'un point de vue politique intérieure, les opposants au pouvoir ne vont pas se priver de réclamer à cor et à cri la victoire qu'on leur a volée, avec les remous que cela suppose…

C'est très exactement ce qui va se passer : dès décembre 1970, Yahya Khan se voit dans l'obligation d'organiser des élections générales – les premières depuis… treize ans ! Le PPP, favori, se taille un énorme succès et obtient une large majorité : tout près de 60 %.

Mais la situation se dégrade très vite, ainsi qu'on va le voir, sous la forme d'une guerre civile au Bangladesh, cinquième région du Pakistan à cette époque, mais située de l'autre côté de l'Inde, à plus de 1 200 km d'Islamabad. Le pouvoir indien ne manquera d'ailleurs pas d'attiser la braise, et même d'entrer dans le conflit.

À la fin de cette courte guerre, Yahya Khan est contraint de démissionner de la présidence. En toute logique, c'est Ali Bhutto qui lui succède après une élection présiden-tielle anticipée. À quarante-deux ans, le 20 décembre 1970, il devient le premier président démocrate de la République islamiste du Pakistan.

Quatre ans seulement après sa création, le parti qu'il dirige, le PPP, est devenu un acteur majeur de la politique pakistanaise. Il l'est encore aujourd'hui, plusieurs décennies après. Et à l'heure actuelle, après l'assassinat de Benazir Bhutto, c'est bel et bien un Premier ministre issu du PPP qui gouverne le pays.

Mais la route, longue d'une quarantaine d'années, aura été semée d'embûches, de traîtrises et d'alliances contre nature, d'assassinats et de coups d'État. Et il semble bien, dans un contexte international devenu volcanique au Pakistan avec l'apparition des talibans et autres fous de Dieu terroristes, que cette marche vers la démocratie et la paix, enfin, soit loin d'être terminée...

4

Le grand destin de Benazir

S ES O-LEVELS EN POCHE, c'est aux États-Unis que
Benazir Bhutto poursuivra ses études, conformé-
ment au souhait de son père. Elle se voit bien à Harvard
Los Angeles, comme lui une vingtaine d'années plus tôt.
Ce sera effectivement Harvard, mais à Radcliffe,
Massachusetts. « *La neige et la glace de cet État te permet-
tront de te consacrer pleinement à ton travail* », lui explique
Ali Bhutto, « *la douceur de la Californie, elle, incite moins
à étudier* »…

En août 1969, elle débarque dans le Massachusetts,
malgré un avis défavorable des responsables de l'Université
d'Harvard. « *Elle est bien jeune* », avaient-ils écrit à Ali
Bhutto, « *et il est préférable qu'elle attende une année.* »
Pour son père, il n'en est pas question. Il ne voit pas où
est le problème, et sort un contact de son carnet d'adresse
d'une liste longue comme le bras d'un ministre des Affaires
étrangères qu'il est à ce moment-là. Il a un très bon ami à
Radcliffe : John Kenneth Galbraith, ancien ambassadeur
des États-Unis en Inde, et justement professeur d'économie
politique à Harvard. La porte s'était évidemment ouverte
devant Benazir, et John Galbraith s'occuperait personnel-

lement de l'accueil et de l'hébergement, dans les meilleures conditions, de la fille de son ami.

À son départ, Benazir avait reçu en cadeau de son père un magnifique Coran relié de nacre. Et aussi des paroles qu'elle n'oublierait pas : « *Beaucoup de choses te surprendront en Amérique, et certaines pourront te choquer. Mais je te sais capable de t'adapter. Tu dois avant tout étudier avec acharnement. Rares sont au Pakistan ceux qui ont cette chance, et tu dois en profiter. N'oublie jamais que l'argent dépensé pour ce départ vient de la terre et du peuple qui peine et transpire sur cette terre. Tu auras une dette envers lui que tu peux payer, avec la bénédiction de Dieu, en te servant de ton instruction pour améliorer sa vie.* »

Tout est dit dans ces paroles, y compris et surtout, semble-t-il, qu'Ali Bhutto a définitivement choisi son héritière politique, et qu'il place en elle les plus grands espoirs. Comme souvent, la suite le démontrera, il ne s'est pas trompé.

La jeune Pakistanaise qui débarque aux États-Unis, comme prévu, essuie un véritable choc devant ce nouveau monde, à cent mille lieux des bazars de Kovachi ou d'Islamabad, des trains poussifs qui traversent le Pakistan, de l'islam, religion d'État, omniprésent. Elle s'adaptera très vite, et gardera un souvenir qu'elle décrit comme « *quatre années parmi les plus heureuses* » de sa vie, malgré l'éloignement. « *C'est en Amérique que j'ai vécu ma première expérience de la démocratie* », confie-t-elle au moment de faire un bilan.

Ses camarades d'amphi sont troublés lorsqu'elle leur explique d'où elle vient. Le Pakistan ? Ils ne connaissent pas... « *Le Pakistan ?* », leur explique-t-elle, « *c'est le plus grand pays musulman du monde ! Il y a deux ailes du Pakistan, séparées par l'Inde.* »

La deuxième « aile », et nous sommes là en 1969, est le Bengale, une région de 144 000 km^2, environ un cinquième du Pakistan de l'Ouest. Mais aussi peuplée, avec à peu près 130 millions d'habitants ! Lors de la grande partition de 1947, en effet, cette province s'est autodéterminée cinquième province du Pakistan, et quand on en parle, on évoque le « Pakistan oriental ». Situé à l'est de la nation mère, il en est toutefois séparé par l'Inde, qui a mal vécu l'initiative, d'ailleurs, en 1947.

À Harvard, Benazir Bhutto comptait dans un premier temps étudier la psychologie. Avant de bien mesurer les choses, et choisir... la politique comparée. Pour le plus grand bonheur, bien évidemment, de son père... « *À cette période* », avoue-t-elle, « *je commençais à mieux comprendre le Pakistan que je ne l'avais compris en y vivant !* » Les leçons du professeur Womack, à Harvard, sont finalement pour elle autant de moments de pur régal et de jubilation. Dans ses mémoires, elle se souvient particulièrement, avec émotion, d'un de ses cours lumineux sur le thème « constitution et démocratie ».

« *Je suis restée fascinée dans cette classe, où j'étais la seule à vivre réellement sous une dictature. D'un seul exemple, il avait caractérisé l'état d'illégalité et le mépris où était tenu le Pakistan par le président Ayub et le Premier ministre militaire, Yahya Khan. Le pouvoir de gouverner était imposé par ces dictateurs eux-mêmes, et pour eux, et non délégué par le peuple. Je comprenais, pour la première fois, clairement, pourquoi le peuple pakistanais ne voyait pas de raison d'obéir à cette sorte de régime. En l'absence de gouverneur légitime, c'était l'anarchie.* » Elle a tout juste seize ans au moment où elle reçoit cette « révélation », et elle n'oubliera jamais la leçon de ce jour-là. Elle en a dix-sept lorsqu'elle peut l'apprécier encore plus, en mesurer toute la portée, lorsque Yahya Khan doit bien organiser les élections générales au Pakistan – représentants des provinces et Assemblée nationale – le 7 décembre 1970.

Elle passe la nuit à travailler, à l'autre bout du monde, en attendant fiévreusement les résultats électoraux. Et sa mère lui téléphone, enfin. Le PPP a remporté une victoire finalement attendue, mais inespérée par son ampleur : Ali Bhutto et ses troupes remportent 82 des 138 sièges – près de 60 % – de l'Assemblée nationale sur « l'aile » ouest du pays, c'est-à-dire le Pakistan que l'on connaît actuellement. À l'aile orientale, au Bengale, donc, la ligue islamiste Awami, conduite par le cheikh Mujib-ur-Rahman, il n'y a pas de suspense : la ligue est seule en lice… Reste à former un gouvernement, et c'est là que les choses se gâtent très sérieusement.

En effet, le Bengale, cinquième province du Pakistan, situé à 1 200 km du Pakistan d'aujourd'hui, de l'autre côté de l'Inde, est sérieusement exploité par les régimes dictatoriaux qui se sont succédé. Ce lien bizarre entre les deux territoires s'explique par le fait qu'au moment de la partition de 1947, le Bengale, de religion islamiste, a souhaité rejoindre le Pakistan, lui aussi islamiste, et pas l'Inde hindouiste. Au grand dam de cette dernière, au vu du poids économique et démographique bengali.

La ligue Awami, qui y remporte les élections de décembre 1970, n'est pas autre chose que l'émanation du Mouvement de la langue bengali, créé en 1952. Car dès la naissance du Pakistan, en 1947, il y a deux poids et deux mesures. Le fait de déclarer langue officielle l'ourdou, par exemple, élimine d'office des emplois dans l'armée et dans l'administration le peuple du Bengale. L'armée pakistanaise est ainsi composée à 90 % d'hommes de l'Ouest, l'administration à 80 %. En outre, le poids des exportations du Bengale, très important, sert essentiellement aux quatre provinces de l'Ouest, pour l'armée et l'aménagement du territoire, alors que le Bengale connaît des famines récurrentes.

C'est sur ce fond politique très inégal qu'Ali Bhutto va essayer de négocier avec Mujib-ur-Rahman, grand vainqueur dans la cinquième province, pour former son gouvernement. Ils se rencontreront à maintes reprises, en vain. Désormais, c'est l'indépendance que veut le Bengale, à juste titre semble-t-il.

Même si Benazir Bhutto, depuis les États-Unis, voit les choses différemment : « [Après la victoire du PPP, NdA] *ma joie ne dura guère. Au lieu de travailler avec mon père et les députés de l'Ouest à une nouvelle constitution qui convienne aux deux "ailes" du Pakistan, Mujib suscita un mouvement d'indépendance pour séparer radicalement le Bengale de la fédération de l'Ouest. Malgré tous les efforts de mon père, Mujibur s'entêta dans une logique qu'aujourd'hui encore je ne parviens pas à saisir »*, écrit-elle en 1988.

Et ce qui devait arriver arriva : les Bengalis occupent les aéroports, protestent, se mettent en grève, ne paient plus leurs impôts, etc. Tout comme son père, Benazir sent bien ce qui risque de se produire : une guerre civile, tout simplement...

Plus de trois mois après les élections, Ali Bhutto n'a toujours pas pu former un gouvernement. Le 27 mars 1971, il est à Dacca, capitale du Bengale, à la recherche, encore et toujours, d'un compromis avec Mujib-ur-Rahman. Impossible, d'autant plus que, pour arranger les choses, le pouvoir empêche le leader bengali de prendre des fonctions pourtant acquises par la voie des urnes.

C'est précisément ce jour-là que le président, Yahya Khan, fait donner la troupe pour écraser l'insurrection. L'avant-veille, il avait fait arrêter et emprisonner Mujib-ur-Rahman, dans la nuit du 25 au 26. La répression est terrible, au point qu'aujourd'hui encore, certains avancent une très large fourchette de victimes : entre 300 000 et... trois millions de morts !

L'attaque n'a rien d'aléatoire, elle a au contraire été minutieusement préparée. Une preuve parmi d'autres : ce sont les intellectuels et les Bengalis d'origine hindoue qui tombent les premiers. Exécutions sommaires, tueries, viols, pillages : c'est un carnage, et plus de dix millions de Bengalis prennent la route de l'exode vers l'Inde... Le massacre et l'occupation dureront plus de neuf mois.

À Harvard, Benazir est totalement effondrée, cassée dans ses certitudes : « *Je n'avais jamais vu que le Bengale avait été traité, jusque-là, comme une colonie, par le Pakistan de l'Ouest. J'étais trop jeune pour comprendre que l'armée pakistanaise était capable des mêmes atrocités que n'importe quelle autre armée lâchée sur une popula-*

tion civile. Je m'accrochais encore à mon image enfantine des héroïques soldats pakistanais, qui s'étaient si vaillamment battus contre l'Inde en 1965... »

L'Inde, justement, avait soutenu discrètement les indépendantistes bengalis, elle-même étant épaulée tout aussi discrètement par l'URSS, notamment en terme d'armement. Les Indiens iront jusqu'à former les rebelles du Bengale sur leur propre territoire, avant de les rapatrier sur les zones de combat de cette guerre civile, puisque c'est bien le mot qui convient. C'est également elle qui transformera ce conflit fratricide en ce qu'on nomme aujourd'hui la troisième guerre indo-pakistanaise.

Le 3 décembre 1971, en effet, les troupes indiennes s'invitent dans le conflit et envahissent le Bengale. Le prétexte : stopper le déplacement de millions de Pakistanais du Bengale en Inde, et permettre leur retour sur leurs terres. Les États-Unis, pourtant liés à la junte militaire d'Islamabad par un accord de défense, ne bougent pas : cet accord ne doit fonctionner qu'en cas d'agression de l'URSS... On sait parfaitement que les Soviétiques sont derrière l'Inde, mais, en pleine guerre froide, justement on est quelque peu frileux, à Washington... L'Inde balaie tout sur son passage, au Bengale, en seulement treize jours, et ouvre carrément un autre front sur le Pakistan de l'Ouest. La flotte pakistanaise est pulvérisée, à Karachi, par des missiles... soviétiques, ainsi que les plus importantes infrastructures de la deuxième ville du pays, ancienne capitale.

À l'ONU, Richard Nixon donne dans l'effet de marches : le lendemain du départ du conflit, le 4 décembre 1971, il voue aux gémonies l'Inde, « *seule responsable de cette guerre* » ; le 5, il propose une résolution de cessez-le-feu au Conseil de sécurité ; et le 6 il suspend – mais n'annule pas… un prêt de 85 millions de dollars à l'Inde.

Bombay se fiche des gesticulations états-uniennes : les troupes indiennes traversent la frontière avec le Pakistan de l'Ouest, et occupent le territoire. Au Bengale, après une semaine de combats seulement, la capitale, Dacca, est sur le point de tomber. Pour tout dire, le Pakistan se retrouve en très fâcheuse posture, et le président Yahya Khan et ses militaires commencent à mesurer l'étendue de leur monumentale et cruelle erreur. Le chef d'État se voit même contraint de mandater son plus fidèle ennemi pour essayer de sauver les meubles à l'ONU, un certain… Ali Bhutto. L'une des premières choses que fait ce dernier est d'alerter Benazir : « *Je vais aux Nations unies, rendez-vous le 9 décembre à l'hôtel Pierre à New York…* »

C'est ainsi qu'à dix-huit ans, cette désormais très belle jeune femme va assister – et participer – en direct à l'un des moments les plus importants de l'Histoire, avec un grand H, de son pays. Pour une étudiante, en matière de « TP », de travaux pratiques, on ne peut guère imaginer mieux… Mais c'est carrément le sort du Pakistan qui est en jeu. Et elle en est très consciente. Son père a tenu absolument à sa présence, et elle l'aidera dans sa tâche quasi impossible durant les quatre jours de débats.

Cela dit, Ali Bhutto sait que ses chances de succès, c'est-à-dire revenir aux positions de départ du Pakistan de l'Ouest et de l'Est, sont quasi nulles. En témoigne ce dialogue avec Benazir, à l'hôtel Pierre, après les embrassades des retrouvailles :

— Crois-tu que le Pakistan trouvera un accueil favorable aux Nations unies ? demande-t-il à sa fille.

— Bien sûr. Personne ne peut nier que l'Inde, en violation du droit international, a envahi et occupé un autre pays !

— Et penses-tu que le conseil de sécurité condamnera l'Inde et exigera le retrait de ses forces ?

— Comment pouvait-il l'éviter ? Ce serait une décision de son mandat d'organisation internationale pour la paix, s'il laissait massacrer des milliers de gens et démembrer un pays…

— Tu es sans doute une bonne élève en droit international, Pinkie, et j'hésite à contredire une étudiante d'Harvard. Mais tu ne connais rien à la politique de la force armée…

Au Conseil de sécurité, Benazir est assise deux rangs derrière son père. Et elle suit évidemment avec passion les débats. Première chose : 104 pays, dont les États-Unis et la Chine, votent la condamnation de l'Inde. Imparable. Sauf que les cinq membres permanents ne peuvent pas s'accorder sur un cessez-le-feu : l'URSS – évidemment… – menace d'y opposer son veto. Sept séances et une douzaine de projets de résolutions plus tard, la situation n'a pas bougé d'un pouce et le Conseil de sécurité n'a pris aucune résolution…

Pendant ce temps, des milliers d'hommes meurent à la guerre, sur le sous-continent asiatique… « *Tout ce que mon père m'avait appris sur la manipulation du tiersmonde par les superpuissances est dépassé, dans cette salle* », note amèrement Benazir. « *Le Pakistan est sans défense face aux intérêts des grands…* »

Entre les séances, à l'hôtel Pierre, il y a foule dans les appartements de la délégation pakistanaise, et bien sûr essentiellement dans celui d'Ali Bhutto. Benazir l'y seconde : elle assure la liaison avec Islamabad et gère les incessants appels téléphoniques. À charge pour elle de les gérer et d'en donner la teneur essentielle à son père. Elle découvre aussi, pour l'occasion, la diplomatie « non officielle », parallèle pour tout dire… Une visite, quelques phrases ampoulées mais d'une grande importance… Les alliances contre nature, aussi, comme celle de la Chine et des États-Unis, pour mettre la pression à l'URSS qui menace d'entrer dans le conflit aux côtés de l'Inde. Gesticulations, encore, quand la chine émet l'hypothèse d'aider le Pakistan sur le terrain, au grand dam de l'URSS et des USA.

Un après-midi, d'ailleurs, elle a ce filou d'Henry Kissinger au téléphone et dans le même temps, Huang Hua, le président de la délégation chinoise. La déclaration de la Chine inquiète énormément Kissinger, alors qu'Ali Bhutto se demande bien, lui, pourquoi cette dernière ne met pas ses menaces à exécution. Plus tard, bien plus tard, Benazir apprendra qu'Henry Kissinger, après ce coup de fil à destination d'Ali Bhutto, a rencontré à plusieurs reprises la délégation chinoise dans des endroits très discrets de New York… Et l'« Empire du Milieu » n'interviendra jamais au Pakistan. En échange de quoi ? Seuls Kissinger et ses amis le savent. Jeu de dupes, le Pakistan comptant évidemment parmi les nations de second niveau.

Les délégations des plus grandes puissances se succèdent dans l'appartement d'Ali Bhutto, et Benazir y croise Georges Bush père qui conduit la délégation états-unienne :

« *Ah, vous êtes à Harvard ? Mon fils aussi ! Si vous avez besoin de quelque chose, n'hésitez pas à m'appeler* », lui dit-il en lui tendant sa carte de visite. La jeune femme ne peut bien sûr même pas imaginer, à cet instant, combien le sort de son pays sera lié à celui du « fils » en question, George W. Bush, notamment avant, pendant et après le 11 septembre 2001…

Dans ce.jeu diplomatique loin des regards et des micros, Ali Bhutto est assez redoutable. À Benazir, qui peut interrompre à tout moment ses entretiens discrets, pour lui passer un message important par écrit, il demande ceci : que justement elle interrompe ses entretiens régulièrement. S'il discute avec la délégation états-unienne, elle doit venir lui dire que l'Inde, ou l'URSS, le demande au téléphone. S'il est en entretien avec la délégation soviétique, qu'elle vienne lui annoncer que la Chine le demande expressément au fil, et ainsi de suite…

« *Un des principes fondamentaux de la diplomatie, c'est de créer le doute* », lui explique-t-il. « *Ne montre jamais toutes tes cartes…* » Bon soldat, Benazir suit les instructions d'Ali Bhutto. Même si plus tard, à trente-cinq ans, le Premier ministre qu'elle sera, se remémorant l'anecdote, avouera ne pas être d'accord avec ce principe : « *Je joue toujours cartes sur table…* » Une déclaration qui ne mange pas de pain, ceci étant, alors qu'elle entame tout juste sa carrière à très haut niveau politique à ce moment-là.

Cela dit, devant ces négociations intenses, la guerre continue de faire rage sur le sous-continent indien. Et les messages en provenance d'Islamabad, recueillis par Benazir, sont de plus en plus alarmants. Le 11 décembre : « *Notre* armée se bat héroïquement, mais sans forces aériennes ni navales, à un contre six, ça ne peut durer plus de trente-six heures désormais. » Le 12 : « *La situation est terrible. La seule bonne nouvelle est l'intervention sino-américaine qui met la pression aux Soviétiques afin qu'ils n'interviennent pas dans le conflit...* » Malgré tout, le Pakistan est en train de se faire écraser. « *Il faut tenir soixante-douze heures, et pas trente-six !* », exhorte Ali Bhutto depuis New York. « *Gagnez du temps ! Que le président Yahya ouvre le front de l'Ouest à l'Inde, quitte à ce qu'elle envahisse une partie des quatre provinces : il faut faire relâcher la pression sur le Bengale !* »

Gagner du temps. Trente-six heures, un jour et demi... Ça peut suffire pour trouver un accord à l'ONU, on ne sait jamais... Ce même 12 décembre : « *Mon père demande au Conseil de sécurité un cessez-le-feu, le retrait des forces indiennes du territoire pakistanais* [du Bengale, NdA], *l'envoi de forces des Nations unies et des moyens pour garantir qu'il n'y aura pas de représailles au Bengale. Mais ses appels tombent dans des oreilles sourdes. J'assiste en revanche, stupéfaite, à une heure de discussions pour savoir si le Conseil de sécurité doit se réunir le lendemain à 9 h 30 ou se reposer jusqu'à 11 heures... Pendant ce temps, nous le savons, le Pakistan se meurt.* »

Le président Yahya n'ouvrira pas le front de l'Ouest, et cette non-décision sera très vite analysée, à New York, à sa juste mesure : le régime militaire d'Islamabad plie et accepte d'ores et déjà la perte du Bengale, soit près d'un cinquième de son territoire, et la moitié de sa population ! L'Inde a très bien compris la situation, et le fait que l'armée pakistanaise s'apprête à capituler au Bengale. À New York, les membres permanents du Conseil de sécurité, les cinq grands de la planète, n'ont pas fait une autre analyse. On va donc jouer la montre, puisque, de plus, la Chine n'intervient pas dans le conflit.

Ali Bhutto, lui aussi, a tout compris. C'est ainsi qu'il se permet un coup d'éclat retentissant dans la très policée grande salle du Conseil de sécurité, le 15 décembre, devant l'inertie notoire des membres permanents. Le doigt pointé vers la France et la Grande-Bretagne, qui se sont abstenues au moment du vote des résolutions qu'il a demandées, « *en raison de leurs intérêts dans le sous-continent indien* », estime Benazir Bhutto. Son père fulmine, à la tribune : « *La neutralité n'existe pas ! Vous prenez position en vous abstenant ! Vous êtes forcément soit du côté de la justice, soit du côté de l'injustice ; vous êtes avec l'agresseur ou avec l'agressé ! N'imposer aucune décision, aboutir à un traité pire que le Traité de Versailles, légaliser l'agression, l'occupation, tout ce qui était illégal jusqu'à aujourd'hui, 15 décembre 1971 ! Je ne serai pas complice de cela ! Vous pouvez garder votre Conseil de sécurité, je m'en vais !* »

Dans un silence total, il quitte le Conseil illico, à grandes enjambées, suivi par sa délégation, dont une Benazir surprise par la tournure des événements. Son père connaît la situation, il sait que Dacca, la capitale du Bengale, est sur le point de tomber, il a compris que c'est perdu. Que le Conseil de sécurité de l'ONU, et en particulier les cinq superpuissances ne bougeront pas. Alors : s'est-il fait un dernier plaisir, en jetant à la face de ces dernières, et devant les caméras du monde entier, leur inertie coupable et intéressée devant les problèmes d'un pays du tiers-monde ? Pas seulement, et il l'explique à Benazir alors qu'ils

marchent dans les rues de New York : « *Même si nous capitulons militairement à Dacca, nous ne devons pas participer à une capitulation politique. En quittant la salle, j'ai voulu faire comprendre que si nous étions physiquement écrasés, notre volonté et notre fierté nationale ne le sont pas. Mais à présent, le Pakistan doit subir la honte de capituler devant l'Inde. Cela va nous coûter très cher...* »
Il n'avait pas tort, loin de là.

Le lendemain, Ali Bhutto reprend le chemin du Pakistan, et Benazir celui de son université, avec en poche une expérience internationale grandeur nature incomparable, à dix-huit ans. Même si en l'occurrence son pays y a énormément perdu. Il est de plus en plus clair que, en l'associant à ces jours de négociations au plus haut niveau mondial, à cet âge-là, son père l'associait, également, au destin futur du Pakistan. Il en sera de même, d'ailleurs, lorsqu'il s'agira de négocier les accords de paix avec Indira Gandhi, six mois plus tard.

Ce lendemain également, 16 décembre, la capitale du Bengale, Dacca, tombe aux mains de l'Inde. Le général pakistanais Niazi rend les armes, et on peut, sans aucune chance de se tromper, estimer que, ce jour-là, un nouvel État est virtuellement né : la République populaire du Bangladesh, ex-Bengale.

Lorsqu'Ali Bhutto arrive à Islamabad, c'est une ville en flammes qu'il retrouve... Le peuple pakistanais est descendu dans la rue, avec un seul but : que le président Yahya Khan s'en aille au diable. Ils viennent d'apprendre la chute de Dacca, alors que les médias pakistanais, sous contrôle des militaires, leur serinent depuis quinze jours que leur armée remporte victoire sur victoire... C'est la fureur totale, et en trois jours le sort du président-dictateur est scellé : il démissionne.

Bien entendu, c'est le leader du parti politique vainqueur des élections qui lui succède immédiatement, en l'occurrence le chef du PPP, Ali Bhutto. La revanche est belle, mais à quel prix. Bhutto hérite d'une nation laminée par L'Inde, dont les caisses sont vides, qui a perdu la moitié de sa marine de guerre et 25 % de son aviation ; dont 8 000 km² ont été annexés par le vainqueur indien, qui a perdu 20 % de son territoire et la moitié de sa population ; et dont 93 000 militaires sont prisonniers au Bengale, destinés aux tribunaux à propos des exactions commises lors de la guerre civile...

Si ça n'est pas un cadeau empoisonné, ça y ressemble fortement... Aux États-Unis, Benazir a bien sûr compris tout cela, et elle est inquiète. Elle ne le sait pas encore, mais elle va participer, six mois plus tard, à un rétablissement spectaculaire du Pakistan.

⁎

Enfanté dans la douleur, le Bangladesh, pour sa part, connaît un début d'existence assez pathétique. Ce pays surpeuplé, qui possède la plus grande densité au monde, plus de 1 000 habitants au km² (!), est secoué par des spasmes réguliers et une instabilité politique chronique. Depuis sa création, le Bangladesh a connu pas moins de quatorze gouvernements et quatre coups d'État...

Le pays est pauvre, les famines y sont récurrentes, celle de 1975, en particulier, a fait des millions de morts et a inspiré George Harrison, l'un des Beatles, une chanson célèbre. En pleine période « peace and love » à l'époque, le groupe le plus célèbre du monde avait participé à la médiatisation de cette catastrophe énorme, et à une prise de conscience mondiale.

Mujibur Rahman, le leader de la Ligue Awami, avant la victoire aux législatives, avait connu la prison de 1966 à 1969. Devant la menace d'insurrection, Ayub avait dû le libérer. Durant la tragique guerre civile, puis la troisième guerre indo-pakistanaise, Mujibur-Rahman est en exil à Calcutta avec tout l'état-major de la Ligue. Début 1975, son rêve se réalise, et avec lui celui de millions de Bengalis : il remporte les élections et met en place un gouvernement socialiste. Pour peu de temps : le 15 août 1975, il est assassiné avec toute sa famille lors d'un coup d'État militaire. Indépendant, le Bangladesh a toutefois gardé quelques principes pakistanais de base, visiblement...

Pour autant, deux femmes y accéderont au pouvoir : Khadela Zia, conservatrice, en 1991, et Hasina Wajeb, fille de Mujibur-Rahman et seule avec une de ses sœurs à avoir échappé au massacre de sa famille, en 1996. Cette dernière conduira un gouvernement socialiste.

Mais l'islam radical a la peau dure : les deux femmes sont aujourd'hui en prison, pour des « *soupçons de corruption* »...Une spécialité du sous-continent indien, semble-t-il : Benazir Bhutto connaîtra les mêmes soucis, et devra s'exiler du Pakistan de longues années pour la même raison...

5

Démocratie dans la douleur

L'HISTOIRE a de ces ironies, parfois… Quand Yahya Khan est contraint de démissionner de la présidence du Pakistan, Ali Bhutto, leader du parti ayant remporté les élections législatives, lui succède tout naturellement. C'est évidemment la grande consécration, mais il ne s'est pas battu outre mesure pour prendre cette place. L'ironie est que ce démocrate convaincu prend en main une nation toujours régie par… la loi martiale !

Il ne perd pas de temps : dès le début de 1972, Ali Bhutto nationalise à tour de bras les industries majeures du pays, et amorce une réforme agraire totalement indispensable. Et lorsque la Grande-Bretagne reconnaît le Bangladesh, assez rapidement, en compagnie de quelques autres nations occidentales, il retire le Pakistan du Commonwealth…

La tâche la plus ardue qui l'attend, toutefois, est la négociation d'un accord de paix avec l'Inde. Six mois après son investiture, le 28 juin 1972, débute à Simla, sur les contreforts de l'Himalaya, une conférence au sommet qui va décider de l'avenir du Pakistan. Et, par la même occasion, de l'avenir du sous-continent indien. Indira

Ghandi, Premier ministre de l'Inde, reçoit Ali Bhutto, président du Pakistan. Une rencontre de géants.

Benazir est de la partie, là encore. Elle vient tout juste de fêter son dix-neuvième anniversaire, le 21, elle a terminé sa troisième année à Harvard, et son père tient absolument à ce qu'elle assiste à cet événement majeur : « *Quelle que soit l'issue, cette rencontre sera un tournant dans l'histoire du Pakistan. Je tiens à ce que tu en sois le témoin direct* », lui explique-t-il. Le fait est que cette conférence sera déterminante. Certains, au Pakistan, craignent même que leur pays soit tout simplement rayé de la carte... « *Il ne faut jamais montrer toutes ses cartes* », avait dit Ali Bhutto à sa fille à New York. À Simla, il n'a seulement pas une carte à poser sur la table, même pas une paire de 2, alors qu'Indira Gandhi a un carré d'as... Du reste, dans l'avion présidentiel qui la conduit à Simla, la délégation pakistanaise a triste mine.

L'accueil et la rencontre d'Indira Gandhi impressionneront Benazir : « *Comme elle était petite ! Plus encore que sur les innombrables photos que j'avais vues d'elle... Et quelle élégance, même dans l'imperméable qu'elle portait par-dessus son sari...* »

Pour cette nouvelle séquence diplomatique, après l'ONU, Ali Bhutto a briefé sa fille. En termes d'apparence et de représentativité, cette fois, dans cette négociation observée par les chancelleries du monde entier :

— Tout le monde va guetter les signes révélateurs du progrès des pourparlers. Aussi, fais très attention... Il ne faut pas sourire en donnant l'impression que tu te réjouis, pendant que nos soldats sont encore dans les camps de prisonniers indiens. Ne sois pas lugubre, non plus, ce qui

passerait pour un signe de pessimisme. Qu'on ne dise pas :
« Regardez-la : les pourparlers sont manifestement un
échec. » Les Pakistanais ont perdu leur sang-froid, ils n'ont
aucune chance de succès et sont prêts à faire des conces-
sions. Ne prends ni un air triste ni un air heureux.

— Mais c'est très difficile !

— Ce n'est pas difficile du tout.

« *Pour une fois, il avait tort* », note Benazir dans ses
mémoires. Première application dès l'arrivée à Simla : la
rencontre avec Indira Gandhi, impressionnante. « *As-
Salaam-o-Alaikum* » : Benazir lui adresse le souhait de
paix musulman. « *Namaste...* » (bonjour, en hindou) lui
répond l'immense personnalité, dans un grand sourire. « *Je
lui adressai en retour un demi-sourire qui, je l'espérais,
ne me compromettrait pas...* », se souvient Benazir Bhutto,
une bonne élève dans un domaine où, c'est vrai, tout
compte.

Elle est subjuguée par la femme d'État indienne, et
l'inverse n'est peut-être pas une vue de l'esprit. Même si
Indira Gandhi reste insondable, lors d'un dîner de travail,
elle ne quitte pas la fille d'Ali Bhutto des yeux. « *Ce qui
m'a intimidée* » raconte Benazir. « *J'avais suivi de près
sa carrière et admiré sa ténacité. Pour me rassurer,
j'essayai de parler avec elle, mais elle était réservée. Une
froideur et une certaine distance régnaient autour d'elle,
qui ne se relâchait que lorsqu'elle souriait. Mais Mme
Gandhi me regardait toujours. Peut-être se rappelait-elle
les missions diplomatiques où elle avait accompagné son
propre père* [Pandit Nehru, NdA] *? Se revoyait-elle en moi,
fille d'un autre homme d'État ? Repensait-elle à l'amour*

d'une fille pour son père, à celui d'un père pour sa fille ?
Elle était si petite et si frêle... D'où venait sa légendaire
dureté ? »

Il est plus que probable que, dans cette analyse psychologique, Benazir Bhutto se soit approchée tout près de la vérité. Comment pourrait-il en être autrement, entre deux femmes aux parcours aussi semblables [1] ? Et comment Indira Gandhi peut-elle imaginer autre chose qu'une grande carrière politique pour cette gamine de dix-neuf ans, au vu de ce qu'elle sait déjà sur elle, et sachant toute la volonté d'Ali Bhutto de mettre sa fille dans ses propres pas ? Probablement Indira Gandhi voit-elle déjà Benazir succéder un jour à son père, comme elle, tant elle retrouve sa propre histoire dans celle des Bhutto.

Les cinq jours de négociations seront une alternance de hauts et de bas, pour les Pakistanais. Évidemment, Indira Gandhi, en position de force, met la pression d'entrée : une négociation globale, comprenant la cession par le Pakistan de sa part du Cachemire. « *Impossible* », note Benazir. « *Toute spoliation de notre territoire serait refusée par notre peuple...* » Les discussions entre les deux parties s'éternisent, et, surtout, s'enlisent à propos du Cachemire. Indira Gandhi, si elle le veut, a les atouts en mains pour faire disparaître le Pakistan de la carte, tant la défaite pakistanaise de la troisième guerre a été catastrophique. Mais manifestement, ça n'est pas son souhait, probablement en raison de ce qui pourrait se passer par la suite au plan inter-

---

1. Les deux femmes ont des parcours très étrangement similaires. Indira Ghandi sera assassinée le 31 octobre 1984. Son fils Rajiv, qui lui succédera, sera lui aussi assassiné le 21 mai 1991, à l'âge de 47 ans.

national. Elle a suivi au plus près les conciliabules au Conseil de sécurité de l'ONU, six mois plus tôt, à New York, et elle a bien noté la position de la Chine, notamment, dans l'histoire.

Parallèlement aux négociations, un phénomène assez inattendu se produit, à Simla : Benazir Bhutto devient la coqueluche de tous, dans cette ville indienne. Il est vrai que sa grande beauté, son port altier et son élégance interpellent, mais il n'y a pas que cela. « *Un accueil délirant…* », en dira-t-elle, et ça n'est pas faux : ses visites dans la ville provoquent des attroupements importants, tout le monde veut la voir de près. Au point que, parfois, on est obligé d'arrêter la circulation… Elle reçoit des centaines de lettres et de télégrammes de bienvenue, à la résidence où la délégation pakistanaise est accueillie. Dans l'un de ces messages, un admirateur souhaite carrément que son père la nomme ambassadrice du Pakistan en Inde !

Par ailleurs, elle est sollicitée à longueur de journée par les médias y compris internationaux : journaux, télés, radios, tous veulent l'interviewer. « *Mes vêtements devenaient un élément de mode national, ce qui me contrariait et m'embarrassait* », avoue-t-elle. « *Je m'imaginais davantage comme une intellectuelle d'Harvard, préoccupée des graves problèmes de guerre et de paix. Exaspérée, je finis par répondre à l'un de ces reporters : "La mode est un amusement bourgeois." Mais le lendemain, l'histoire avait fait de moi l'initiatrice d'un nouveau style…* »

La délégation pakistanaise n'est pas moins étonnée, son père en tête. « *Tu sers peut-être de diversion à la gravité des problèmes en jeu ici ?* », tente-t-il d'expliquer. Peut-être, aussi, les observateurs et les parties prenantes de la troisième guerre indo-pakistanaise la connaissent-ils désormais bien plus qu'elle ne le sait. Elle a été de la féroce bataille diplomatique au Conseil de sécurité, six mois plus tôt. Une étudiante superbe de dix-huit ans lancée dans un bain de cette envergure, comme son père l'a voulu, ça ne passe forcément pas inaperçu… Ni des médias, ni des observateurs, ni des délégations diplomatiques à l'ONU. Oui : sans doute, Benazir Bhutto est-elle déjà beaucoup plus célèbre qu'elle ne le pense. Et puis, elle a une arme fatale dans ses bagages : un charisme incroyable, dont elle n'a probablement pas encore la pleine conscience.

Probablement, aussi, voit-on en elle la représentation d'une nouvelle génération. L'Inde et le Pakistan se sont fait trois guerres en vingt-trois ans, c'est devenu insupportable pour les peuples du sous-continent. Ce qui ressemble étrangement d'ailleurs à ce qu'ont connu les Français et les Allemands en Europe. Et sur ce point, en revanche, Benazir Bhutto est assez consciente de la chose : *« N'ayant jamais été indienne, j'étais née pakistanaise indépendante, libre des complexes et des préjugés qui avaient violemment opposés Indien et Pakistanais.* [À travers cette génération, NdA] *peut-être le peuple espérait-il échapper à l'hostilité qui avait déjà causé trois guerres, et enterrer le passé douloureux de nos parents et de nos grands-parents pour vivre ensemble, en amis ? »*

Pour l'instant, la réponse à sa question est en débat, entre son père et Indira Gandhi, et les choses n'avancent guère… Elles s'enlisent totalement, même, pour tout dire, le Cachemire restant le point d'achoppement principal des négociations.

« *Nous partons demain.* » Le 2 juillet 1971, Ali Bhutto est à bout. Les délégations sont exténuées de travail et de tension, il n'y a semble-t-il pas d'accord possible, et c'est ce qu'il confie à sa fille. Il préfère rentrer sans accord, quitte à décevoir le Pakistan, mais le pays ne sera pas spolié au Cachemire. « *Ils pensent que je ne peux pas rentrer au pays sans accord, mais je suis prêt à le faire. Enfin... je les mets au pied du mur* », explique-t-il à Benazir.

Mais ce diable d'homme a encore une carte dans sa manche : Indira Gandhi, elle non plus, ne peut pas revenir sans traité devant son Parlement. Si les deux délégations se séparent en l'état, leurs oppositions respectives auront beau jeu, à leurs retours, de s'engouffrer dans la brèche. Et l'échec reviendrait à chacun d'eux, certes, mais cette sorte de « match nul », pour l'Inde, qui est arrivée en très nette position de force, serait manifestement difficile à gérer par Indira Gandhi.

La dernière journée prévoit une visite d'adieu protocolaire d'Ali Bhutto à Indira Gandhi, puis un dîner officiel. Avant de visiter le Premier ministre indien, ce dernier fait quelques confidences à sa fille, le regard brillant : « *Ne dis rien à personne, mais je vais en profiter pour faire une dernière tentative auprès de Mme Gandhi : j'ai une idée...* »

Lors de l'entretien, Indira Gandhi comprend immédiatement le raisonnement de Bhutto. Elle saisit bien que, en position de force, c'est elle qui a le plus à perdre. Et dès son retour, le président pakistanais se rue dans la chambre de sa fille :

— L'espoir est revenu ! Nous avons notre accord, Insha'allah !

Et de lui expliquer son stratagème.

— Et elle a accepté?

— Elle n'a pas refusé. Elle va consulter ses conseillers et nous aurons la réponse au dîner…

Un dîner prévu pour être protocolaire, mais qui va se transformer très vite en ultime séance de négociations. Indira Gandhi et Ali Bhutto au salon, les équipes de négociateurs dans l'immense salle de billard de la propriété. Côté Pakistan on a mis un code au point, puisqu'aucune déclaration autre qu'officielle ne peut être faite – conscients de l'importance supposée du moment, les médias du monde entier ont investi les lieux. Si un accord est trouvé, on annoncera bruyamment qu'un garçon est né. S'il n'y a pas d'accord, on dira que c'est une fille. « *Quels phallocrates!* », fulmine Benazir…

L'ambiance est électrique : projets, contre-projets, modifications, remodifications, amendements, chaque point d'un éventuel accord est ardemment discuté, puis soumis aux deux chefs d'États, dans le salon, pour approbation ou non. Les heures passent.

À 0 h 40, le 3 juillet donc, une clameur part du salon : « *Larka hai! C'est un garçon!* »

Benazir ne pourra pas voir son père et Indira Gandhi signer enfin cet accord inespéré, et en tout cas historique : la foule de journalistes, de photographes et autres caméramans a envahi les lieux pour immortaliser le moment. Le traité de Simla – un garçon! – était né, et Ali Bhutto venait de signer l'un de ses plus hauts faits politiques.

En effet, le Pakistan récupérait les 8 000 km² de territoire pris par l'Inde, et les deux pays s'engageaient à reprendre communications et commerce bipartite. En outre, on ne touchait pas aux positions des uns et des autres au Cachemire. Restait la question des 93 000 prisonniers de guerre pakistanais retenus en Inde, dont le traité parlait de « *préparer le retour* ». Et là c'est une déchirure pour Benazir.

— Mme Gandhi acceptait de rendre soit les 8 000 km² de territoire, soit les prisonniers, lui expliqua son père un peu plus tard dans la nuit. Sais-tu pourquoi j'ai choisi le territoire ?

— Je ne sais vraiment pas... Mais notre peuple aurait été beaucoup plus heureux de voir libérer les prisonniers.

— Ils le seront. Les prisonniers posent un problème humain, surtout quand ils sont près de 100 000. Il serait inhumain pour l'Inde de les garder indéfiniment et, de plus, ce serait un poids de continuer à les héberger et à les nourrir. Le territoire perdu, lui, n'est pas un problème humain. L'annexion d'une terre n'alerte pas l'opinion internationale comme le font des prisonniers de guerre, alors que la paix est revenue...

Il y a ainsi des décisions très difficiles à prendre, lorsque l'on dirige un État. « *On pouvait s'attendre à beaucoup de protestations de l'opposition, au Pakistan, et des familles de prisonniers. Peut-être les Indiens avaient-ils compté sur cette inévitable agitation pour contraindre mon père à plier dans la négociation, mais il n'avait pas cédé...* », raconte Benazir Bhutto, toutefois très troublée, du haut de ses dix-neuf ans, par ce problème humain.

Les 93 000 prisonniers et leurs familles attendront deux ans avant la libération. Elle interviendra quand le Pakistan d'Ali Bhutto reconnaîtra le Bangladesh.

Deux ans de prisons pour plus de 90 000 de ses militaires, contre une paix durable entre deux pays qui s'étaient fait trois guerres en vingt-trois ans : la balance est-elle en équilibre ? On peut penser que oui d'un point de vue très froidement géopolitique ; les prisonniers et leurs familles, pour la plupart, ont évidemment dû estimer le contraire...

Mais sans doute la première assertion est-elle sinon la meilleure, du moins la moins mauvaise. En effet, dès le lendemain 4 juillet, l'Assemblée nationale réunie en session extraordinaire vote la ratification du Traité de Simla à l'unanimité et sous les acclamations, satisfaisant donc une opposition traditionnellement farouche...

Dès lors, Ali Bhutto n'aura de cesse de préparer une Constitution le plus rapidement possible pour son pays. En attendant, il continue ses réformes, une très grande part de son action portant sur la nationalisation. Les grandes industries aux mains des « 22 familles », essentiellement de militaires hauts gradés, passent sous la coupe de l'État. Avec à la clé des bénéfices très substantiels pour le Pakistan... Les immenses terres des propriétaires féodaux sont redistribuées aux paysans pauvres, ainsi que le prévoyait le programme de sa campagne électorale fin 1970.

Grande première, également, son gouvernement fixe un salaire minimum, alors qu'un nombre impressionnant de travailleurs pakistanais travaillait jusqu'alors pour rien ou presque, pour de grands industriels ou des chefs tribaux. Mieux : les travailleurs sont incités à former des syndicats. Ali Bhutto met en place, parallèlement, un réseau d'électricité qui désenclave nombre de villages isolés ruraux encore à l'heure du Moyen Âge. Il fait élaborer un programme d'alphabétisation pour les hommes et pour les femmes, aussi, dans une nation sévèrement touchée par l'illettrisme, et fait construire des écoles dans les régions les plus pauvres.

« Des parcs et des jardins naissaient dans la poussière des villes, et des routes neuves reliaient les provinces, à la place des pistes d'autrefois », note Benazir, pleine d'admiration, en 1977. *« Un accord avec la Chine prévoyait l'ouverture dans l'Hindou Kouch d'une grande route qui mènerait à la frontière chinoise. Mon père avait résolu d'assurer au peuple pakistanais une prospérité d'État moderne. »*

Si son Premier ministre de père s'était fait des ennemis avec les nationalisations industrielles et la redistribution des terres, l'élan à marche forcée qu'il donnait au pays, en particulier avec l'appui de la Chine, commençait d'inquiéter dans le cercle fermé des grandes nations. Il ne tarderait pas à en subir les conséquences… Il va de soi qu'Ali Bhutto ne se fait pas que des amis à l'occasion de ses grandes réformes socialistes…

Mais le 14 août 1974, la République islamiste du Pakistan adoptant, là encore à l'unanimité de l'Assemblée nationale, la « Charte islamique », c'est-à-dire la toute première constitution de son histoire. L'événement était attendu, et ne constituait pas une surprise en soi. L'étonnement viendrait du soutien de cette charte pour l'opposition, dans son intégralité, de l'opposition aux chefs tribaux et religieux. La cerise sur l'énorme gâteau servi aux Pakistanais ce jour-là…

Ali Bhutto, pour sa part, quitte alors la présidence. Il reprend le poste de Premier ministre, car c'est bien de là que s'exerce le pouvoir...

« *La démocratie dans mon pays, enfin* », en dit Benazir avec la chair de poule. Elle a eu le loisir d'y goûter à travers ses études aux États-Unis. Et elle sait très bien, déjà, à moins de vingt ans, ce que le Pakistan peut en retirer pour sortir d'une misère endémique et d'un obscurantisme dangereux. Lorsqu'elle est arrivée aux USA, d'ailleurs, elle a bien vite laissé ses vêtements traditionnels pour des jeans et des sweat-shirts... Et puis, elle s'est laissée pousser les cheveux, et ses camarades ne tardèrent pas à lui dire qu'elle ressemblait réellement à Joan Baez, l'une des chanteuses engagées du moment. « *J'aimais la nouveauté de l'Amérique* », en dit-elle. Forcément, ce choc des cultures est assez violent.

Elle y a fait ses premiers gestes politiques, aussi. On est en pleine guerre du Vietnam, et les occasions ne manquent pas de protester contre cette boucherie. « *J'étais déjà contre cette guerre au Pakistan, et la fièvre pacifiste de ces moments-là, en Amérique, ne me rendait que plus radicale...* » À l'un des rassemblements, comportant plusieurs milliers de manifestants, à Washington, elle a droit à son baptême du gaz lacrymogène... Et elle n'est pas la dernière à porter le badge « Bring The Boys Home Now ! », « Ramenez les jeunes à la maison, maintenant ! »

Le fait qui la marque le plus, et probablement à vie, toutefois, dans cette découverte de la démocratie, est la destitution de Richard Nixon. On peut donc renvoyer un président de la République, dans une démocratie ? On peut démettre un homme d'État de cette envergure, qui a réussi à mettre fin à la guerre du Vietnam, mais par ailleurs a failli à son serment en mentant à son peuple, grâce à la force d'une constitution ?

Le cas Nixon, exceptionnel toutefois, est une révélation pour Benazir Bhutto. Et elle n'en a que plus de joie et de fierté lorsque la Charte islamique de son père est signée, à Islamabad. Elle n'oublie qu'une chose : à la fin des années 1970, le poids des militaires et des services secrets, bien caché dans l'ombre, est énorme au Pakistan. À la mesure de ce qu'il est aujourd'hui aux USA, entre néoconservateurs fous de guerre et CIA.

À l'automne 1973, bardée de diplômes d'Harvard – avec mentions – c'est l'Angleterre que rejoint Benazir Bhutto, et plus précisément Oxford, pour trois années d'études de droit international. Sa vocation pour la diplomatie ne se dément pas. De plus, avec les « leçons » sur le terrain qu'elle vient de vivre, de l'ONU et son Conseil de sécurité au traité de Simla, il semble qu'elle ait une légère avance en la matière sur ses camarades de campus.

« J'éprouve une étrange impression en t'imaginant à Oxford, mettant tes pas dans les miens vingt-deux ans plus tard », lui écrit son père peu après son arrivée en Angleterre. *« J'étais heureux de te savoir aux États-Unis, mais je ne pouvais me représenter ton image. Là, je te vois en chair et en os, sur chaque pavé des rues d'Oxford, à chacun de tes pas sur les degrés de pierre glacée, pour passer toutes les portes du savoir. Ta présence là-bas est la réalisation d'un rêve. Nous prions dans l'espoir qu'il en naîtra une magnifique carrière au service de notre peuple... »*

Aux yeux d'Ali Bhutto, la véritable institution anglaise est le *nec plus ultra*. Il y a inscrit ses quatre enfants... dès leur naissance ! Cela dit, Benazir vit moyennement ce changement radical. De la joie de vivre débridée des campus américains, elle passe soudainement à une rigueur, pour ne pas dire une raideur, toute britannique. D'un appartement personnel en colocation avec une amie, elle passe à une chambre meublée, minuscule, sans téléphone et avec salle de bains commune au bout du couloir. « *Et, comparé à mes amis américains d'Harvard, tout de suite chaleureux, je trouvais les Anglais distants...* », déplore-t-elle.

Elle constate d'entrée que ce que lui avait dit son père était toujours de mise, vingt-deux ans plus tard : elle y apprendrait à discipliner son travail. Et de fait, les deux dissertations par semaine qu'elle doit rédiger, tant en politique qu'en économie ou en philosophie, dès la première semaine, donnent le ton... Et devant ce flux tendu de travail, c'est bien pour faire plaisir à son père qu'elle adhère, sur sa demande, à l'une des innombrables associations de l'université. La plus célèbre, toutefois : la Société des débats de l'Union d'Oxford. Cette entité, créée au début du XIXe siècle sur le modèle du Parlement britannique, la Chambre des communes, est considérée comme un véritable vivier de personnalités politiques de haut rang. Ce choix d'Ali Bhutto pouvait-il être plus explicite ?

Mais elle se dit aussi « *attirée par l'art du débat* », l'un des terrains de jeu favori de son père. « *L'éloquence avait toujours eu un grand pouvoir, dans le sous-continent asiatique qui est le nôtre, où les analphabètes étaient si nombreux. Par millions, le peuple avait écouté la parole du Mahatma Gandhi, de Nehru, de Mohammed Ali Jinnah, de mon père, aussi. L'art du conteur, la poésie, le discours font partie de notre tradition. Je ne me rendais pas compte, alors, que l'expérience acquise dans l'ambiance policée et les murs à boiseries de l'Union se traduirait en interventions devant les foules, dans les campagnes du Pakistan... »*

L'entrée de Benazir à la Société de débats marque probablement une progression extrêmement intéressante dans sa vie en général. Elle en garde d'ailleurs un souvenir ébloui, garni de conférences de gens célèbres aussi intéressantes et instructives les unes que les autres ; de visites et de causeries d'anciens Premiers ministres anglais ; de concours d'éloquence ; de soirées « orateurs » où des étudiants en tenue de soirée, l'œillet à la boutonnière, défendaient devant leurs camarades « députés » des thèses d'actualité.

Caprice du hasard, le président de l'association lui demande un jour de plancher, pour ce qui sera son premier discours, sur la destitution constitutionnelle, sans violence, d'un chef d'État élu. La motion qu'on lui demande de proposer est intitulée... « Ce dont cette chambre accuserait Nixon » ! Évidemment, Benazir est plutôt à l'aise sur le sujet... À l'aise, également, pour tailler un costume de gala, sur mesure, à l'ex-président des États-Unis...

« C'est un paradoxe qu'un homme, qui fonda sur la loi et l'ordre sa candidature à la présidence, fasse tout ensuite pour violer la loi et mettre le désordre dans le pays », sont les premiers mots de son discours. Et de passer en revue, avec la fougue dont on peut faire preuve à vingt ans, les dérapages de Richard Nixon en matière de législation, mais aussi de crédibilité et d'autorité morale, au moment où on

lui demande de rendre des comptes. Avant de terminer de manière radicale son travail sur la conduite foncièrement antidémocratique du président américain : « *Ne vous y trompez pas, mes amis, ces accusations sont graves. Nixon s'est toujours considéré comme au-dessus des lois, s'arrogeant le droit d'agir à sa guise. Le dernier souverain anglais qui en fit autant y perdit sa tête. Nous proposons une opération moins radicale, mais tout aussi efficace. On raconte qu'un jour, Nixon ayant consulté un psychiatre, celui-ci lui dit : "Vous n'êtes pas paranoïaque, Monsieur le président. On vous hait réellement." Aujourd'hui, non seulement on le hait, mais il n'a plus aucune crédibilité. En perdant la confiance de son peuple, l'autorité morale lui manque pour conduire la nation américaine. C'est le drame de Nixon et de l'Amérique !* » Brillant, non ?

Résultat des votes : un plébiscite pour Benazir. À l'Union d'Oxford, Grande-Bretagne, en 1975, la destitution de Richard Nixon a été votée par 345 voix contre... deux.

Contrairement à sa première impression, Benazir Bhutto comptera ses quatre années passées à Oxford parmi les plus heureuses de sa vie. Pourtant elle y fera la connaissance d'une chose inconnue pour elle, un jour : le racisme. Sous la forme d'un long moment de brimade, de la part d'un petit employé méprisant du service de l'immigration anglaise, lorsqu'elle regagne la Grande-Bretagne pour sa deuxième année à Oxford. Qui n'apprécie visiblement pas le teint cuivré de la jeune femme, et le lui montre bien en lui posant mille problèmes. Avant de terminer, dédaigneux : « *Comment une "Paki" peut-elle se payer des études à Oxford ?* »

Benazir se mord la langue. Elle pourrait le détruire en deux phrases, mais s'abstient. À regret, semble-t-il *a posteriori*. Mais le coup a porté : « *Si les services d'immigration traitaient ainsi la fille d'un Premier ministre, qu'était-ce avec d'autres Pakistanais qui ne parlaient pas l'anglais aussi couramment, ou montraient moins d'assurance ?* » Qui sait : peut-être les grands-parents et les parents de ce crétin se prélassaient-ils au bord de la mer, à Karachi, avant 1947, en se faisant servir le thé par des indigènes colonisés ?

Cet épisode, bien que court et finalement sans frais, la marquera durablement. Elle n'aurait pourtant pas dû être surprise : son père l'avait mise en garde contre ce fléau bien avant, lorsqu'elle était partie pour les États-Unis. On lui avait refusé une chambre d'hôtel, à San Diego, Californie, non pas en raison de son origine pakistanaise, mais parce que sa peau cuivrée le faisait ressembler à un Mexicain... Ce qui ne change rien, strictement rien, à ce fléau qu'est le racisme.

Le petit employé imbécile de l'immigration ne l'a probablement jamais su : la « Paki » qui pouvait se payer des études à Oxford allait réussir en 1976 son premier grand défi, lors de sa quatrième et dernière année d'études, en troisième cycle, option diplomatie. En effet, après une campagne particulièrement réussie, elle devient la présidente de l'Union d'Oxford, après avoir échoué de peu l'année précédente. Un fait doublement historique dans l'histoire de cette très vénérable institution : elle est la première asiatique à occuper cette prestigieuse fonction, d'une part, et de l'autre elle est une femme, dans une structure relativement machiste, où siègent à l'époque plus de 85 % de jeunes hommes ! Cette conquête procurera d'ailleurs un bonheur incommensurable à ses parents, et bien sûr en particulier à son père, qui l'avait poussée à travailler ainsi « l'art du débat... »

Cette première élection serait suivie de bien d'autres, sur le terrain pakistanais et en grandeur nature, désormais.

Mais avant cela, il lui faudrait traverser une très sale période.

D'une dureté impitoyable, mais toutefois déterminante pour son avenir et celui de son pays...

6

Des coups tordus,
un coup d'État

ZIA. Le nom bruisse comme la lame qui tranche une tête… Ali Bhutto commet de toute évidence l'erreur de sa vie, en nommant le général Zia-ul-Haq chef d'état-major interarmées du Pakistan. Le choix s'est révélé difficile, et le Premier ministre a écarté pas moins de six candidats avant de prendre sa décision.

Il se fera berner, et ne comprendra le piège que bien plus tard. Les tout-puissants services secrets de l'ISI, en effet, ont curieusement trouvé des défauts inavouables aux premiers prétendants à ce poste de la plus haute importance, en particulier au Pakistan tant les militaires ont de pouvoir. L'un trompe sa femme, l'autre boit, un autre encore n'a pas la réputation d'être de la plus grande fidélité pour son pays… Bref, les services secrets déconseillent fortement à Ali Bhutto de nommer l'un ou l'autre d'entre eux. La situation commence à devenir longue, pour le Premier ministre, et c'est là qu'apparaît miraculeusement l'homme de la situation, le général Zia-ul-Haq. Zia…

Il est paraît-il respecté dans l'armée, et il n'a pas participé aux massacres de la guerre civile au Bengale, explique l'ISI. Ce deuxième point « parle » à Bhutto. Sur le premier, en revanche, il aurait dû se méfier : l'intégralité des bureaux de l'armée de terre, de l'air et de la marine lui adresse des rapports favorables sur celui qui n'est, en fait, que le septième sur la liste des prétendants. Quand on connaît la puissance de l'appareil militaire pakistanais, mais aussi, forcément, les batailles qu'on s'y livre pour des pouvoirs exorbitants, une telle unanimité aurait pu – dû... – mettre la puce à l'oreille du Premier ministre.

« *Le gouvernement ne doit pas avoir l'air d'imposer sa volonté à l'armée* », se justifie Ali Bhutto auprès de Benazir, « *soulagé* » selon elle. « *Zia n'est sans doute pas le plus haut placé parmi les officiers supérieurs, mais il semble aimé des soldats.* » En fait, Zia sera le cheval de Troie de l'armée, et Bhutto paiera cher son erreur, très cher...

Du reste, lorsqu'elle le rencontre pour la première fois, à la fête que donne son père pour ses quarante-neuf ans, le 5 janvier 1977, Benazir ne « *sent* » pas Zia. Intuition toute féminine ? « *C'est ainsi que je me trouvais en face de l'homme qui allait si radicalement changer notre vie* », raconte-t-elle. « *Je me rappelle avoir été très surprise en le voyant. Grand et rude, avec des nerfs d'acier à la James Bond, telle était l'image puérile que je gardais du soldat. Au contraire, le général que j'avais devant moi était petit, nerveux, apparemment quelconque, avec une raie au milieu de cheveux pommadés qui lui collaient au crâne. Un traître de dessin animé bien plus qu'un brillant chef militaire... Et tellement obséquieux qu'il ne cessait de me dire combien il était flatté de connaître la fille d'un si grand homme qu'Ali Bhutto. On aurait pu trouver un chef d'état-major plus imposant, me semblait-il, mais je n'en dis rien à mon père.* »

Elle aurait dû... Surtout qu'on prête à Zia – et Ali Bhutto le savait – des liens avec des religieux fondamentalistes durs, adversaires déclarés du PPP, regroupés au sein du parti Jamaat-e-islami...

Benazir est en vacances, et elle passe de longs moments avec son père, durant lesquels, se promenant dans le jardin de Larkana, il lui décrit la suite de son programme politique. Les institutions fonctionnent plutôt bien, trois ans et demi après la naissance de sa Constitution, le Parlement et les administrations provinciales aussi, il n'y a pas de nuage à l'horizon. Il lui confie ainsi que dans ces conditions, il va avancer la date des élections générales, prévues en août, au mois de mars. Le climat politique est favorable, et il pourra ainsi passer à la deuxième phase de son programme : développer l'équipement industriel, moderniser l'agriculture grâce à des forages d'eau, un effort supplémentaire sur la distribution de semences et la production accrue d'engrais, etc., etc. « *Les idées lui venaient à chaque pas* », se souvient-elle, « *et sa vision d'un Pakistan d'aujourd'hui, compétitif, se précisait de plus en plus.* »

Si Ali Bhutto s'est fait des ennemis en démocratisant le Pakistan, il ne s'attend probablement pas, toutefois, à ce qui va se passer lors des élections. Lorsqu'il s'en ouvre à Benazir, le processus électoral est déjà engagé. L'opposition s'est regroupée en une Alliance nationale pakistanaise (PNA) assez hétéroclite, regroupant pas moins de neuf partis. Parmi lesquels des fondamentalistes – qui prônent d'ailleurs un pouvoir religieux et excluent la laïcité –, et aussi des... industriels, dont on sait parfaitement que l'armée fournit la plus grande partie d'entre eux.

Du reste, cette coalition est dirigée par un certain Asghar Khan, ancien commandant en chef de l'armée de l'air… Son premier soin, avant même que la campagne électorale ne débute, est d'annoncer que la PNA… refusera les résultats des élections de mars, « *car de toute façon elles seront truquées* » ! Une étrange tactique, on en conviendra, qui consiste à dire, en gros : « Le PPP va gagner les élections, mais nous refuserons sa victoire »… Pas si étrange que ça : l'opposition sait très bien qu'Ali Bhutto sera imbattable, et prépare le terrain au désordre. Et quand il y a désordre, au Pakistan, la règle est assez immuable : l'armée tranche en prenant le pouvoir. CQFD…

Lorsque la date limite d'inscription des candidats aux élections législatives et provinciales intervient, on atteint des sommets : il n'y a pas de candidats de l'opposition dans les circonscriptions où Ali Bhutto et ses ministres sont en lice… En Angleterre, Benazir ne comprend pas bien en lisant les journaux que lui envoie régulièrement sa famille : « *Pourquoi laisser sans adversaires le Premier ministre, les membres du gouvernement et les "chief ministers", les gouverneurs des quatre provinces ? Les candidats de la PNA, se sachant battus d'avance, préféraient-ils sauver la face ?* »

La réalité est beaucoup moins rationnelle. Elle est même… surréaliste : passée la date d'inscription, les candidats concernés de l'opposition expliquent que la police les a enlevés pour les empêcher de s'inscrire ! L'affaire se terminera bien sûr par un non-lieu… N'empêche que les journaux pakistanais en ont évidemment fait leur une. On constate, en Occident, avec un peu d'abattement, parfois, la dureté du combat politique et les coups bas peu ragoûtants qui, inévitablement, les accompagnent. Il faut pourtant bien dire qu'à côté de ce qui se pratique au Pakistan, c'est de la douce plaisanterie...

« *Bhutto va confisquer et nationaliser les maisons particulières !* », « *Il veut confisquer les bijoux en or de toutes les femmes, et, de plus, il boit du whisky !* » Le Premier ministre prend les coups avec sang-froid, et il ne manque pas de répartie : « *Je ne nie pas que, après 18 heures de travail, il m'arrive de prendre un verre. Mais moi, je ne bois pas le sang du peuple...* »

Les fondamentalistes ne sont pas les derniers à taper dur. Le parti Jamaat-e-islami, dans les coins les plus reculés du pays, n'hésite pas à employer les grands moyens religieux : « *Un vote contre le Jamaat est un vote contre Dieu ! Un vote pour la PNA vaut 100 000 années de prières !* » Allah a dû grimacer, et le Prophète se retourner plusieurs fois dans sa tombe... pour Asghar Khan, le leader de la PNA, « *Ali Bhutto est si mauvais musulman qu'il en est encore à apprendre les cinq prières quotidiennes !* »

Depuis Oxford, Benazir vit mal cette campagne de diffamation, à travers ce qu'elle lit dans les journaux pakistanais, mais aussi anglais. Elle se régale, toutefois, des répliques flegmatiques de son père. Dans cette période, il reçoit Yasser Arafat, le leader de l'OLP. À un journaliste qui lui demande le pourquoi de cette visite, le Premier ministre répond dans un grand sourire : « *Il est venu m'enseigner les cinq prières...* » Malgré la campagne pourrie des extrémistes religieux, malgré ses inquiétudes, Benazir sait qu'Ali Bhutto ne risque pas grand-chose au final :

« Les dirigeants les plus sensés de l'opposition, eux, savaient que la question religieuse était explosive et évitaient ces arguments. Ils savaient aussi que l'adhésion du Parti pour le peuple pakistanais à l'islam était indiscutable. C'était bien mon père qui avait donné au pays sa première constitution démocrate, islamique, et créé le premier ministère des Affaires religieuses. »

Les initiatives du gouvernement de Bhutto n'ont pas manqué d'envergure, elles non plus, au regard de la religion : le quota de Pakistanais désirant se rendre en pèlerinage à La Mecque est supprimé, chacun pourra donc y aller quand il le veut ; l'éducation religieuse devient obligatoire dans les écoles primaires et dans le secondaire, etc. D'un côté plus symbolique, Bhutto a fait imprimer le premier Coran de l'histoire du Pakistan non dénaturé par le fondamentalisme. Symbole encore, lorsqu'il décide que l'insigne de reconnaissance de la Croix-Rouge sera désormais le croissant, comme dans les autres pays islamistes. Le dernier lien avec l'Europe chrétienne, en l'occurrence la Grande-Bretagne qui l'avait importé avec la colonisation, disparaît ainsi du paysage.

Côté religion, donc, le Premier ministre sortant est « blindé ». La population ne peut pas ignorer les changements opérés dans son quotidien musulman. Par ailleurs, les femmes représentent un potentiel d'électorat très important puisque, note Benazir : *« Avec une victoire de l'opposition, elles perdraient tous les progrès que mon père les avait encouragées à faire. Il leur avait ouvert l'accès à l'administration, la police, et même les services diplomatiques. »* L'accès à l'instruction aussi : *« Pour la promouvoir, il avait nommé une femme comme vice-présidente de l'université d'Islamabad* » ; et encore le champ politique et celui des médias : « *Deux femmes avaient été désignées respectivement vice-présidente de l'Assemblée nationale, et gouverneur de la province du Sind, alors que les premières présentatrices faisaient leur apparition à la télévision.* » Il faut bien convenir qu'en trois ans et demi, la condition de la femme pakistanaise avait plus évolué qu'en plusieurs siècles.

D'ailleurs, Benazir voit sa mère elle-même monter au créneau. Cette dernière dirige ainsi la délégation pakistanaise invitée à la Conférence internationale de Mexico, sous l'égide de l'ONU. Elle en revient d'ailleurs vice-présidente de cette structure mondiale pour les droits de la femme… Dans la foulée, Nusrat Bhutto se présentera aux législatives de 1977. Ali Bhutto pouvait-il rêver meilleur exemple, dans sa politique d'ouverture et d'égalité entre citoyens pakistanais, hommes et femmes ? Assurément non, même s'il garde très certainement à l'esprit le potentiel énorme, qu'il connaît parfaitement, de sa fille.

Mais la campagne électorale atteint des sommets d'ignominie. Ainsi Asghar Khan, l'ancien militaire leader de la PNA, explique aux foules qu'il promet, aussitôt Bhutto renversé par les urnes, d'envoyer en camp de concentration les ministres qu'il apprécie le moins… Et puis, dès qu'il aura le pouvoir, il tuera Ali Bhutto. Mais il ne sait pas encore s'il le fera pendre au pont d'Attock, à Karachi, ou bien à un lampadaire de Lahore, capitale du Pendjab… Oui : c'est assez incroyable… Et on a bien sûr énormément de mal, vu d'Europe, à imaginer des propos de campagne électorale aussi fous, même il y a une trentaine d'années.

Pour la rentrée universitaire 1976-1977, Murtaza, « Mir » Bhutto, a rejoint sa sœur à Oxford, pour y entamer sa première année d'études supérieures. Un vrai réconfort pour Benazir, évidemment, et c'est tous les deux qu'ils sont scotchés à portée de main du téléphone en pleine nuit – décalage horaire oblige –, à attendre les résultats des élections du 8 mars 1977. L'ambassadeur du Pakistan en Grande-Bretagne a promis de les tenir informés. Mais c'est Ali Bhutto en personne qui les appelle. Pour Mir, le PPP remporterait entre 150 et 156 sièges au Parlement. Pas mal vu : « Nous avons 154 députés élus sur 200 ! », leur annonce le père. C'est plus qu'une victoire : avec plus de 75 % des sièges à l'Assemblée nationale, c'est une razzia, un vrai plébiscite... La joie de Benazir et de Mir est double. Ce 8 mars marque un triomphe historique du PPP, bien sûr, mais aussi la fin d'une campagne électorale absolument détestable, durant laquelle ils en ont lu et entendu de toutes les couleurs à propos de leur père. Et parfois, ça fait très mal...

Ils se réjouissent toutefois un peu vite : comme elle l'avait annoncé avant la campagne électorale, l'Alliance nationale pakistanaise conteste vigoureusement les résultats. Et, dans la foulée, organise des raids de vingt à trente « militants » qui sèment la pagaille et la violence dans les lieux où il y a le plus de monde : marchés, centres-villes, fêtes, banques, cinémas, etc. Les incidents se transforment parfois en véritables drames :

« *Treize personnes d'une même famille furent brûlées vives lorsque leur maison finit par être incendiée* », raconte Benazir, qui suit de près ce qui se passe à travers la presse. « *Un membre du PPP fut lynché, et son corps pendu à un lampadaire... De nombreux autres, ministres et élus parle-mentaires, reçurent des menaces de mort ou d'enlèvement de leurs enfants...* », déplore-t-elle. « *Avec Mir, depuis Oxford, depuis l'Europe des démocraties, nous ne pouvions y croire... Nous trouvions aussi de plus en plus louche tout ce que cela sous-entendait.* »

Ils n'ont pas tort. En effet, à l'analyse, on s'aperçoit que l'opposition avait visiblement beaucoup travaillé, bien en amont de ces élections, et on ne peut parler en termes de mois mais d'années. Réunir en une alliance neuf partis hétéroclites, allant du centre-droit aux intégristes musul-mans, avec les législatives et les régionales en point de mire, n'a en aucun cas pu se faire rapidement. Il aura vraisemblablement fallu de longues négociations dans l'ombre pour réussir une union qui tient parfois du mariage de la carpe et du lapin. En outre, on s'aperçoit que, malgré l'avancement des élections de près de cinq mois, la PNA est déjà dans les starting-blocks. Cette organisation, ce plan de bataille politique, pour tout dire, paraît tout simple-ment préparé de longue date. D'un point de vue politique intérieure, évidemment, mais aussi, semble-t-il, extérieure... Souvenons-nous : trois ans et demi plus tôt, Ali Bhutto s'est fait un certain nombre d'ennemis en faisant adopter la Charte islamique, la première constitution démocratique de l'histoire du pays. Chez les militaires, dans les sphères des services secrets, et donc chez leurs amis et alliés qui agissent, eux, depuis l'extérieur du Pakistan.

Et l'axiome principal du pays, depuis sa naissance, est celui-ci : troubles de l'ordre public, graves en l'occur-rence = rétablissement nécessaire de l'ordre. Et rétablis-sement nécessaire de l'ordre = armée. Provoquer des troubles pour apparaître en sauveur « nécessaire » : c'est du déjà vu, un grand classique, même, mais c'est toujours sacrément efficace.

L'agitation a commencé à Karachi et Hyderabad, les deux plus grandes villes du Sind, terre des Bhutto. Elle se poursuit à Lahore, au Pendjab, se rapprochant de la capitale, Islamabad. Dans les bazars, les clients sont agressés à coups de pierres ; les commerçants sont obligés de fermer boutique. En repartant, les nervis de la PNA n'oublient pas d'incendier une banque ou un bus, ou les deux... La situation devient réellement grave.

Dans ce contexte détestable, pour calmer le jeu, Ali Bhutto propose d'organiser de nouvelles élections régionales. Et, dans le cas d'une victoire de l'opposition, de dissoudre l'Assemblée nationale et de réorganiser un scrutin. Il ne prend d'ailleurs guère de risques, tant la victoire du PPP a été écrasante en mars. La PNA décline la proposition, sans même venir en discuter autour d'une table. Elle veut la démission, tout simplement, d'un Premier ministre dont le parti a remporté les trois quarts des sièges à l'Assemblée nationale... Ça pourrait être risible, ça ne l'est pas : la PNA est tout simplement en train de préparer le lit des militaires, ouvertement, pour un coup d'État annoncé.

Loin de là, à Oxford, Benazir n'en connaît pas moins les conséquences de ce climat de violence. Elle le constate lorsqu'un soir, en rentrant de ses cours, elle est abordée par un policier de Scotland Yard devant chez elle : « *Je ne voudrais pas vous inquiéter, mais le bruit court que vous pourriez être en danger* », lui explique-t-il, à sa grande surprise.

Nous sommes fin mars 1977, Benazir Bhutto n'a pas encore vingt-quatre ans, mais elle fait connaissance avec un danger de mort qui ne cessera de planer au-dessus de sa tête jusqu'en décembre 2007, plus de trente ans après, lorsqu'elle sera finalement assassinée...

« Scotland Yard ne s'était sans doute pas donné la peine d'envoyer quelqu'un jusqu'ici pour me parler, s'il n'y allait pas de mon intérêt le plus immédiat. Aussi, à dater de ce jour-là et jusqu'à mon départ d'Oxford, en juin, je suivis à la lettre les consignes de Scotland Yard : regarder sous ma voiture avant d'ouvrir la portière, pour repérer d'éventuels explosifs, examiner la serrure qu'on aurait pu malmener. Je changeai quelque peu mes horaires : pour un cours à 10 heures, je partais soit trop tôt, à 9 h 30, soit au dernier moment, à 9 h 55. J'observe encore aujourd'hui certaines de ces mesures de sécurité », écrit-elle en 1988, toute fraîche Premier ministre...

Au Pakistan, le calme revient début avril 1977. En matière de terrorisme, puisqu'il faut bien appeler les choses par leur nom, la PNA opte pour une autre tactique : la grève. Mais une grève peu conventionnelle : ainsi une amie de Benazir Bhutto lui écrit que pas mal de ses employés ont quitté leur poste. Et, surtout, que l'un d'eux lui a confié qu'il gagnait plus d'argent en faisant grève qu'en travaillant... Explication : la PNA distribue allègrement de l'argent à ceux qui arrêteront le travail et viendront manifester pour elle. Il faut énormément de moyens pour engager une telle démarche. Où la PNA trouve-t-elle ces moyens ?

« *Depuis mars* », analyse Benazir Bhutto *a posteriori*, « *l'afflux de devises américaines avait fait baisser de 30 % le dollar au marché noir. Sans en souffrir pécuniairement, apparemment, les camionneurs et les chauffeurs de bus, par exemple, s'étaient mis en grève à Karachi.* » Conséquences : plus d'approvisionnement pour les usines, et plus ou peu de salariés au travail, les transports en commun étant, pour la quasi-majorité des ouvriers, le mode de déplacement. Donc une production extrêmement ralentie.

Ali Bhutto et le PPP y voient bien vite une manipulation d'importance. D'autant plus que le Premier ministre a pris connaissance d'une information de taille, lorsqu'il est arrivé au pouvoir. En 1958, la puissante armée pakistanaise et les États-Unis, par l'intermédiaire de la CIA, avaient travaillé sur le thème : « Comment paralyser un gouvernement »... Et les services secrets états-uniens avaient enseigné aux militaires pakistanais, dans le plus grand secret, les arcanes de ce genre de déstabilisation. Notamment par le biais d'organisations de grèves... Non de code : « Wheel Jam », roue bloquée...

Or, au moment où les dollars arrivent par camions entiers ou presque au Pakistan, la PNA lance un vaste mouvement de grèves, nommé... Wheel Jam !

Ce qu'il faut savoir, c'est qu'à son arrivé au pouvoir, Ali Bhutto a négocié avec Georges Pompidou l'aide de la France pour une unité de traitement des déchets nucléaires... Le prélude, en tout état de cause, à la possession de l'arme atomique par le Pakistan. Lorsque le président français décède, le Premier ministre se rend évidemment à ses funérailles, accompagné de sa fille.

— Qui sera le prochain président français, à ton avis ? lui demande-t-il après les cérémonies.

— Giscard d'Estaing, sans aucun doute, lui avait-elle répondu, sur la base de ce qu'elle avait appris à Oxford…

— Nous verrons. J'espère en tout cas que le prochain chef d'État français ne dénoncera pas l'accord conclu…

Valéry Giscard d'Estaing exaucera ses vœux, et tiendra la promesse faite par Georges Pompidou.

La question à se poser, en avril 1979, alors que la PNA s'évertue à paralyser le Pakistan en payant des grévistes, selon la procédure enseignée par la CIA, est bien évidemment celle-ci : à qui profite le crime ? Il semble bien que Bhutto gêne les États-Unis, justement, par le biais de la CIA.

Le Premier ministre et son état-major du PPP ne font d'ailleurs pas une autre analyse que celle-là. Benazir, elle, qui a été éblouie en observant le fonctionnement d'une démocratie pour la première fois de sa vie en entamant ses études aux USA, éprouve l'une de ses plus terribles déceptions : « *Je ne voulais pas le croire : les États-Unis s'employaient à déstabiliser le gouvernement démocratiquement élu du Pakistan…* »

Elle se souvient pourtant d'un épisode géopolitique vécu de près, l'été précédent. Henry Kissinger visitait Ali Bhutto, alors que ce dernier relançait avec Paris les discussions pour une usine de retraitement des déchets nucléaires. La première idée de Bhutto est surtout de pouvoir fournir de l'énergie au Pakistan, alors que le prix du pétrole monte en flèche – que dirait-il aujourd'hui ??? Cela dit, on ne peut pas écarter l'idée de l'arme nucléaire dans l'esprit du Premier ministre pakistanais. Son pays est la seule démocratie islamique du monde, à l'époque, il s'est fait pas mal d'ennemis, et sans doute mieux vaut prévenir que guérir. D'autant plus que le Pakistan a déjà largement donné, d'un point de vue conflits armés, et que l'Inde est en passe de posséder l'arme atomique.

« *Kissinger avait résolu, lui, de faire renoncer mon père à ce projet. Le gouvernement américain n'y voyait évidemment qu'une menace d'engin nucléaire, et la "bombe islamique" n'entrait pas dans les intérêts immédiats du "Monde libre"* », en dit ironiquement Benazir Bhutto quand elle raconte l'anecdote.

Mais les choses vont plus loin que ça : durant leur entrevue, Kissinger se montre cassant et méprisant. Les États-Unis ne peuvent pas admettre l'existence de cette usine, et l'accord franco-pakistanais « *doit être annulé !* » Ou, à tout le moins, retardé jusqu'à ce qu'une nouvelle technologie soit utilisable en matière d'énergie. Faute de quoi Ali Bhutto et son gouvernement risquent « *une terrible leçon* » !

Le propos du très sinueux Henry Kissinger est d'une violence assez inouïe. Qui, de plus, ne s'accompagne pas d'autre chose que de menaces pures et simples. Alors que, et c'est tout de même assez extraordinaire, Kissinger n'est plus aux Affaires étrangères états-uniennes depuis plus de trois mois, c'est-à-dire depuis la destitution de Nixon. Ali Bhutto est évidemment furieux. Il a son caractère, on l'aura bien noté, et se faire quasiment insulter et en tout cas menacer de la sorte, chez lui, par un Américain qui n'a aucune légitimité le met évidemment hors de lui. Kissinger travaille, en fait, sur ce dossier, pour la CIA.

« *Je ne pouvais chasser cette conversation de mon esprit...* », avouera Benazir plus tard, tant elle est consciente sur le moment même du danger potentiel de cette entrevue. Elle n'a pas manqué d'apprendre, tout au long de sept années d'études consacrées à la politique et à la diplomatie, que la CIA est un État dans les États en Amérique du Nord. Peut-être se souvient-elle qu'un certain John Fitzgerald Kennedy, fraîchement élu président démocrate des États-Unis, avait eu pour première planche savonnée un montage énorme de la CIA, enclenché sous la présidence précédente, conservatrice.

Les présidents passent, la CIA reste. Et l'invasion de l'île communiste de Fidel Castro, Cuba, puisqu'il s'agissait de cela, n'avait pas été déprogrammée malgré l'arrivée de Kennedy au pouvoir. Cette opération, l'épisode calamiteux de la baie des Cochons, restera dans les livres d'histoire contemporaine comme l'un des plus beaux ratages des États-Unis. Qui aurait pu avoir des conséquences totalement désastreuses, en pleine guerre froide. Et même John Kennedy, président des États-Unis en exercice, mais tenu au courant bien trop tard, n'avait pu stopper cette folie totale... La CIA « *ne changeait pas de politique du jour au lendemain* », même en cas de changement de présidence, note Benazir. « *Avait-on décidé d'éliminer mon père faute de pouvoir le décider à abandonner son projet ? Avait-il sans le savoir fait leur jeu en avançant les élections ?* » Il semble bien que la réponse à ces questions soit « oui »...

« *J'imaginais le dossier de mon père à la CIA : un homme qui avait condamné la politique américaine au Vietnam ; permis la normalisation des relations* [du

Pakistan, NdA] *avec la Chine communiste ; soutenu les Arabes pendant la guerre de 1973 ; et préconisé dans les congrès du tiers-monde l'indépendance vis-à-vis des super-puissances... Pour qui se prenait-il ?* » Benazir Bhutto, bien plus tard, demandera les dossiers de la CIA concernant son père, en vertu de la loi – enviable – sur la déclassification « secret défense » d'informations sensibles. Elle n'obtiendra pas grand-chose...

Le plan de la PNA, en tout état de cause, soutenu par les États-Unis, tient la route. Pour la première fois – peut-être – de son histoire, l'administration états-unienne joue le jeu des « fous de Dieu ». Ça ne sera pas la dernière, loin de là : qui l'ignore aujourd'hui dans les mondes de la géopolitique et de la diplomatie ?

Devant les violences et les pillages, Ali Bhutto finit par sortir la trique : il fait arrêter plusieurs dirigeants de la PNA. Le 20 avril, lorsque débute l'« Opération Wheel Jam », visiblement au programme de longue date, une grève générale, et une manifestation monstre sont annoncées pour le surlendemain. Et une « longue marche » est prévue pour la semaine suivante à Rawalpindi, où se trouve la résidence du Premier ministre, le « Matignon » pakistanais. La PNA annonce ainsi la venue de deux millions de manifestants, pas moins. Sauf que l'immense majorité de ces supposés deux millions de personnes (le Pakistan en compte 140 millions, à l'époque) est composée d'islamistes radicaux, intégristes et autres fondamentalistes...

Mais ces manifestations n'auront pas lieu : dans cette logique d'affrontement, Ali Bhutto, « *conformément à la Constitution* », commente une Benazir très à cheval sur les principes – mais aussi soucieuse de l'image de son père, visiblement –, fait donner la troupe dès le 21. « *Pour aider les autorités civiles à rétablir l'ordre dans les grandes villes, à Karachi, à Lahore et à Hyberabad* », explique sa fille en nuances.

Un gros mois plus tard, le Premier ministre semble toutefois résigné à dissoudre son gouvernement et à organiser de nouvelles élections, devant une Alliance nationale pakistanaise désormais décidée à discuter, enfin, le 3 juin. Quatre jours de négociations plus tard, l'armée rentre dans ses casernes, et une semaine après, les dirigeants et les militants de la PNA arrêtés lors des incidents sont libérés. Bien qu'ayant largement gagné les élections de mars, Ali Bhutto décide d'annoncer de nouvelles consultations électorales en octobre. Elles n'auront jamais lieu, et il ne sera pour rien dans cette défection…

Ne décolérant pas, toutefois, Ali Bhutto demande une explication aux États-Unis. Il a encore en travers de la gorge la visite d'Henry Kissinger, et il a très bien compris qu'il vient d'essuyer la « *terrible leçon* » promise par la CIA. Il envoie donc son ministre des Affaires étrangères, Aziz Ahmed, rencontrer son homologue états-unien en terrain neutre, à Paris, un rapport de cinquante pages accablant pour les USA sous le bras. Cyrus Vance calme le jeu : les États-Unis version Carter veulent « *prendre un nouveau départ avec le Pakistan. Nous attachons un grand prix à notre longue et étroite amitié avec votre pays* », tel est le message à Ali Bhutto, qui prend note de cette déclaration de paix du gouvernement démocrate des USA.

Benazir termine sa dernière année d'études à Oxford. Lorsqu'elle fête son vingt-quatrième anniversaire, le 21 juin, juste avant de regagner le Pakistan, elle est partagée entre la joie de retrouver son pays – définitivement, pense-t-elle –, et la tristesse de quitter Oxford, où elle laisse tant de souvenirs et d'amis... Chez elle, son avenir est tout tracé, par son père, évidemment : elle travaillera en juillet et en août au bureau de Premier ministre, mais aussi au Conseil interprovincial d'intérêt public, histoire de se familiariser avec les problèmes observés dans les quatre provinces du Pakistan. En septembre, elle doit se rendre à l'ONU avec la délégation pakistanaise, pour des travaux, et en novembre il est prévu qu'elle revienne sur ses terres pour préparer les ultimes examens de son cursus, prévus en décembre.

Le 25 juin 1977 est une date historique pour la dynastie Bhutto : Benazir et Mir regagnent Rawalpindi, suivis de près par les deux autres enfants du Premier ministre, Shah Nawaz et « Sunny » Sanam, respectivement en provenance de leurs lieux d'études, la Suisse et Harvard Berkeley. Pour la première fois depuis bien longtemps, la famille au grand complet est réunie.

Ce sera aussi la dernière : dix jours plus tard, dans la nuit du 4 au 5 juillet 1977, l'obséquieux général Zia, chef d'état-major de l'armée pakistanaise, met à exécution un coup d'État visiblement bien préparé, et Ali Bhutto est arrêté dans sa résidence de Premier ministre...

Visiblement, la « *terrible leçon* » promise par Henry Kissinger – prix Nobel de la paix en 1973 (!) – n'était pas terminée...

7

Une bataille
perdue d'avance...

U N COUP D'ÉTAT de l'armée pakistanaise. Avec
l'appui, bien évidemment, des services secrets.
Ça n'est pas le premier, au « pays des purs » – traduction
en ourdou de « Pakistan » –, ça ne sera pas non plus le
dernier. En règle générale, les militaires y invoquent un
désordre dans le pays, l'« obligation » pour eux de remettre
les choses en place, moyennant quoi ils organiseront des
élections le moment venu. Un moment que, à chaque fois,
le peuple pakistanais attend très longtemps...

Mais dans cette nuit du 4 au 5 juillet 1977, l'armée agit
à contretemps, pour un putsch qui ne peut qu'avoir été
préparé depuis plusieurs mois, au vu des moyens et de la
logistique à mettre en place. En effet, les désordres qui ont
suivi les élections sont terminés depuis fin avril, et de
nouvelles consultations électorales sont prévues en octobre.
De plus, et cet élément est très loin d'être neutre, le PPP
d'Ali Bhutto et la PNA de l'opposition se sont assis à une
table quelque temps avant, et ces négociations ont abouti
à un accord global... la veille même, quelques heures seulement avant le coup de force de l'armée !

BENAZIR BHUTTO

97

Le général Zia, chef d'état-major interarmées du pays, puisque c'est bien lui qui est à l'origine du putsch, a probablement été surpris par cet accord. D'où l'urgence de mettre en place le dispositif prévu : l'accord PPP-PNA n'est pas encore connu du peuple pakistanais, il ne comprendrait évidemment pas un coup d'État visant à ramener l'ordre, alors que la paix politique vient d'être signée. Pour Zia le félon et ses sbires, c'est très probablement « maintenant ou jamais »...

À 1 h 45 du matin, c'est un policier fidèle au PPP qui vient prévenir les Bhutto de l'imminence du danger. La résidence du Premier ministre est cernée par les militaires, et il a pris de très gros risques pour s'infiltrer dans le dispositif et passer le message. Pour Ali Bhutto, qui n'a visiblement pas vu le coup arriver, c'est la surprise totale. Preuve en est que les « services » pakistanais, terriblement efficaces, sont eux aussi dans le coup. De plus, pas plus tard que l'avant-veille, il avait reçu, dans sa résidence de chef du gouvernement, à Rawalpindi, le général Zia en personne, accompagné de ses commandants de corps. Le but de cette rencontre : assurer Ali Bhutto de la fidélité de l'armée !

Le policier qui a prévenu les Bhutto ne s'est pas montré très rassurant, en donnant l'information à un employé du Premier ministre : « *Avertissez M. Bhutto que l'armée vient pour le tuer ! Qu'il se cache, vite !* » Chez les Bhutto, où tout le monde est désormais debout, c'est l'angoisse : « *Je frémissais en me rappelant la chute et l'assassinat, deux ans plus tôt, du président Mujib et de toute sa famille réunie chez lui au Bangladesh* », confesse Benazir Bhutto. Et de se poser mille questions morbides : « *Zia avait-il attendu que nous soyons tous rentrés au Pakistan pour supprimer la famille d'un seul coup ? Deux des filles du président Mujib ont survécu au massacre, parce qu'elles n'étaient pas dans le pays à l'époque. L'une a pris la tête de l'opposition [elle est même devenue Premier ministre par la suite, NdA]. L'armée du Pakistan voulait-elle éviter de commettre la même erreur avec nous ? »*

Dans la résidence du Premier ministre, toutes les lignes téléphoniques sont coupées. À l'exception, miracle, d'une ligne privée, utilisée uniquement par Sanam depuis sa chambre. Le premier appel d'Ali Bhutto est pour son ministre de l'Éducation : la famille lui apprend que des soldats sont venus, et l'ont frappé avant de l'arrêter… Il téléphone alors directement à son chef d'état-major, le général Zia, qui semble surpris de se voir aussi vite demander des explications. Il n'est pas deux heures du matin. En fait, Ali Bhutto ne sait pas encore d'où vient le coup. Et le général Zia tombe le masque :

« *Je suis désolé, monsieur, j'étais obligé de le faire* », avoue-t-il, sans un mot sur l'accord PPP-PNA de la veille, dont il est évidemment au courant. « *Nous devons vous mettre en détention préventive pendant un certain temps. Mais, dans quatre-vingt-dix jours, j'organise de nouvelles élections. Vous serez réélu Premier ministre, naturellement, monsieur, et je vous saluerai comme tel.* »

Et Zia de proposer les dispositions suivantes : l'épouse et les enfants d'Ali Bhutto resteraient à Rawalpindi, au « Matignon » pakistanais, sous surveillance évidemment, et lui-même serait conduit à la résidence d'été du chef du gouvernement, à Murree. La réponse est un « non » sans appel : s'il n'est plus chef du gouvernement, par la force des choses, sa famille et lui n'ont rien à faire dans des propriétés de l'État. Son épouse et ses enfants iront à Karachi, dans la maison familiale, et lui-même se rendra à Larkana, sur les terres des Bhutto.

Un troisième entretien téléphonique, entre Ali Bhutto et un gouverneur de province, est subitement coupé. Plus aucun téléphone, plus aucun lien avec l'extérieur. Et l'armée doit venir chercher Ali Bhutto à 2 h 30, selon Zia... De plus, Bhutto a appris que, outre quatre de ses ministres, ses opposants de la PNA ont également été arrêtés : Asghar Khan, le leader, mais aussi les principaux responsables du mouvement. Ce qui ne manque pas de provoquer bien des interrogations, à la résidence de Rawalpindi...

« *On se posait des questions sans réponses...* », témoigne Benazir Bhutto. « *Zia avait déclaré qu'il poursuivrait Asghar Khan pour trahison, sans épargner les anciens ministres Niazi et Khan. Pourquoi Zia avait-il choisi d'arrêter ces leaders politiques ? Était-ce pour se couvrir ? Étaient-ils de mèche avec lui ? Pourquoi Zia avait-il attendu si longtemps ? L'agitation était retombée en avril, il y avait plus de deux mois...* »

En fait, les militaires ne viendront arrêter son père que vers 9 heures, six heures et demi après l'horaire prévu... Plus tôt, le secrétaire militaire du gouvernement, convoqué au quartier général de Zia, était venu apporter les dernières instructions, la mort dans l'âme : le Premier ministre, en définitive, sera bien emmené à Murree, à la résidence de villégiature du chef du gouvernement. Après moult réflexions, semble-t-il, Zia a changé d'avis... En effet, à Murree, rien n'est prêt pour accueillir Ali Bhutto.

« *Mon coup de téléphone a dû déconcerter Zia* »,
explique Ali à sa famille. « *Il craint probablement que je
n'aie eu le temps, avant de lui parler, d'organiser une
contre-attaque avec des officiers loyalistes. Zia a dit qu'on
viendrait me chercher à 2 h 30, pour m'emmener à Murree,
mais là-bas, la maison n'a pas été préparée. Ils avaient
projeté d'arrêter les autres, mais pas moi.* » Le silence qui
s'installe dans la pièce est révélateur. L'analyse d'Ali
Bhutto, en effet, ne conduit qu'à une solution : s'il n'était
pas prévu de l'arrêter, dans ce coup d'État, c'est qu'il devait
être abattu, tout simplement…

On essaie de s'organiser, toutefois. Déjà, mettre les
deux fils à l'abri d'une mauvaise surprise : « Mir », vingt-
trois ans, et Shah Nawaz, dix-neuf ans, prennent le premier
avion pour Karachi et la maison familiale du « 70 Clifton ».
Si leur mère et leurs sœurs ne les ont pas rejoints le soir
même, ils ont ordre de partir à l'étranger…
— Zia a fait un mauvais calcul, explique Ali Bhutto à
Benazir dans l'une des rares conversations qui se nouent,
tant l'atmosphère est tendue. Il pensait que les pourparlers [avec la PNA, NdA] échoueraient, et qu'il aurait un
prétexte pour prendre le pouvoir. Il a frappé avant que
l'accord puisse être officiellement signé. Toi qui étudies
la politique mondiale, penses-tu que Zia maintiendra les
élections ?
— Je le crois : en organisant les élections lui-même, Zia
empêche l'opposition d'en contester la régularité et d'y
trouver prétexte à une nouvelle agitation, répond Benazir,
« *toute pénétrée d'idéalisme et de logique universitaire* »,
comme elle le raconte plus tard.

— Ne soit pas bête, Pinkie. Les armées ne prennent pas le pouvoir pour le lâcher ensuite... Et les généraux ne commettent pas une haute trahison pour organiser des élections et rétablir les institutions démocratiques.

Et, en effet, que peut espérer le général Zia, s'il observe la direction qu'il annonce ? Rien d'autre qu'une arrestation pour haute trahison, dans ce cas de figure. Et la haute trahison, c'est la peine de mort...

Et puis il ne faut pas être grand devin, non plus, pour estimer que ce coup d'État était prévu de longue date. Car il va de soi que les militaires n'ont pas digéré la victoire du PPP d'Ali Bhutto aux élections de décembre 1970, et une popularité telle que le président Ayub a dû démissionner et lui laisser la place ; le fait que ce dernier ait résolu le problème avec l'Inde d'Indira Gandhi ; et enfin le fait qu'il ait fait adopter une constitution résolument moderne, où les laïcs avaient la part belle aux postes de décision, à l'exclusion des meilleurs amis de l'armée, les islamistes fondamentalistes.

Si l'on observe bien l'histoire de ce pays, on peut même imaginer que le sort d'Ali Bhutto a été mis sur la table par les militaires dès sa victoire politique de 1970. Depuis la création du Pakistan, en 1947, l'armée et les services secrets de l'ISI avaient toujours eu la mainmise sur le pouvoir, directement ou indirectement. Et avaient investi tous les rouages du gouvernement, mais aussi de l'économie. Les fondations militaires pesaient d'ailleurs un poids énorme dans le domaine économique du Pakistan, puisque propriétaires d'un nombre incalculable de sociétés. Et quand le gâteau est bon, on préfère évidemment le manger en famille.

C'est très probablement ainsi que les grands généraux, après avoir pris le soin de garantir leur fidélité au gouvernement, après avoir fait « ami-ami » avec Ali Bhutto aussi, lui ont proposé un non-choix pour la nomination d'un nouveau chef d'état-major. En la circonstance, il apparaît que l'armée et l'ISI ont déconseillé pas moins de six généraux de très haut rang au Premier ministre, avant de faire « flamber » Zia aux yeux de ce dernier. Qui, excédé par les longueurs de cette nomination, l'avait adoubé chef d'état-major.

On est bien obligé de constater que la manœuvre a été subtilement conduite pour introduire le renard dans le poulailler. Et aussi qu'une opération de ce genre ne se monte pas en quelques semaines. Donc que l'armée en avait déjà le projet, bien avant les élections au cas où Bhutto les remporterait – ce qui s'affirmait comme l'hypothèse la plus crédible au fur et à mesure que les mois passaient – aux dépens d'un président Ayub qu'ils avaient, lui, dans la poche.

À la lumière de cette réflexion, on ne peut que se dire une chose : si le général Zia accomplit son forfait seulement six mois après sa nomination, il a sans aucun doute passé la plus grande majorité de son temps à préparer ce coup d'État. Et quand on sait le cheminement qui a mené à cette destitution du Premier ministre – contestations de l'opposition post-campagne électorale ; manœuvres grossières de cette dernière ; organisations de troubles graves après les élections, morts d'hommes à la clé ; mise en place de mouvements de grèves directement inspirée d'une ligne de déstabilisation enseignée aux militaires par la CIA –, on est bien contraint de pencher pour l'hypothèse suivante : le général Zia, imposé de fait au Premier ministre au plus haut poste militaire, a probablement eu pour unique tâche la préparation du coup d'État fatal à Ali Bhutto le 5 juillet 1977. Et il n'a pas pris cela sous son chapeau de « *traître de dessin animé* », comme le décrit Benazir Bhutto : il est très vraisemblablement arrivé au plus haut niveau de l'armée du Pakistan avec cette mission, préparée de longue date par les militaires, les services secrets pakistanais et bien sûr la CIA.

En attendant qu'on vienne l'arrêter, Ali Bhutto signe une pile de documents, sans les lire : ce sont des demandes de grâce de prisonniers condamnés à mort... « *La première chose que j'ai faite en prenant mes fonctions a été de commuer les peines de mort en prison. Mon dernier geste sera le même* », explique-t-il à sa femme et à ses filles. Il est presque 9 heures quand l'armée arrive. Ça va très vite, et les femmes ont tout juste le temps de lui faire un dernier signe de la main lorsque démarre la Mercedes de fonction du Premier ministre.

« *On emmène mon père à Murree, au milieu d'un convoi de véhicules militaires, en détention "par mesure de protection", comme le dit Zia pour justifier l'arrestation de ses adversaires politiques. Son gouvernement civil n'est plus. Une fois encore, le Pakistan se retrouve aux mains des généraux...* », constate tristement Benazir.

Elle se flagelle, aussi, avec le recul : « *J'aurais dû comprendre que le coup d'État était définitif, que cette première arrestation marquait la fin de la démocratie au*

Pakistan. La Constitution de 1973 était suspendue, la loi martiale imposée. Mais je m'entêtais, dans mes raisonnements abstraits et ma naïveté, à croire à ces élections que Zia promettait. »

Benazir Bhutto, comme tous les Pakistanais, a sans doute été plus ou moins convaincue par la déclaration de Zia, le jour même de l'arrestation du Premier ministre :

« *Je tiens à faire clairement comprendre que je n'ai pas d'ambitions politiques, et que l'armée n'entend pas être détournée de sa fonction proprement militaire. Mon seul but est d'organiser des élections libres et régulières qui auront lieu le 18 octobre de cette année. Aussitôt après, le pouvoir sera remis aux représentants élus du peuple. Je garantis solennellement que je ne m'écarterai pas de ce programme.* »

Si ce discours a probablement le mérite de calmer les Pakistanais, il a également celui de montrer le cynisme assez terrifiant du général, avec à l'appui un seul chiffre : onze. Il s'agit du nombre d'années durant lesquelles il gardera le pouvoir après avoir prononcé ces paroles… Et en attendant, la loi martiale est la seule qui compte au Pakistan. Pour garantir la « *remise du pouvoir aux représentants du peuple élus* » trois mois plus tard, sans doute, Zia fait édicter un certain nombre d'ordonnances qui donnent une idée de son combat pour la démocratie.

Ainsi, organiser ou assister à une assemblée syndicale, étudiante ou politique, sans autorisation de l'administrateur de la loi martiale, c'est-à-dire Zia lui-même : dix coups de fouet et cinq ans de prison ; critique contre l'armée, orale ou écrite : dix coups de fouet et cinq ans de prison ;

détourner un membre de l'armée de son devoir à l'égard de Zia : peine de mort. En cas de manifestation, si on est pris en flagrant délit de pillage, on aura une main tranchée... Avec un zeste d'humanité, tout de même : si le pilleur est droitier, c'est la main gauche qu'on lui coupera, et inversement... Plus sérieusement, ce dernier châtiment s'approche de très près de ce que préconisent les talibans et autres fous de Dieu, et la chose n'est pas anodine. Comme on le verra, Zia fera la part belle aux intégristes, tant qu'il sera au pouvoir. Avec ce que cela comportera de conséquences ultérieures, et pour point d'orgue le 11-Septembre, pas moins...

Bien évidemment, preuve là aussi d'une organisation sans faille et donc d'une longue préparation, le dictateur a mis la presse à la botte. Et il organise, par ce biais, une campagne de diffamation à vomir contre Ali Bhutto. Les membres de l'opposition, libérés aussi vite qu'ils avaient été arrêtés pour donner le change, s'y déchaînent allégrement. « *Un climat d'hystérie contre le PPP et mon père, dans les médias contrôlés par le régime* », en dira Benazir. Drôle de façon, là aussi, de préparer des élections « libres et démocratiques »...

De retour à Karachi, avec sa mère et sa sœur, elle peut toutefois entrer en contact téléphonique avec son père régulièrement. Et Benazir décide de se battre, avec l'appui de sa mère. Là où elles vont, elles sont accueillies avec ferveur par des milliers de supporters du PPP, qui risquent, rappelons-le, dix coups de fouet et cinq ans de prison pour l'occasion. Mais la ferveur est toujours là... Un élément que Zia est bien obligé de prendre en compte, sous peine de connaître des moments pénibles de soulèvements, et il se voit contraint de libérer Ali Bhutto au bout de trois semaines.

À Karachi, nouvelle démonstration de force du PPP : la foule est telle pour l'accueillir à son retour, qu'au lieu de la demi-heure habituelle entre la gare et le 70 Clifton Road, le Premier ministre mettra... dix heures pour rallier sa maison, au milieu de la foule ! De plus, dans toutes les villes où son train avait fait un arrêt, des centaines de milliers de Pakistanais, au total, lui avaient manifesté leur soutien dans une ambiance de fête.

« *Le coup d'État ne marchait pas comme Zia l'avait prévu* », analyse Benazir. « *Traditionnellement, le peuple pakistanais avait toujours abandonné tout dirigeant déchu du pouvoir et reporté son soutien sur l'apparent vainqueur et nouveau leader. Mais cette fois, Zia avait renversé mon père et cela semblait se retourner contre lui. Au lieu de délaisser son Premier ministre, son peuple lui était cent fois plus attaché.* » Il faut bien dire aussi que ce peuple « traditionnellement » versatile vient de connaître, pour la première fois, le goût de la démocratie.

Lorsque l'ensemble de la famille Bhutto se rend sur ses terres ancestrales, à Larkana, là aussi une foule immense les attend. Le soutien de la population est énorme, *a fortiori* dans leur région de base. Pourtant, à Al-Murtaza, la propriété dynastique, un proche de la famille apporte le message inquiétant d'un haut fonctionnaire de la capitale, Islamabad, acquis à la cause du Premier ministre. Et ce n'est pas une bonne nouvelle : Zia veut impliquer Ali Bhutto dans une affaire de meurtre. Ce dernier, dès sa première arrestation à Rawalpindi, a compris que Zia ne le lâcherait pas, jamais. Il y avait trop d'intérêts en jeu, tant nationaux qu'internationaux. Et il prend très au sérieux cette information. « *Prépare tout pour renvoyer les enfants à l'étranger* », ordonne-t-il à Nusrat, son épouse. « *Que tous leurs papiers et carnets de banque soient en règle, Dieu sait ce qui va se passer... Toi aussi, Pinkie, tu dois songer sérieusement à quitter le pays. Continue des études à l'étranger, si tu veux, jusqu'à ce que la situation s'éclaircisse...* »

« *Aucun ne choisit de partir, et moi non plus* », raconte Benazir. Très vite, Ali Bhutto veut monter une démonstration de force. Ça sera à Lahore, capitale du Pendjab et... place forte des militaires. Évidemment, Benazir est du voyage : « *La foule fut estimée à trois millions de personnes !* » Visiblement, Zia aura bien du mal à venir à bout de Bhutto politiquement.

Un deuxième avertissement tombe, toutefois, par le biais d'un agent des services secrets fidèle à Bhutto. Il lui apporte le même jour une information véritablement inquiétante, elle aussi : « *Monsieur, le général Zia et l'armée sont déterminés à vous faire disparaître. Ils sont en train de torturer des fonctionnaires détenus* [ils avaient été arrêtés la nuit du coup d'État, NdA] *pour monter un faux procès criminel contre vous. Quittez le pays, monsieur : votre vie est en danger. — Je ne serai sans doute plus libre longtemps* », dit-il à Benazir, sous-entendant ainsi qu'il est hors de question pour lui de quitter le pays.

Plus tard, fin août, il entreprend une tournée à Rawalpindi, tout près de la capitale, avec Benazir. Là encore, la foule est au rendez-vous et lui réserve un triomphe. Un affront pour Zia, en fait. Un après-midi, Benazir prend le thé chez des amis, une grande famille proche et militante du PPP. Inévitablement, on parle politique. Le soir même, un militaire vient lui remettre un message du général Zia. « *Il me déconseillait formellement toute activité politique* », raconte-t-elle. « *Un mois et demi après l'instauration de la loi martiale, deux mois après mes vingt-quatre ans, je recevais la première mise en garde officielle de ma vie...* » La maison de ses amis était visiblement truffée de micros, une chose dont son père se méfiait comme de la peste, et elle avait remarqué, en les quittant, une forte présence militaire devant la maison... Zia a des raisons d'être nerveux : de toute évidence, le PPP remporterait des élections sans problème. Et, en outre, il a définitivement résolu de se débarrasser d'Ali Bhutto. Une décision confirmée à son épouse à Karachi, alors qu'il est à Rawalpindi : un journaliste proche du PPP vient la trouver, et les nouvelles sont vraiment alarmantes... L'une de ses connaissances est un confident du général Zia. Et ce contact lui a confié que Zia avait décidé de « *faire exécuter Ali Bhutto, pour meurtre* »...

Deux mois après le coup d'État, le 3 septembre 1977, à 4 heures du matin, un groupe de commandos investit le 70 Clifton à Karachi. Ils viennent évidemment arrêter Ali Bhutto. « *Une fois encore, je vois partir mon père, sans savoir où on l'emmène, sans savoir si je le reverrai jamais... Je flanche un instant, mon cœur se brise, il se glace* », se souvient Benazir avec émotion.

De plus, sa mère, Nuzrat, qui souffre depuis un certain temps d'hypotension, est clouée par une crise. Les militaires n'autoriseront pas la famille à aller chercher son médecin.

Lui téléphoner ? Toutes les lignes sont coupées. Le major-dome des Bhutto réussit à s'éclipser, et donner l'alerte dans Karachi, à scooter, prévient d'abord le médecin de Nuzrat Bhutto – qui se verra refuser l'entrée au 70, Clifton Road – puis les dirigeants et amis du PPP.

Benazir n'apprend le plus grave, toutefois, que le lendemain : son père est accusé de complot criminel. Les renseignements qu'on avait donnés à la famille étaient malheureusement fondés... « *Un meurtre ? Mais je ne savais même pas qui on l'accusait d'avoir voulu tuer !* », s'étonne-t-elle. La réponse lui est fournie par l'avocat de son père : il s'agit d'un homme politique, Ahmed Raza Kasuri. En 1974, ce dernier, élu du PPP au Parlement, avait été victime d'une attaque en règle, alors qu'il circulait en auto avec sa famille. Il avait réchappé de l'attentat à la mitraillette, mais son père, un ancien magistrat, y avait laissé la vie. Qui était réellement visé ? Kasuri affirmait que c'était lui. Il expliqua alors qu'il a échappé à... quinze attentats avant ce dernier, et qu'il y voyait la main du PPP ! Quinze attentats ? C'est un chanceux, ce Kasuri... Après enquête, la Haute Cour avait classé le dossier, disculpant bien sûr Ali Bhutto.

Kasuri était passé à l'opposition, avant de revenir au PPP pour les élections générales de mars 1977, où il avait postulé sur une liste en course pour les législatives. Dont il avait évidemment été écarté, vu l'incident de 1974... Dans la foulée, il avait déposé une nouvelle plainte pour tentative d'assassinat contre Ali Bhutto. Question à dix roupies : lorsqu'il revient au PPP, trois ans après avoir traîné son leader en justice pour un fait particulièrement grave, passible de la peine de mort, combien de chances sur dix millions Kasuri se donne-t-il de figurer, après sélection du PPP, sur une liste éligible à l'Assemblée nationale ? Très probablement zéro. Et il semble bien que cet ancien député, passé entre-temps dans une opposition qui a très bien préparé ces élections de mars, avec l'appui plus que probable de l'armée, ne soit pas autre chose que le pivot d'une machination diabolique contre le Premier ministre.

Pourtant, le stratagème du général Zia échoue une nouvelle fois : le juge chargé de l'affaire estime le dossier « contradictoire et incomplet » et fait mettre Ali Bhutto en liberté – provisoire – dix jours plus tard. Cette nouvelle arrestation a-t-elle provoqué un déclic chez lui ? Revenu parmi les siens le 13 septembre, en tout cas, à cinq jours du début de la campagne électorale, il met sur la table, contre toute attente… le mariage éventuel de Benazir ! Qui ne veut pas en entendre parler. Ali connaît d'ailleurs un « *garçon qui me plairait bien pour gendre…* »

Il est vrai qu'à vingt-quatre ans, au Pakistan, une femme est quatre-vingt-quinze fois sur cent mariée et mère de famille. Mais sans vouloir donner dans la psychologie de comptoir, il semble bien qu'Ali Bhutto, à la lumière des événements qui l'ont frappé, veuille un autre « homme de sa vie » – qu'il est pour l'instant, il en est probablement très conscient – pour sa fille. Benazir ne veut même pas en entendre parler :

— Je ne veux pas me marier, je viens à peine de rentrer au pays ! Et tu ne me feras pas dire oui !

— On ne dit pas non à son père…

— Non, non et non !

Elle est sauvée par le gong, en l'occurrence l'arrivée du souper, et la conversation change de sujet :

— Il parait que Zia ne me lâchera pas, et que je ferais mieux de m'enfuir. Un des dirigeants du PPP m'a demandé de l'argent aujourd'hui pour partir. Je lui ai dit : « *Allez-vous en si vous voulez, mais je ne détalerai pas comme un rat. Je vais rester ici pour tenir tête à Zia* »...

— Tu gagneras les élections, et tu le feras juger pour haute trahison, s'emballe Benazir.

— Tais-toi, tu ne sais pas ce que tu dis ! lui intime son père, en lui montrant du geste le risque qu'il y ait des micros dissimulés dans la maison.

Dans ses mémoires, Benazir confesse qu'elle ne réalisait pas, alors, un certain nombre de choses. « *Je me rends compte maintenant qu'il savait à quel point la situation deviendrait grave. Dès le début, il avait conscience des réalités que je tentais de nier. Sachant combien Zia était cruel, il voulait m'empêcher de le provoquer. Mais j'étais trop impétueuse alors pour le comprendre. Que de fois depuis j'ai remercié Dieu qu'il m'ait ouvert les yeux...* »

Le 16 septembre, Ali Bhutto est à Larkana, dans son fief, avec Mir et Shah Nawaz, ses deux fils. Ils préparent la campagne électorale, qui débute le surlendemain. Mais dans la nuit, le 17 à 2 heures du matin, quatre jours après la libération d'Ali Bhutto, soixante-dix militaires et policiers investissent sa propriété, Al-Murtaza, après avoir neutralisé les gardes...

« *Mon père fut conduit à la prison de Sukkur, puis à celle de Karachi, et enfin à Lahore. Zia voulait éviter que le peuple sache où il était* », se souvient Benazir Bhutto. « *Il était décidé, maintenant, à en finir avec mon père une fois pour toutes. Il reprit contre lui l'ancienne accusation de meurtre, mais en s'assurant, cette fois, de la faire aboutir...* »

Le 14, elle avait vu son père libre pour la dernière fois.

Le procès de l'ex-Premier ministre durera cinq mois, à partir du 24 octobre 1977. Évidemment Benazir et sa mère font flèche de tout bois pour le défendre, avec les avocats d'Ali Bhutto. Mais le 16 décembre, elles décident d'aller voir un match de cricket – le sport national au Pakistan – pour décompresser un peu. Reconnues, elles sont longuement applaudies par les spectateurs. Et là, tout bascule : les joueurs évacuent le terrain, où pleuvent les grenades lacrymogènes. La police « arrose » également le public, puis le charge. Nusrat Bhutto reçoit une grenade à la tête, et saigne abondamment. Les spectateurs, qui s'enfuient, trouvent des issues condamnées par les policiers et subissent la bastonnade à coups de cannes.

À l'hôpital, il faudra passer douze points de suture à l'épouse d'Ali Bhutto... Le soir même, Benazir est arrêtée et emprisonnée. Sa mère, elle, est arrêtée à l'hôpital, et la rejoindra en prison une semaine plus tard. Ce sera leur lot, désormais, tout au long du procès : arrestation, mise en détention pour quinze jours, prolongation de peine, libération, et à nouveau arrestation... Il faut, à l'évidence, qu'elles ne soient ni présentes, ni même « visibles » durant le procès inique qui se déroule.

Ce soir-là aussi, le général Zia félicite les policiers du Pendjab... à la télévision, pour avoir réglé « *ce problème d'ordre public aussi vite et aussi efficacement, et d'avoir arrêté les fauteurs de troubles* », Benazir et sa mère en la circonstance... On a peine à croire à un cynisme et à un goût de la manipulation aussi terribles, mais Zia était bien fait de cette matière-là…

Pendant ce temps, c'est un procès d'opérette qui se déroule à l'encontre d'Ali Bhutto. Les magistrats ont été soigneusement choisis. Le premier jour, un témoin capital, Masoud Mahmoud, ex-directeur général des FSF (Forces de sécurité fédérales, attachées au Premier ministre) revient sur ses aveux. En aucun cas Bhutto ne lui a demandé de faire assassiner Kasuri, et s'il a chargé le Premier ministre dans ses déclarations, c'est tout simplement parce qu'il a été torturé pour le faire. On ne reverra plus ce témoin capital au procès… « *Il est malade* », indique le juge à la défense… Les cinq mois du procès seront à l'avenant. Aucune des objections, contradictions et interventions de la défense ne sont retranscrites sur le compte rendu officiel…

En novembre, un avocat de la Couronne anglaise assiste aux débats. John Matthews trouve « *particulièrement inquiétante la manière dont la Cour interrompt la réponse favorable d'un témoin, en la reprenant pour la réduire à rien ou en modifier le sens…* » Un autre observateur international, Ramsey Clark, ancien ministre de la Justice des États-Unis, assiste au procès. Écœuré par la tournure des événements, il publie une tribune libre : « *Le dossier de l'accusation était fondé sur quelques témoins, détenus jusqu'à leur déposition, qui modifiaient et développaient leurs aveux et témoignages à chaque fois, se contredisaient eux-mêmes, et les uns les autres. Sauf Masoud Mahmoud, ils ne faisaient que répéter ce qu'on leur disait. Leurs témoignages menaient à quatre hypothèses différentes de ce qui s'était passé, sans aucune confirmation d'un témoin oculaire, d'une preuve directe ou matérielle...* », note l'homme d'État américain.

C'est tout simplement du Grand Guignol, et le verdict est connu d'avance. Pourtant, l'espoir revient lorsque, enfin, les avocats d'Ali Bhutto finissent par obtenir une copie du rapport balistique. À l'aide de cette expertise, qu'on a longtemps refusé de leur fournir (!), ils prouvent que les agresseurs étaient quatre et non deux ; que la position d'où ils avaient tiré n'avait rien à voir avec celle évoquée par l'accusation ; et enfin, cerise sur le gâteau, que les douilles retrouvées à terre ne correspondent en rien aux armes qui équipaient les Forces de sécurité fédérales... Rien que cela !

« *Nous avons gagné !* », exulte la défense. Benazir est présente à cette audience. À l'interruption de séance, elle se précipite vers son père, dans une petite salle adjacente : « *Papa, nous avons gagné !* », lui crie-t-elle, après lui avoir détaillé le rapport balistique.

« *Je n'oublierai jamais son regard indulgent devant mon enthousiasme* », raconte-t-elle plus tard.

« *Tu ne comprends pas, Pinkie,* » lui dit-il. « *Ils vont me tuer. Peu importent les preuves, ils vont me tuer pour un meurtre que je n'ai pas commis...* »

Il a compris depuis le début, depuis le coup d'État, que Zia veut sa peau et qu'il l'aura, quoi qu'il arrive. Il sait que son aura est telle, au Pakistan, qu'il ne peut pas en être autrement. Et il répète ce jour-là à Benazir ce qu'il n'a jamais cessé de dire :

« *Ma vie est entre les mains de Dieu, et de personne d'autre. Je suis prêt à me présenter devant lui dès qu'il m'appellera. J'ai la conscience tranquille. Le plus impor-*

tant pour moi, c'est mon nom, mon honneur et ma place dans l'histoire. Et je me battrai pour ça...»

Dehors, le peuple gronde devant cet ersatz de justice. Il est réprimé. Rien qu'en décembre, plus de 700 Pakistanais seront condamnés à la bastonnade publique... Le summum est toutefois atteint en janvier. Pour protester, le PPP a prévu un « Jour de la démocratie » le 5, jour des cinquante ans d'Ali Bhutto. Des ouvriers d'une usine de textile ont prévu de manifester, pour l'occasion. Ils n'en auront pas le loisir : le pouvoir a connaissance de leur projet et, le 2, les bloque dans l'usine. Des militaires s'installent sur les toits et tirent à vue, puis investissent les lieux. Aujourd'hui encore on ne connaît pas le nombre exact de morts, qui est de l'ordre de 300...

Le « Jour de la démocratie », des milliers de partisans de Bhutto et du PPP sont arrêtés, emprisonnés, fouettés... *« Rien dans ma vie ne m'avait préparée à une telle sauvagerie »*, constate amèrement Benazir. *« Toute la structure sociale que j'avais connue en Amérique, en Angleterre et au Pakistan, sous la Constitution de 1973, s'écroulait... »*

Au procès d'Ali Bhutto, la lugubre farce continue. Le Premier ministre a décidé de se passer de ses avocats, devant ce processus insupportable. À quoi bon ? Il se défendra seul. Après l'accusation, durant laquelle le tribunal est plein à craquer, c'est à lui de parler pour sa défense. Le Pakistan avait promis au monde entier un procès « en pleine lumière », mais lorsque la parole échoit à Ali Bhutto, on décrète le huis clos... Le père de Benazir avait raison : depuis longtemps, les dés – pipés – avaient été jetés.

Benazir, elle, entreprend à la mi-février une tournée pour défendre la cause de son père à travers les provinces. Elle part le 14 avec une équipe du PPP, elle est arrêtée et reconduite à Karachi le 18... Un peu plus tard, début mars, un journaliste la contacte : « *J'ai appris dans l'entourage de Zia que la Haute Cour va condamner votre père à mort...* »

« *Je transmis automatiquement les informations à ma mère et aux dirigeants du PPP* », raconte Benazir « *bien que je ne veuille y croire moi-même... Mais les signes se multipliaient...* »

En effet, début mars, trois criminels de droit commun sont pendus en place publique, devant 200 000 personnes... Il y avait très longtemps que cela ne s'était pas produit : Ali Bhutto, durant ses années de pouvoir, a systématiquement accepté les demandes de grâce. Mais c'est désormais clair : Zia prépare l'opinion publique. Ces exécutions sont d'ailleurs largement couvertes par les médias à la botte du dictateur.

D'un autre côté, l'armée se montre beaucoup dans les grandes villes du Pakistan, patrouillant à bord de véhicules surarmés. Des militaires – en civil – sont présents en nombre dans les bâtiments administratifs, les banques, etc. Enfin, on opère une rafle gigantesque dans les rangs du PPP : 170 000 de ses partisans ou sympathisants sont arrêtés et, faute de place dans les prisons, parqués dans des stades ou des champs de course... Tout ceci se déroule, bien sûr, avant que la Haute Cour ne prononce un verdict qui est donc susceptible de provoquer des troubles, et par conséquent déjà connu !

Benazir, elle, est arrêtée le 18 mars 1978, à 4 h 30 du matin, et détenue à domicile. Elle a compris immédiatement la signification de cette énième arrestation arbitraire. La Haute Cour doit donner son jugement le jour même, et c'est sans surprise qu'elle apprend la condamnation à mort de son père en fin d'après-midi.

Ali Bhutto ne fera pas appel, il l'a décidé : « *À quoi bon ? Ils veulent ma vie, et ils l'auront de toute façon. Autant écourter cette manipulation.* » De son côté, Zia hésite tout de même : la communauté internationale, dans sa quasi-intégralité, lui demande la grâce du Premier ministre.

Et puis, Benazir et sa mère forcent le destin. Il faut faire appel, à tout prix. Elles « travaillent » tant Ali Bhutto que, malgré son opposition, il prend en compte leurs supplications. « *Je me sens obligé de respecter le point de vue de ma femme et de ma fille* », écrit-il à Yahya Bakhtiar, son avocat principal. « *Toutes deux se sont conduites avec héroïsme et vaillance dans ces moments périlleux. Elles ont de toute évidence leur mot à dire et un droit politique sur ma décision.* » Les audiences en appel, devant le Cour suprême, débute en mai 1978 à Rawalpindi. C'est la plus haute instance judiciaire du pays, elle est respectée et elle a souvent fait preuve d'indépendance vis-à-vis du pouvoir. Benazir et les avocats d'Ali Bhutto ont installé leur quartier général à l'hôtel Flashman, qui devient aussi le rendez-vous de la presse internationale.

Les débats commencent plutôt bien pour le Premier ministre : des neuf magistrats, si Benazir s'aperçoit bien vite que quatre – dont le président du tribunal – n'attendent que la fin du procès pour confirmer la peine de mort, les cinq autres sont très attentifs à la sérénité et à l'objectivité des débats. « *5 - 4 pour nous* » pense-t-elle alors. Mais en juillet, le juge visiblement le plus enclin à acquitter Ali Bhutto est mis à la retraite d'office... 4-4. Et, coup de grâce, un autre membre du tribunal, lui aussi favorable au Premier ministre, est victime d'un petit problème de santé à un œil, avec des soucis de vertiges. Il demande que le procès en appel soit suspendu quelques jours : c'est non. Et le procès continuera sans lui, avec sept magistrats. Et une tendance inversée : quatre confirmeront immanquablement la peine de mort, et ceux qui s'y opposent ne sont plus que trois...

Devant ce danger énorme, Benazir entreprend une tournée dans le pays, pour expliquer aux quatre coins du Pakistan ce qui se passe réellement. Elle y trouve du soutien, y compris, dans les zones tribales pachtounes. Mais dans les grandes villes, après son passage, le pouvoir réprime durement ceux qui lui ont apporté son aide ou, simplement, assisté à sa réunion... Manifester contre des automitrailleuses ? Rien à en espérer, sinon des tirs à balles réelles, bien sûr. Le régime est à cran.

De manière incroyable, pour protester contre la condamnation inévitable de leur leader, des hommes se suicident par le feu dans les grandes villes ! Deux dans un premier temps, puis une demi-douzaine d'autres dans les semaines suivantes... Hallucinant.

Rien n'y fera. D'ailleurs, le 4 octobre, Benazir est arrêtée et emprisonnée, encore une fois, et rejoint sa mère, qui en est, pour sa part, à son dixième mois de détention... Mir Bhutto, de son exil, est allé à l'ONU, à New York, demander une pression internationale sur le général Zia. Il sera entendu, mais le dictateur, lui, n'entendra rien des demandes de grâce des gouvernements du monde entier.

À la fin du mois de décembre, la parole est à la défense à Rawalpindi. Ali Bhutto – lui-même avocat, il faut s'en souvenir – plaidera sa propre cause quatre jours durant. Avec une dignité d'autant plus admirable qu'il connaît déjà le verdict... Sans notes, il démonte les accusations portées contre lui, mais, surtout, il élève le débat. Témoins ces quelques phrases qui résument à elles seules l'état d'esprit du grand homme :

« *Tout être de chair doit un jour quitter ce monde. Je ne veux pas la vie pour la vie, je veux la justice. La question pour moi n'est pas de démontrer mon innocence ; elle est que l'accusation fonde ses arguments au-delà de la suspicion légitime. Il ne s'agit pas d'abord d'innocenter Zulfikar Ali Bhutto, mais d'une considération plus haute : dénoncer une injustice grossière. Une injustice qui éclipse l'affaire Dreyfus.* »

Le procès en appel se termine le 23 décembre. La Cour suprême rend son verdict le 6 février 1979, à 11 heures. La peine de mort est confirmée, par quatre voix contre trois... Toutefois, elle assortit son jugement d'une forte recommandation au pouvoir : commuer cette peine en prison à vie ! À l'unanimité, cette fois...

Pas plus que les appels internationaux dans ce sens, pas plus qu'il ne tiendra la promesse qu'il avait faite à plusieurs pays arabes d'épargner Ali Bhutto, Zia n'entendra la voix de la plus haute instance judiciaire du Pakistan...

8

La mort du père :
le vrai déclic

L E 2 AVRIL 1979 est sans aucun doute une date clé, pour Benazir Bhutto. C'est en effet ce jour-là qu'elle et sa mère, prisonnières à Sihala, dans un camp d'entraînement de la police, voient arriver pratiquement à l'aube une délégation d'officiers. Ce lundi est effectivement le jour de la semaine où l'épouse d'Ali Bhutto peut aller le visiter dans sa prison. Mais en aucun cas celui de Benazir, qui est différent.

« *Vous devez venir voir l'ex-Premier ministre dans sa prison* », leur indiquent les militaires. « *Toutes les deux.* »

Leur sang se glace. Elles comprennent immédiatement que c'est de la « dernière visite » qu'il s'agit. Qu'Ali Bhutto va être exécuté incessamment… Après un instant de prostration, Benazir Bhutto reprend ses esprits. Gagner du temps. Le plus possible. Elle fait dire qu'elle a été victime d'un malaise, qu'elle est malade et alitée et, après conciliabule, discussions par radio des soldats avec le sommet de l'État, visiblement, ces derniers indiquent que la visite est remise au lendemain. « *Vingt-quatre heures de vie gagnées* », soupirent-elles, avant de mesurer pourtant combien la situation est désespérée.

L'ultime solution : communiquer. Mais comment, depuis leur prison ? Benazir fait passer un message à une amie, Yasmin, par l'un des domestiques attachés à la famille, Ibrahim. Ce dernier invoque une explication tout à fait plausible pour sortir des lieux : il doit absolument aller chercher des médicaments pour Benazir Bhutto, « malade ». Le stratagème réussit, et le message arrive à bon port. L'espoir des deux femmes est évidemment que le peuple se soulève, à la veille de l'assassinat – il n'y a pas d'autre mot – d'Ali Bhutto et renverse la situation. Mais quel peuple ? Depuis le coup d'État de Zia, le seul lien entre les démocrates pakistanais et le pouvoir sont les fusils braqués sur les premiers. En outre, nombre de dirigeants du PPP ont été emprisonnés, mais aussi des milliers de ses partisans. Le parti fondé par Ali Bhutto est tout simplement décapité. Ceux qui ont eu le cran de protester, lors des manifestations, ont été refoulés dans la violence, au gaz lacrymogène, puis violemment frappés.

Quasi miraculeusement, le message de Benazir arrive à destination. Et dans la soirée, la BBC version ourdou, qui arrose tout le Pakistan, héritage de l'occupation anglaise, fait part du fameux message. Mais pour ce qui concerne un appel au peuple, rien. La teneur de l'information est même « allégée » : le directeur de la prison où est détenu Ali Bhutto ne confirme pas l'information de son exécution imminente. Pire : interrogé, un ancien ministre de Bhutto déclare que Benazir « *a dû paniquer…* »

L'espoir est mort. Tout comme le sera Ali Bhutto, trente-six heures plus tard. En voyant arriver son épouse et sa fille ensemble, du fond de son cachot, le lendemain, Ali Bhutto comprend immédiatement : « *C'est la dernière visite, n'est-ce pas ?* » Les deux femmes, têtes baissées, n'osent répondre : « *Je crois...* », souffle toutefois Benazir.

L'ex-Premier ministre s'adresse alors au directeur de la prison. Oui, c'est bien la dernière visite, et Bhutto doit être pendu le lendemain à 5 heures, explique ce dernier. Non, la famille n'a pas droit à une heure de conversation, mais à une demi-heure. Il a des ordres.

« *Une demi-heure. Une demi-heure pour dire adieu à l'homme que j'ai le plus aimé qu'aucun autre dans ma vie* », constate Benazir. « *La souffrance étreint ma poitrine comme dans un étau. Je ne dois pas pleurer. Je ne dois pas m'effondrer pour ne pas rendre plus dure encore l'épreuve de mon père.* » L'épreuve est évidemment terrible, atroce, tant les liens entre Ali Bhutto et sa fille sont fusionnels.

Ce dernier est malade, et reste assis sur le matelas dont il dispose à même le sol, seul « équipement » de sa cellule. Il ne peut se lever et s'approcher de la grille derrière laquelle les deux femmes sont prostrées. Plus de lit, ni de table, ni de chaise. Sous les yeux des autorités de la prison, qui n'ont pas même la décence de laisser seule la famille dans ces derniers instants communs, il fait passer le peu d'affaires qu'il a : des revues, des livres, des cigares que ses avocats lui ont apportés. « *J'en garde un pour ce soir* », sourit-il tristement. Il conserve également son flacon d'eau de toilette. « *Arrangez-vous pour que je puisse me baigner et me raser. Le monde est beau et je veux le quitter propre* », dit-il au directeur de la prison.

Ali Bhutto veut également donner son alliance à sa fille, mais se ravise à la demande de son épouse. Benazir l'aura plus tard, « *après* »... Cette dernière réussit à lui glisser à voix basse, hors de portée des gardes, qu'elle a pu faire passer le message. Elle lui en explique les détails, et il sourit, satisfait. Puis charge son épouse de transmettre son amour à ses autres enfants. De leur expliquer qu'il a essayé d'être un bon père, et qu'il aurait aimé les voir avant de partir.

Dans ces adieux déchirants et dignes, Ali Bhutto leur conseille de partir du Pakistan si elles le désirent. Refaire leur vie. En Europe, par exemple. « *Non, non* », lui répond sa femme, « *nous ne pouvons pas partir. Nous ne partirons jamais. Il ne faut pas que les généraux croient avoir gagné. Zia a prévu de nouvelles élections, mais qui sait s'il osera les maintenir ? Si nous partons, il n'y aura personne pour diriger le parti. Ce parti que tu as construit...* »

— Et toi, Pinkie ?

— Je ne pourrai jamais partir...

Il s'agit là, très probablement, de la dernière grande joie de l'emblématique Ali Bhutto. Cette fille aimée, à qui il a voulu donner la meilleure éducation, qu'il a confrontée très tôt, très jeune, aux réalités de la politique intérieure comme internationale ; cette femme de vingt-cinq ans, désormais, dont il connaît plus que tout autre le potentiel extraordinaire, est sa fierté. Vraisemblablement connaît-il déjà, ce visionnaire démocrate, le destin qui lui est promis au service du Pakistan.

Probablement est-il heureux, aussi, que ce soit une femme qui reprenne le flambeau qu'il a allumé pour éclairer son pays, lui qui a replacé à sa juste valeur, et en tout cas à la place que lui réserve l'islam quand on l'interprète dans son essence, la population féminine pakistanaise. Le symbole est tout simplement grandiose.

« *Je suis tellement heureux... Tu ne sais pas combien je t'aime, combien je t'ai toujours aimée. Tu es mon trésor. Tu l'as toujours été...* », conclut Ali Bhutto.

La demi-heure est passée. Trente minutes pour des adieux, une perversité de plus, et le directeur de la prison se fait pressant : c'est l'heure de partir. Benazir le supplie d'ouvrir la grille pour une dernière étreinte à son père, il refuse. Elle insiste, c'est définitivement un « non » consternant... Tout juste les deux femmes arrivent-elles à lui toucher la main à travers les barreaux, avant de devoir sortir, la mort dans l'âme. « *Nous nous retrouverons !* », crie Ali Bhutto dans leurs dos.

Ce seront les dernières paroles qu'elles entendront du grand homme.

Lorsque les deux femmes sortent de l'établissement pénitentiaire, dans le véhicule de leurs gardes, il y a foule autour de la prison. Visiblement, la nouvelle de l'exécution imminente d'Ali Bhutto s'est répandue dans la population. Massés devant la porte principale, les Pakistanais venus protester sont brutalement dispersés par les forces de l'ordre. Le message de Benazir était bien passé, mais le général Zia avait choisi le meilleur moment, celui d'une désorganisation importante du PPP... qu'il avait lui-même orchestrée.

Pourtant, soumis à la Cour suprême, le cas d'Ali Bhutto avait donné lieu à une recommandation sans ambiguïté : à l'unanimité, les magistrats les plus puissants du pays avaient demandé qu'on commue la peine de mort en prison à vie. Avec, comme partout, une libération en cas de changement de régime. Le général Zia avait promis à plusieurs chefs d'État, en confidence, qu'il respecterait cette décision de la Cour suprême. De plus, sachant qu'Ali Bhutto avait été le promoteur des relations cordiales sino-pakistanaises, une délégation chinoise était en visite de travail au Pakistan ces jours-là. Et puis des voix importantes s'étaient élevées au plan international, pour la grâce de Bhutto : Jean-Paul II, Indira Gandhi, Jimmy Carter, Margaret Thatcher, Khadafi, les Émirats arabes, entre autres. Enfin, l'Arabie saoudite et la Libye avaient juré de venir au secours de Bhutto au cas où il serait sur le point d'être exécuté, dès que la date du forfait serait connue.

Seulement voilà : si la loi pakistanaise exige que la date d'une exécution doit être rendue publique huit jours avant son application, Zia se fiche de la loi comme de son premier uniforme de deuxième classe. Et les soutiens extérieurs d'Ali Bhutto, en moins d'une trentaine d'heures, n'auront évidemment pas le temps de se retourner. C.Q.F.D.

Avec cette donnée s'envolaient les derniers espoirs de Benazir et sa mère sans qu'elles le sachent. Et c'est prostrées, alternant les pleurs et la prière ardente, qu'elles attendront un miracle dans leur bâtiment-prison du camp de police déserté, entourées de gardiens militaires, à quelques kilomètres de Rawalpindi où est détenu le Premier ministre.

Aux premières heures du matin, ce qu'elles redoutaient se passe : le geôlier d'Ali Bhutto et son second se présentent à elles avec les effets du Premier ministre. Elles sont prêtes, pour accompagner le corps du défunt ainsi que le Coran le prescrit fermement, dire les prières pour le mort et voir son visage une dernière fois avant qu'il ne soit enterré. Elles en avaient évidemment avisé le directeur de la prison. Sauf que le corps d'Ali Bhutto a déjà été emmené, aussitôt son décès constaté – une pendaison « paisible », leur dira-t-on… – au cimetière de la famille, du côté de Larkana, à plusieurs centaines de kilomètres de là, par avion.

C'est aussi l'occasion d'apprendre que, plus tôt, l'armée avait procédé à une « répétition générale » près de Larkana, terre d'origine de la dynastie Bhutto, et plus précisément dans le village de Gandhi Khuda Bakhsh. Une nouvelle preuve que la décision du général Zia, de faire exécuter le Premier ministre qu'il avait renversé, était prise et irrévocable. Dès trois heures du matin, en pleine nuit, deux heures avant même qu'Ali Bhutto ne soit pendu, une soixantaine de véhicules militaires cerne et investit le village, barrant et bloquant chaque rue. On réquisitionne des villageois, notamment Nazar Mohammed, dont la famille travaille depuis des générations pour les Bhutto : il s'agit de creuser et de préparer la tombe de l'homme d'État…

Vers 8 heures, deux hélicoptères se posent à distance du cimetière. Des soldats se placent sur les toits, en position de snipers. Visiblement, le pouvoir militaire n'a rien laissé au hasard… C'est à cette heure-là que Benazir et sa mère apprennent que la sentence a été exécutée.

Une demi-heure plus tard, on transfère le cercueil d'Ali Bhutto d'un des hélicoptères dans une ambulance, qui l'achemine au cimetière. Le Coran stipule des règles bien précises lors des inhumations. Ainsi, Nazar Mohammed indique aux officiers que les parents proches doivent voir le visage du défunt. Après palabres – et peut-être aussi parce que désormais environ 1 500 personnes sont sur les lieux et commencent à forcer les barrages pour voir le visage de leur martyr – les militaires acceptent que des cousins Bhutto, qui n'habitent pas très loin, et la première femme de l'homme d'État qui vit dans un village voisin, viennent satisfaire au rite. On sort donc le corps du cercueil pour l'envelopper dans le traditionnel linceul de coton blanc sans coutures, le *kaftan*. C'est Nazar Mohammed qui officie, en pleurs.

Toutefois, il constate quelque chose d'étrange : « *Nous étions trop bouleversés et accablés de douleur pour examiner le reste du corps. Je ne suis pas sûr qu'ils l'auraient permis, car on aurait pu constater ce qu'il avait subi* […]. *Sa peau n'était pas de diverses couleurs, ni ses yeux ni sa langue ne saillaient, comme sur les photos que j'avais vues de condamnés que Zia avait fait pendre en public. Ainsi que l'exige le rituel, je tournai le visage de Bhutto Sahib vers l'Ouest, dans la direction de La Mecque. Sa tête ne retomba pas sur le côté. Son cou n'était pas brisé. Sa gorge, cependant, portait de bizarres points rouges et noirs, comme un tampon officiel...* »

Mais les militaires sont visiblement très pressés : il faut immédiatement procéder à l'inhumation, faute de quoi ils vont sortir la canne et la matraque... Ils menacent également les 1 500 villageois de les charger s'ils ne se dispersent pas. C'est sous la menace d'armes de poing que se termine la cérémonie, rapidement, avec les prières pour le mort et la descente du corps dans la tombe.

Quand un martyr meurt, sa légende naît. Et avec elle les rumeurs, parfois folles, toujours invérifiables. Ali Bhutto n'a pas échappé à la règle, avec un certain nombre d'allégations plus ou moins farfelues, mais aussi d'autres, qui peuvent tenir la route. Comme celle-ci, persistante : avant de l'exécuter, les militaires auraient exigé de sa part, par la force, la signature d'un document dans lequel il aurait reconnu être lui-même l'instigateur du coup d'État, et avoir donné le pouvoir au général Zia ! Devant son refus, il aurait été brutalisé, avant de tomber, lourdement, se fracasser la tête contre un mur de sa cellule et perdre conscience. Un coup visiblement fatal, puisque le médecin appelé en urgence n'aurait pu le ranimer malgré un massage cardiaque et une trachéotomie.

Cette version de sa mort mérite l'attention. En effet, dans ces jours-là, il est extrêmement affaibli : considérablement amaigri – du reste, il ne s'alimente plus depuis une dizaine de jours – il souffre en plus de la malaria et de dysenterie. Son organisme est donc très faible, et sur un choc violent son cœur a pu lâcher.

« *J'avais tendance à croire cette histoire* », explique Benazir Bhutto dans son autobiographie. « *Une trachéotomie expliquerait les marques que Nazar Mohammed avait vues sur son cou. Et pourquoi le corps n'aurait-il porté aucun des signes caractéristiques de la pendaison ?* »

De nombreux proches lui conseilleront de demander l'exhumation et l'autopsie de son père, au nom de l'importance historique et politique de ce fait, il est vrai très embarrassant pour la junte militaire, en cas de véracité. Elle s'y refusera toujours : « *L'histoire le jugera sur sa vie. Les détails de sa mort importent peu. Je ne veux pas qu'on l'exhume. Il faut respecter son repos.* »

« *J'ai fait une erreur grossière* », confiait un jour le général Zia à une oreille amie. « *J'aurais dû faire disparaître Benazir Bhutto…* » Il semble bien que le général renégat ait mal analysé la situation, là encore. Sa plus grosse bourde, au contraire, aura été de faire exécuter Ali Bhutto, et de méconnaître l'amour fusionnel qu'il entretenait avec sa fille, qui ne se destinait non pas à la politique intérieure, à vingt-cinq ans, mais à la diplomatie. De méconnaître, aussi, les ressorts de la dramaturgie, parmi lesquels l'amour et la vengeance sont des plus puissants.

Et puis, il faut bien admettre que le destin provoque de ces événements qui laissent pantois. Le 27 décembre 2007, Benazir Bhutto, deux fois Premier ministre, trouve la mort dans un attentat à Rawalpindi. Sur un territoire grand comme la France et la Grande Bretagne réunies, elle est assassinée à… 2 km de l'endroit où est mort son père.

La suite, on la connaît : les élections de 2008 sont repoussées de quelques semaines, mais le Pakistan retrouve un régime démocratique et le PPP, fondé par Ali Bhutto, reprend le pouvoir. Il y a décidément quelque chose d'irrationnel, dans l'histoire des Bhutto.

La politique intérieure n'était pas la tasse de thé de Benazir, elle l'a souvent dit et répété. Même si elle se passionnait pour la chose, à la lumière d'un père qui lui en avait expliqué et commenté tous les rouages depuis l'enfance, la diplomatie était sa passion suprême. C'est donc de manière peu rationnelle, là aussi, qu'elle prend l'engagement de sa vie, trois jours après la mort de son héros de père. Si sa mère et elle n'ont pu conduire Ali Bhutto à sa dernière demeure, elles ont obtenu, ce qui était bien le moins, de pouvoir aller se recueillir et prier sur sa tombe pour la cérémonie religieuse prévue trois jours après la mort d'un défunt musulman.

C'est avec un sentiment de solitude extrême qu'elle se recueille et prie, dans le cimetière des Bhutto, là où reposent tous ses ancêtres. C'est là aussi, dans le chagrin et la prière, que le déclic se fait. Elle se remémore les paroles de son père : « *Que vous saisissiez une chance ou que vous la laissiez échapper, que vous soyez fougueux ou réfléchis, que vous ayez des nerfs à toute épreuve ou que vous soyez timorés, tout cela dépend de vos choix. Ce que vous faites de votre vie dépend de vous.* »

De retour à sa prison de Sihala, elle éprouve un étrange sentiment de paix intérieure, doublé d'une conviction qu'elle n'avait jamais ressentie. « *Debout pour relever le défi. Lutter contre des forces écrasantes. Vaincre l'ennemi* », écrit-elle. « *Dans les histoires que mon père nous racontait encore et encore, lorsque nous étions enfants, le bien l'emporte toujours sur le mal. À présent, dans le cauchemar où avait sombré le Pakistan, sa cause était devenue la mienne. J'avais éprouvé cela près du tombeau de mon père. Je m'étais sentie investie de la force et de la conviction de son âme. Et, en cet instant, je m'étais engagée à ne prendre aucun repos tant que la démocratie ne serait pas rendue au Pakistan.* »

Un Pakistan qui accouche sans même le savoir, dans ces instants-là, d'une autre légende vivante.

9

Chemin de croix
d'une héroïne

L A PRISON, elle connaît, Benazir Bhutto. Elle a
donné, et bien plus souvent qu'à son tour. Après le
coup d'État de 1977, le général Zia s'acharnera à un point
rare sur elle et sa mère, onze ans durant ! Si cette dernière
est entrée en politique tard, pour les élections générales de
1977 – et à la demande de son époux – Zia connaît très
bien, déjà, le potentiel de Benazir. Il ne faut pas oublier
qu'il a été six mois le chef d'état-major du Pakistan. Et
pour lui, il semble bien qu'il n'y ait qu'un seul mot d'ordre,
qui tournera au fil des ans à l'obsession : rayer le nom des
Bhutto de la carte politique du Pakistan. Définitivement.
Cette dynastie doit disparaître.

Il tient Ali, il ne le lâchera pas jusqu'à sa mort, on l'a
vu. Restent Benazir et sa mère. Très peu de temps après
l'arrestation définitive du Premier ministre, ses deux fils
s'étant déjà exilés, elles sont arrêtées à leur tour une
première fois. Nous sommes le 29 septembre 1977, et
Benazir effectue une tournée à travers le pays pour soutenir
la course de son père depuis… moins de soixante-douze
heures. Elle est séquestrée une dizaine de jours, durant
lesquels Zia annulera la tenue des élections qu'il avait si

chaudement promises. Ce n'est qu'un prélude, pour Benazir...

Le 16 décembre en effet, l'épisode du match de cricket, monté de toutes pièces par le régime militaire, lui vaut une nouvelle arrestation, cette fois avec sa mère. « *On avait encore jamais choisi des femmes, au Pakistan, pour les punir et les harceler ainsi* », constate amèrement Benazir. « *On entrait dans une époque telle que le Pakistan n'en avait jamais connue...* » Elle n'avait encore rien vu...

Pourtant, les deux femmes se demandent bien ce qui se passe, totalement incrédules devant cette situation aussi imprévisible que spectaculaire. « *Avions-nous réellement vécu ces horreurs ? Nous avions du mal à l'admettre... Mais c'était pourtant ce qui soutenait notre courage. Chaque nouveau coup fortifiait notre détermination. Ils croyaient pouvoir m'humilier ? Qu'ils y viennent !* », fulmine la jeune Benazir, à mi-chemin entre ses vingt-quatre et ses vingt-cinq ans.

Les quinze jours de détention purgés, les deux femmes voient un magistrat arriver. Pour leur libération, probablement. Non : elles se voient condamner à deux semaines supplémentaires, sans raison, et en tout cas à l'encontre de la loi en vigueur... Elles finissent par être relâchées en janvier 1978. Pas pour longtemps, en ce qui concerne Benazir. Quelques jours plus tard, alors qu'elle déjeune avec des amis, la maison est cernée par la police. Et on l'arrête, à nouveau. Motif : c'est l'anniversaire de la mort de Data Sharif, l'un des saints les plus respectables au Pakistan, et le pouvoir craint qu'elle ne fasse le pèlerinage et crée des désordres... Cinq jours de prison. Ça sera ainsi tout au long des premiers mois de 1978. Une véritable entreprise de déstabilisation. « *Au point que les autorités elles-mêmes ne semblaient plus savoir si je partais ou si j'arrivais* », en sourit-elle avec le recul.

Le 18 mars : « *La police vous demande…* », vient la prévenir un employé du 70 Clifton. Il fait nuit, il est 4 h 30… Benazir pense évidemment dans l'instant qu'elle va être mise aux arrêts. C'est bien le cas : « *Attendu que vous risquez d'encourager des troubles au moment du verdict du procès d'Ali Bhutto, vous êtes détenue, etc.* » Incroyable, et d'une perversité, d'un cynisme rares : on la séquestre en lui annonçant tout bonnement que son père va être condamné à mort, puisque la Cour suprême n'a pas encore rendu ses conclusions !

Elle est assignée à résidence à Karachi, en fait. « Assignation », certes ce n'est pas le cachot. Mais bon : surveillée et gardée à domicile 24 heures sur 24, avec des gardiens partout, sans téléphone, avec des coupures de courant incessantes, et l'interdiction formelle de sortir de chez elle : c'est bien dans une prison qu'elle se trouve. Bien sûr, elle entame une procédure pour casser cette décision. Mais le tribunal concerné ajourne systématiquement son dossier pendant trois mois, et elle ne retrouvera la liberté qu'à la mi-juin. Dans l'histoire, elle aura raté un mois d'audiences au procès d'Ali Bhutto, et aussi trois mois de possibilité de se battre pour tenter de le tirer de ce très mauvais pas.

Trois mois et demi après sa libération, début octobre 1978, alors qu'elle bat la campagne pour exhorter les Pakistanais à soutenir Ali Bhutto, elle est une fois de plus arrêtée. Direction la prison de Rawalpindi, cette fois, où sa mère, qui y est enfermée depuis dix mois, croit à une visite. Ce n'est pas vraiment le cas… Nusrat sera libérée en novembre, mais Benazir gardera le cachot. Et pendant ce temps, le procès de la honte se poursuit devant la Cour suprême. Zia ne veut décidément rien épargner à la femme et la fille de l'homme qu'il est en train d'assassiner.

Benazir ne sortira de prison que pour être à nouveau assignée à résidence dans une maison qu'elle a dû louer près de Rawalpindi, où se tient le procès. Elle y est toujours enfermée, le 6 février 1979, lorsque la Cour suprême rend son verdict de mort. Dans le même temps, Nusrat Bhutto est une nouvelle fois arrêtée et enfermée à la prison d'Islamabad, la capitale, avant que Benazir ne l'y rejoigne. On n'en sort plus… Il s'agit bien sûr d'éviter que les deux femmes ne portent la révolte, après ce résultat judiciaire catastrophique et définitif. Une semaine plus tard, elles sont transférées à Sihala, dans un camp d'entraînement désaffecté de la police, à quelques kilomètres seulement de la prison où est détenu Ali Bhutto. L'immense camp est vide, Benazir et sa mère en sont les seules résidentes, hormis leurs gardes, dans un vieux bâtiment isolé et entouré de barbelés. Décidément, Zia n'a pas lésiné sur les moyens et on peut penser qu'il craint les deux femmes comme la peste…

« Je me sentais prise dans un cauchemar sans fin », écrit Benazir dans ses mémoires. *« Et je ne pouvais m'abstraire de la marche inéluctable du temps jusqu'à la mort de mon père. Je ne me reconnaissais pas quand je me regardais dans la glace… J'étais rouge et couverte d'une acné causée par l'inquiétude. La maigreur me faisait ressortir le menton, la mâchoire et les sourcils ; j'avais les joues creuses et les traits tirés. Impossible de dormir. J'avais*

essayé tous les remèdes de ma mère, mais je m'éveillai en sursaut en pleine nuit, la tête perdue. Rien n'y faisait... »

Le 4 avril, Ali Bhutto est exécuté. Un an plus tard, Benazir et sa mère sont toujours en détention... On les a transférées à leur propriété d'Al-Murtazar, le berceau de Bhutto, mais elles ne peuvent évidemment pas sortir, et ne recevoir que très peu de visites. Dont celles, bien sûr, de « Sunny » Sanam, la petite dernière... Elles n'ont même pas l'autorisation d'aller prier sur la tombe de leur martyr pour le premier anniversaire de sa mort, ce qui est pourtant une obligation islamique. Elles seront relâchées peu après cette date symbolique, le 12 avril 1980. Pour onze mois d'une liberté... très surveillée.

Pour Benazir et sa mère, il n'est pas question de baisser les bras. Si Nusrat reste à Karachi, alors que Benazir part un temps à Rawalpindi, pour « *rattraper le cours des événements* » politiques qu'elle n'a pas pu suivre de sa prison. On s'aperçoit bien vite que les deux femmes sont fliquées. Les « services » militaires ne se cachant pas plus que ça, d'ailleurs : leurs camionnettes du renseignement, garées vers le 70 Clifton sont bien en évidence, face à l'entrée de la résidence. Les visiteurs sont photographiés, les numéros d'immatriculation notés, et les deux femmes, quand elles sortent pour quelque raison que ce soit, ont immédiatement des sbires du général Zia aux basques. Les lignes téléphoniques du 70 Clifton Road sont souvent « en panne » et, lorsqu'elles fonctionnent, tout ce qui se dit est enregistré. Les bruits bizarres qu'on entend en raccrochant ou en décrochant les combinés sont grossièrement repérables. C'est à se demander si le jeu n'est pas que Benazir et sa mère sachent parfaitement qu'elles sont réellement sur écoute...

Pendant ce temps, le dictateur surfe sur la loi martiale pour imposer un régime de fer. Dans les provinces, il installe des tribunaux militaires d'exception, composés d'un juge et de deux gradés – sans formation juridique –, et les condamnations à mort, les peines de prison à vie livrées sur le champ, tombent dru... Des centaines de « tribunaux sommaires » sont également mis en place. Là, un seul officier légifère, pour les cas les moins « graves ». Quelques paroles déplacées concernant le pouvoir peuvent coûter quinze coups de fouet et un an de « *prison rigoureuse* », pour employer le terme en vigueur. Et la « *prison rigoureuse* » au Pakistan de Zia est tout sauf une expression en l'air. Bien entendu, les condamnés n'ont aucun droit de faire appel, et encore moins de se faire assister par un avocat...

On peut toutefois échapper à l'exécution immédiate de la sanction. Si on a un peu d'argent, malgré tout : en achetant le militaire décisionnaire... Mais c'est cher : 10 000 roupies, 100 dollars le coup de fouet !

Fin mai 1980, Zia resserre encore plus l'étau en ajoutant des ordonnances à la loi martiale. Ainsi, en cas de « *trahison* » ou de « *corruption de membres des forces armées* » – des faits pouvant donner lieu à des larges interprétations, on en conviendra, ou être facilement provoqués par la dénonciation calomnieuse ou la rumeur –, des tribunaux militaires remplaceront les tribunaux civils. Avec seulement deux châtiments au « programme » : la pendaison ou la prison à vie...

Un autre de ces ajouts à la loi martiale est particulièrement révélateur : les prisonniers politiques pouvaient être jusque-là détenus douze mois sans qu'aucun procès ne soit ouvert. Désormais, « *les motifs de leur arrestation et les lieux de leur détention ne seront communiqués à aucun d'eux, dans le cadre de leur arrestation* ». De plus, « *la durée de douze mois précédemment en vigueur peut être rallongée aussi longtemps que les circonstances l'exigent* ». Autrement dit, n'importe quel militant politique peut être arrêté et emprisonné pour une durée illimitée, dans un lieu que personne ne connaît, pas même lui, et le tout sans explications...

Un certain nombre d'avocats montent au créneau, toutefois. Ainsi, devant ces atteintes insupportables aux droits de l'homme, ils manifestent à Lahore le 19 juin. Quatre-vingt-six d'entre eux sont passés à tabac par la police et arrêtés... Même sort pour une douzaine d'autres, un peu plus tard, à Karachi. Dans le même ordre d'idée, activistes étudiants et syndicalistes sont décimés par les arrestations et les emprisonnements, selon les nouvelles dispositions de la loi martiale. Le Pakistan gronde, malgré tout. Trop, c'est trop.

« *Il était clair que, trois ans après le coup d'État et l'instauration de la loi martiale, Zia n'avait pas réussi à forcer le peuple à l'obéissance ni conquis son adhésion. Au contraire, il perdait du terrain. Presque sans appuis politiques, il n'était maître que de l'armée.* » Cette analyse de Benazir Bhutto semble tout à fait pertinente. La preuve en est que Zia est réduit à user des expédients terribles que l'on vient de voir. Sans que cela semble lui poser des problèmes de conscience.

Un autre signe très fort, inattendu, en est également le révélateur. La PNA, adversaire plus qu'acharné d'Ali Bhutto durant l'épisode des élections de 1977, celle-là même qui a participé à sa chute, souhaite se rapprocher du PPP ! Benazir est viscéralement contre, et le fait savoir, mais sa mère, désormais présidente du Parti pour le peuple pakistanais, se montre plus pragmatique. Le PPP a été décimé par les arrestations, plusieurs dizaines de milliers de ses adhérents ou sympathisants sont désormais en prison. Ou morts, pendus… Et puis récupérer le parti qui a fait le lit du général Zia, la PNA, qui a en partie creusé la tombe de son mari, doit être une douce vengeance pour Nusrat Bhutto. Avec en point de mire, bien sûr, le renversement de Zia.

Au bout de plusieurs mois de négociations secrètes, l'alliance se fait, le 6 février 1981. Un point particulièrement important est décidé : Benazir Bhutto ne participera pas à la vie politique de cette nouvelle structure, le Mouvement pour le rétablissement de la démocratie (MRD). L'argument de sa mère est imparable : elle et sa fille se sont fait piéger jusque-là, et ont été maintenues en détention presque toujours en même temps, ensemble ou séparément, depuis le coup d'État. Il est hors de question que cela se reproduise : il faut une tête à l'opposition, et si la sienne tombe, Benazir sera le recours.

« *Pas de politique pour toi, pour l'instant. Si je suis arrêtée, tu dois être prête à assurer la direction.* » Benazir accepte, la mort dans l'âme. Surtout que dès la création du MRD, le Pakistan s'embrase. De nombreuses manifestations envahissent les rues des grandes villes. Ce sont les étudiants de la province des territoires de la frontière qui donnent le *la* et, bientôt, l'agitation gagne le Sind et le Pendjab. Médecins, avocats, enseignants se joignent au mouvement dans ces deux provinces, plus développées que les deux autres.

Zia comprend vite l'ampleur du mouvement. Il fait fermer les universités et interdit les rassemblements de plus de… cinq personnes ! Ce qui n'arrête rien. Le média occidental *Time Magazine* parlera de cette crise comme étant « *la plus forte vague d'opposition à son régime qu'ait eu à subir le général Zia* ».

Les services secrets arrêteront plusieurs dirigeants du MRD à la fin d'une réunion pourtant secrète et très importante du Mouvement, à Lahore. Efficace, l'ISI… Mais cette assemblée du 27 février 1980 se tiendra quand même. Et le MRD vient tout juste d'annoncer un ultimatum à Zia lorsque la police effectue une descente et arrête tout le monde. La teneur du message : le pouvoir doit mettre un terme à la loi martiale, et organiser des élections dans les trois mois. Le MRD complète : « *Nous exigeons le départ immédiat de Zia, faute de quoi le régime de la loi martiale sera supprimé par la volonté irrésistible du peuple !* » Enfin, le parti fixe au 23 mars, un petit mois plus tard, des manifestations de masse et des grèves générales dans tout le pays. Autant de choses qui ressemblent d'assez près à une menace de révolution, et en tout cas à une déclaration de guerre au pouvoir…

Nusrat Bhutto est donc arrêtée à la fin de cette réunion, à Lahore. Elle est rapatriée à Karachi et mise en résidence surveillée. La logique veut donc que Benazir reprenne le flambeau, le leadership du MRD. Elle n'en aura même pas le temps…

Trois jours plus tard, en effet, le 2 mars, le monde prend connaissance du détournement d'un avion de la Pakistan International Airlines. Un acte de terrorisme relativement banal à l'époque, et les pirates de l'air obligent le pilote à se poser pas si loin que cela d'Islamabad, à environ 400 km de la capitale pakistanaise. Mais en Afghanistan, à Kaboul... Dans un pays en pleine guerre, envahi quelques mois plus tôt par l'URSS. Benazir en prend connaissance par un journaliste de l'agence Reuters, qui sollicite une réaction de sa part. Elle n'est même pas encore au courant de cette histoire...

Peu après, le 7 mars, elle est arrêtée une nouvelle fois à son domicile de Karachi. Encore, toujours, ces nervis de Zia qui viennent la chercher. Mais cette fois, il y a une différence de taille : elle ne sait même pas pourquoi elle est embarquée. Zia pressent-il qu'elle va prendre les rênes de l'opposition, et anticipe-t-il ?

« *Cette arrestation avait quelque chose d'inattendu et de terrible* », raconte-t-elle. « *Je le pressentis quand on me fit monter dans une jeep bourrée d'agents comme aucune des voitures utilisées lors de mes précédentes arrestations. Le convoi militaire qui nous escortait dans les rues vides était aussi plus important, et la destination inquiétante : un poste de police. On ne m'y avait jamais menée avant... Qu'allait-il arriver ?* »

Ce que Benazir ignore, c'est que le général Zia a ordonné une immense rafle dans tout le pays. La plus gigantesque qu'ait connue le Pakistan de toute son histoire. Rien qu'au mois de mars, déjà bien entamé, Amnesty International estimera à plus de 6 000 le nombre d'arrestations. D'opposants connus au régime, évidemment, mais aussi de quiconque peut avoir des liens plus ou moins proches avec le PPP.

Le prétexte : le détournement de l'avion pakistanais. Quel rapport ? Il est relativement simple. Murtaza, « Mir » Bhutto et Shah Nawaz, les frères de Benazir, ont dû s'exiler, sans pour autant abandonner le combat, depuis l'extérieur. Pour tenter de sauver leur père, dans un premier temps, puis avec le but de renverser la dictature de Zia. Ils se sont même radicalisés à gauche, notamment en créant un mouvement de résistance, Al-Zulfikar, référence au premier prénom d'Ali Bhutto.

Or, les pirates de l'air stationnés à Kaboul se réclament d'Al-Zulfikar, dont la base est précisément située à… Kaboul. Et, d'après Zia et ses services secrets, le chef du commando n'est autre que… Mir ! Les acteurs de ce détournement demandent la libération de cinquante-cinq prisonniers politiques du PPP, avec un ultimatum. Faute de quoi ils exécuteront les passagers de la Pakistan International Airlines. Afin de bien montrer leur détermination, ils abattent pour l'exemple l'un d'entre eux sur le tarmac de Kaboul, un officier pakistanais, avant de décoller pour la Syrie et atterrir à Damas.

L'occasion est trop belle, pour le général Zia. Détournement d'un avion et exécution d'un militaire pakistanais = Al-Zulfikar = Mir Bhutto = Parti pour le peuple pakistanais. Il emploie toute son énergie à démontrer cette proposition et, en attendant, effectue une rafle prophylactique dans les rangs du PPP. Oui, cette occasion est vraiment inespérée pour le dictateur, à un moment où il est très visiblement en difficulté…

D'ailleurs, Benazir note ceci : « *Comme l'intervention soviétique en Afghanistan, le détournement s'était produit à un moment critique pour Zia. Sur le point de devoir abandonner ses fonctions sous la pression populaire, il utilisait l'événement pour inventer un lien entre le PPP et le terrorisme. La synchronisation était si étonnante que beaucoup de gens en vinrent à penser qu'il avait lui-même organisé ce détournement...* »

Si Benazir Bhutto est peut-être un peu optimiste quant aux chances que Zia abandonne le pouvoir comme ça, le raisonnement qu'elle prête à « certains », avec donc des précautions oratoires, tient la route. Il faut savoir que, depuis l'entrée en Afghanistan de l'Union soviétique en 1979, le plus gros bureau de la CIA à l'étranger se situe à... Islamabad, capitale du Pakistan, à deux pas du palais présidentiel. Et côté coups tordus, cette même CIA possède un savoir-faire à toute épreuve, comme on le sait depuis longtemps...

Les États-Unis ont besoin de Zia pour contrer l'URSS. Le dictateur couve en effet les islamistes durs pakistanais, notamment dans les zones tribales du Nord-Ouest, et ces derniers accueillent pour leur part les réfugiés afghans dont, essentiellement, les talibans et les fondamentalistes féroces. Avec la bénédiction du pouvoir pakistanais, bien sûr. En outre, les États-Unis arment les Afghans contre l'URSS. Et le moyen le plus tranquille de leur acheminer des tonnes et des tonnes d'armes et de munitions est de les débarquer à Karachi, puis de les transporter – dans des camions militaires pakistanais ! – jusqu'à la « zone-tampon » du Nord-Ouest avant de les faire passer en Afghanistan.

Les « terroristes » ont abattu un militaire pakistanais à titre d'exemple. Or, il s'agissait du major Tariq Rahim, dont la particularité était d'avoir servi Ali Bhutto en personne, au titre d'aide de camp ! Mir Bhutto aurait donc assassiné un proche de son père ??? Enfin, la demande de libération de prisonniers politique, cinquante-cinq, paraît ridiculement basse : des milliers sont séquestrés, et le nombre demandé par les « terroristes » est inférieur de moitié à celui des passagers qu'ils détiennent. Ce qui n'est pas précisément dans les habitudes des pirates de l'air, qui demandent toujours plus qu'ils n'ont en main, puisqu'ils possèdent les atouts.

On apprendra peut-être un jour que Zia avait monté l'affaire de toutes pièces, avec l'appui de l'ISI et les conseils de la CIA. Et pour tout dire, on ne sera pas étonné outre mesure.

La prise d'otages se termine au bout de treize jours : quelques minutes avant l'ultimatum fixé par « Al-Zulfikar », ou le groupe se présentant comme tel, Zia relâche cinquante-cinq membres du PPP. Là encore, on peut s'étonner : on a connu le dictateur beaucoup plus ferme, et en tout cas totalement imperméable à d'éventuelles pertes humaines.

Benazir, elle, est désormais en cellule à la sordide prison de Sukkur, là où son père avait séjourné lors de sa toute dernière arrestation... Dans un premier temps, elle a été mise en garde à vue, sans savoir pourquoi, et surtout sans aucune information de ce qui se passait. On ne répond à aucune de ses questions, et les policiers eux-mêmes n'ont pas l'air très sereins. Elle n'apprend qu'une chose, lorsqu'elle s'inquiète du sort de sa mère : cette dernière a été prise dans l'immense rafle – dont Benazir n'a pas encore eu connaissance. Nusrat est détenue à la prison centrale de Karachi.

Pour la première fois, dit-elle, Benazir a peur. Elle est maintenue au secret cinq jours, et elle pense un moment que sa dernière heure est venue. Elle sait désormais que Zia est allé au-delà de tout ce que ce qu'il avait pu commettre jusque-là, en termes de répression et de violences. Et elle envisage très sérieusement son élimination pure et simple, dans le secret. Elle sent bien que cette fois, c'est différent de tout ce qu'elle a pu déjà connaître. Elle ne se trompe pas. Malgré tout, elle a glissé une lettre à un geôlier, à expédier à son avocat. Mais le fera-t-il ?

« *Pourquoi suis-je ici ?* », se demande-t-elle dans un écrit du 13 mars 1981, à Sukkur. « *Je ne comprends pas. La prison, maintenant, encore. Une prison loin de tout, dans le désert de Sind. Il fait froid. J'entends l'horloge sonner 1 heure, puis 2 heures. Je ne peux pas dormir. Le vent glacé du désert souffle entre les barreaux de ma cellule : quatre "murs" de barreaux nus. On dirait une énorme cage, un grand espace où il n'y a qu'un lit de corde. Je me tourne et me retourne sur le lit, en claquant des dents. Je n'ai ni pull-over ni couverture, rien.* »

Vers le 20, enfin, son avocat, Me Lakho peut la visiter. Le geôlier était un homme bien… Faire appel de sa détention, maintenant. Vite. Mais, trois jours plus tard, Zia s'arroge le droit de modifier la Constitution. Parmi ses premières décisions : les tribunaux civils n'ont plus le pouvoir de réviser des verdicts établis au nom de la loi martiale… Son appel, et avec lui ceux des milliers de membres du PPP arrêtés, devient sans objet. Elle constate les dégâts : « *Nous pouvions être désormais arrêtés, jugés et condamnés par un tribunal militaire sans aucun recours...* »

Benazir, pour rester dans la réalité – condamnée à l'isolement cellulaire, elle est la seule prisonnière du grand bâtiment où se trouve son cachot –, se construit la ligne de « vie » qu'on lui impose : « *Sept coups de brosse dans les cheveux. Compter jusqu'à cent en se brossant les dents. Marcher quinze minutes dans la cour. Discipline. Routine. Je ne dois pas m'en écarter.* »

Elle n'est pas victime de violences physiques ; en revanche, le directeur de la prison de Sukkur est un maître en matière de perversité. Sur ordre ? On ne le sait pas. Mais c'est bien de torture psychologique dont il se rend coupable à l'égard de Benazir.

— Pourrais-je me procurer *Time Magazine*, ou *Newsweek* ? lui demande-t-elle un jour.

— Ce sont des journaux communistes, qui ne sont pas autorisés.

— Ils ne sont pas précisément communistes... Ils viennent même du centre du capitalisme.

— Ce sont des journaux communistes.

— Quels livres avez-vous dans votre bibliothèque ?

— Il n'y a pas de bibliothèque, ici.

Il ment, évidemment. Pour toute lecture, elle aura droit à une édition régionale du Sind de *Dawn*, un quotidien. Même en se forçant à le lire très lentement, « *mot par mot* », elle en a vite fait le tour. Une heure. Elle écrit un peu, aussi, sur un carnet qu'un gardien compréhensif lui a fait passer. Mais c'est vite fait, pour une prisonnière à l'isolement, qui n'entend des voix humaines que lorsqu'on lui porte à manger des brouets épouvantables...

« *Le temps, impitoyable, monotone* », écrit-elle. Ce temps qui ne passe pas, et qui au total engendre des journées interminables. De quoi devenir folle, pour une femme hyperactive de son calibre. Mais ce n'est qu'une infime partie de ce que lui réserve la direction de la prison.

On lui fait ainsi savoir qu'elle va être jugée dans le plus grand secret, à l'intérieur de la prison, par un tribunal militaire. Et que, bien sûr, elle sera condamnée à mort... Une autre fois, elle est informée que finalement, avant le procès, elle sera conduite dans un centre de torture du Baloutchistan. Le but étant de lui faire avouer son implication dans le détournement de l'avion par Al-Zulfikar. « *Vous avez devant vous des jours terribles. Nous prions pour que vous en réchappiez* », lui chuchote un jour une fonctionnaire avec un cynisme qui laisse pantois.

Cela dit, il y a une once de vérité dans ce qu'on inflige à Benazir Bhutto : Zia fait effectivement torturer des prisonniers politiques pour qu'ils avouent les liens existant entre le PPP et Al-Zulfikar... Un inspecteur général des prisons, visiblement acquis à sa cause, lui en fait la confidence lors de son unique passage :

— Ils torturent des gens pour les obliger à vous compromettre avec Al-Zulfikar, lui confie l'homme, d'un certain âge.

— Mais je suis innocente, on ne peut pas me compromettre, proteste naïvement Benazir.

Le vieil homme secoue la tête, les larmes aux yeux :

— J'ai vu un garçon de Larkana, votre ville natale, à qui on avait arraché les ongles des pieds… Je ne sais pas jusqu'où on peut aller ainsi sans se rendre et avouer.

Ce nouveau coup psychologique est terrible. La tête et le corps de Benazir n'en peuvent plus. Déjà atteinte de surdité partielle d'une oreille, en raison d'une infection évidemment mal soignée, c'est la dépression qui la guette : « *Je commençais à repousser la nourriture qu'on m'apportait, car j'avalais difficilement. Je mangeais à peine, tout en m'imaginant que je grossissais. Mon estomac me paraissait plus grand et mon thorax plus large. J'étais devenue anorexique.* » De plus, elle souffre de sérieux problèmes gynécologiques.

Devant une perte de poids pratiquement visible au jour le jour, les autorités décident de la transporter à Karachi pour y être soignée. « *Chez elle* », lui dit-on. Elle exulte. Mensonge cruel : elle se retrouve dans une maison qu'elle ne connaît pas, où elle est examinée par une femme médecin. « *Les médecins de Sukkur pensent que vous avez un cancer de l'utérus* », lui explique-t-elle. « *Je ne suis pas sûre. Il faut faire un examen approfondi.* »

« *Un cancer ? À vingt-huit ans ? Je la regardais, incrédule. La menace déconcertante était-elle réelle, ou cherchait-on encore à me déstabiliser ?* » On l'emmène ensuite « *voir sa mère* » à la prison de Karachi. Elle est folle de joie. Mensonge, encore. Déstabilisation, toujours. Le chaud, le froid. L'espoir, l'abattement. Le lendemain, elle est opérée puis ramenée dans la foulée à sa cellule de Sukkur. Elle apprendra plus tard, d'un ancien ministre du PPP, en exil à Londres, qu'on avait pensé un moment la faire mourir pendant l'opération. Un accident vasculaire est si vite arrivé… Surtout dans l'état physique où se trouve Benazir à ce moment-là ! Jam Sadiq Ali, ami d'Ali Bhutto, avait eu connaissance de cette information, et avait aussitôt donné une conférence de presse pour dénoncer le projet. Avec beaucoup d'à-propos, semble-t-il.

Durant son transport de Karachi à sa cellule de Sukkur, elle perd plusieurs fois connaissance. Pour tout dire, les conditions dans lesquelles elle a été opérée puis transportée auraient très bien pu lui être fatales, finalement, sans l'« aide » de ses tortionnaires. Du reste, alors qu'elle reprend connaissance une énième fois, dans sa cellule, elle entend des gens qu'elle n'identifie pas : « *Elle est vivante ! Elle n'aurait jamais dû être transportée si tôt…* » Durant des semaines, par la suite, la fatigue et l'anémie l'empêchent même de marcher. Mais un phénomène inattendu se produit : devant tant d'acharnement, de cruauté, le petit personnel de la prison prend fait et cause pour Benazir. À la mesure de leurs moyens, ces petits employés l'aident :

« *Prenant de grands risques, ils me procurèrent secrètement un stylo, un nouveau carnet et plusieurs numéros de* Newsweek », se souvient-elle avec reconnaissance. « *L'un d'entre eux m'apporta même des fruits frais. Je passais autant de temps que je le pouvais à noter tout ce qui se passait au-dehors sur mon carnet, sur les marges de journaux et les moindres papiers qui me tombaient sous la main. Les geôliers emportaient mes notes tous les soirs, pour le cas d'une inspection à l'improviste. Si l'on avait découvert quoi que ce soit, ils auraient perdu leur emploi. J'attendais chaque matin, avec impatience, de récupérer mes papiers…* »

D'autres journaux lui sont passés discrètement. Et c'est ainsi qu'elle apprend, depuis sa cellule, la montée en puissance du mouvement de ses frères, Al-Zulfikar. Mir, en particulier, est passé à une phase très radicale de résistance, et entend « *évincer le pouvoir par la violence* ». Il explique aussi à *Jang*, un quotidien en ourdou, que s'il était bien à Kaboul au moment du détournement de l'avion, il n'était au courant de rien à propos de cette affaire. Il aurait pourtant beau jeu, avec cette véritable déclaration de guerre à Zia, de le revendiquer. Il déclare enfin que sa mère et sa sœur n'ont aucun lien avec Al-Zulfikar : lui ne travaille pas pour le PPP, et n'a plus aucun contact avec elles. Ce qui est probablement véridique, puisqu'à l'époque, la famille est gravement divisée – et même brouillée – sur les options politiques à tenir.

Mir Bhutto, qui en fait prend un chemin différent de celui du PPP, au point qu'il se présentera plus tard contre des candidats de ce dernier, déclare qu'Al-Zulfikar – qui a pour autre nom de guerre l'ALP, Armée de libération du Pakistan – « *peut mettre le Pakistan sens dessus dessous.* » Et de revendiquer cinquante-quatre actions de force, dont celle qui a vu une bombe exploser au stade de Karachi, tout juste avant l'arrivée du pape Jean-Paul II. Et puis – info, ou intox ? – il explique que : « *Non, le quartier général d'Al-Zulfikar ne se trouve pas à Kaboul. Nous y avons des représentants, mais notre QG se trouve au Pakistan !* »

Mir Bhutto est très vite inscrit par le régime de Zia sur la liste des « criminels recherchés en priorité ». Et l'administrateur adjoint de la loi martiale, le second d'Ali Bhutto en la matière, vient tout aussi vite visiter Benazir à sa prison. C'est grave :

— Pourquoi suis-je détenue ? lui lance-t-elle.

— À cause d'Al-Zulfikar.

— Je n'ai rien à voir avec cela, vous le savez bien !

— Nous avons trouvé dans votre chambre, en fouillant votre maison, un projet d'Al-Zulfikar révélant tous les détails de leur plan...

Benazir ignore bien entendu de quoi parle son interlocuteur.

— Je n'avais jamais entendu parler de cette organisation avant le détournement, répète-t-elle.

Et très probablement dit-elle vrai : l'acte des pirates de l'air, en fait, est l'acte de déclaration de son existence.

Il appartient au tribunal de trancher à propos de votre association avec Al-Zulfikar, et de la bombe du stade de Karachi., conclut le tenant de la loi martiale.

Un tribunal militaire dont elle n'a rien à attendre sinon la mort, bien sûr.

Deux jours plus tard, la une de *Jang* la fige sur place : « *Des documents prouvent que les dames Bhutto étaient au courant de l'entreprise de détournement !* » « *Mon cœur s'arrêta de battre une seconde et j'en eus froid dans le dos. Il était sûrement question du "projet" trouvé dans ma chambre. Ainsi, on préparait donc un autre procès Bhutto...* », note-t-elle ce jour-là sur son carnet.

Ce qu'elle ne saura que bien plus tard, c'est à quel point Zia s'est acharné pour obtenir des aveux d'amis politiques du PPP. Pressions, chantage, mais aussi et surtout tortures pour extorquer des confessions les mettant en cause, elle et sa mère. Tout le premier cercle de ses amis y passe, bien entendu. Pas mal doivent s'exiler... Outre la volonté de récupérer des charges contre Benazir et Nusrat, il semble bien que cette opération, d'une violence inouïe, ait aussi le but de démanteler définitivement le Parti pour le peuple pakistanais.

À Sukkur arrive la canicule d'été. Une épreuve supplémentaire. Les vents, chauffés dans le désert à des températures parfois supérieurs à 40°, soufflent en permanence à travers les quatre « murs » de barreaux de la cellule qu'occupe Benazir, où sévit également, en permanence, une mini-tempête de sable… La poussière se colle à sa peau, trempée de sueur, à longueur de journée. Les insectes, innombrables, se joignent à la danse : sauterelles, moustiques, abeilles, araignées, fourmis sont les compagnons de Benazir avec leurs lots de piqûres et autres douceurs.

« *La peau de mes mains se gerce et pèle par plaques* », note-t-elle. « *Les boutons se multiplient sur mon visage, et la sueur coulant dessus me brûle comme un acide. Mes cheveux, qui ont toujours été très épais, commencent à tomber par poignées. Je trouve chaque matin des cheveux sur mon oreiller…* » La situation devient réellement désespérante, pour la fille d'Ali Bhutto…

Et puis le sinistre directeur de la prison de Sukkur se met à employer une nouvelle tactique. Un jour, il lui annonce qu'un avocat des environs a voulu lui faire passer de l'eau potable et fraîche, mais qu'il l'a confisquée. « *C'est pour votre bien. Ces gens-là sont désormais vos ennemis. Les dirigeants de votre propre parti essaient de vous éliminer. L'eau était peut-être empoisonnée.* » Le même avocat lui fait parvenir des oranges. Même scénario. Le directeur l'en informe, mais lui explique pourquoi il ne les lui donne pas : « *Pour vous sauver la vie. Il pouvait y avoir injecté du poison.* »

Benazir lui demande un jour une bombe d'insecticide. Les insectes sont devenus une vraie torture : « *Oh non !* », s'entend-elle répondre. « *C'est toxique, il ne faudrait pas qu'il vous arrive quelque chose !* »

Elle se rend soudain compte, avec ce discours désormais incessant autour du poison, qu'on essaie tout simplement de lui introduire des idées de suicide dans la tête... Elle en a d'ailleurs la confirmation : à partir d'un certain moment, un flacon de détergent, sur lequel figure une tête de mort, donc hautement toxique, reste systématiquement dans sa cellule après le nettoyage.

« *N'oubliez surtout pas de le remporter* », dit devant Benazir le directeur à la femme de ménage qui vient nettoyer la cellule toutes les semaines. « *Surveillez bien ce flacon, elle pourrait vouloir abréger ses souffrances...* » Mais immanquablement, l'employée « oublie » le détergent, semaine après semaine... Et bien sûr, une Benazir Bhutto mettant fin à ses jours dans sa prison, c'est tout bénéfice pour le pouvoir. La perversité atteint parfois de ces sommets...

Si elle n'est pas dupe – et n'a aucune envie de suicide, du moins le dit-elle – cette pression psychologique constante a raison de son corps. Ses problèmes d'oreille reviennent, douloureux, ainsi que des malaises chroniques. « *Le régime cellulaire vous soumet à une forte tension* », lui dit le médecin de la prison. « *Beaucoup de gens dans votre cas souffrent de maux imaginaires.* » Quel brillant diagnostic !

Mais Benazir est une battante, on l'aura remarqué depuis un moment... Elle s'astreint alors à un rythme et à une discipline qu'elle observe à la lettre : « *Courir sur place deux cent cinquante fois, quarante mouvements d'assouplissement. Balancer mes bras, respirer à fond vingt fois. Lire les journaux en évitant les histoires sur notre prétendue complicité dans le détournement d'avion. M'absorber plutôt dans la broderie que m'avait envoyée Mujib* [un ami avocat, NdA] *et sa femme : tissu, fil de nylon et recueil de modèles. L'attention que réclame ce genre d'ouvrage me procure un centre d'intérêt, quelque chose à faire plutôt que laisser errer mes pensées dans le vide du régime cellulaire ; cela donne un sens à la journée, et les effets sont positifs.* »

La détention de Benazir Bhutto, dans les conditions assez inhumaines qu'on vient de voir, outre ses problèmes de santé, doit prendre fin le 12 juin 1981. La veille, le 11, elle écrit ceci : « *Chaque heure m'a paru durer plus qu'un jour ou qu'une semaine, et pourtant j'ai tenu jusqu'à présent. "Adaptée" n'est pas le mot. Je ne peux pas m'adapter à une situation pareille. S'adapter c'est renoncer. Je m'en suis tirée. Chaque instant a été un boulet à traîner, mais il a passé. Seul Dieu m'a aidée dans cette épreuve. Sans Lui, j'y aurais laissé la vie...* »

Sa sortie est prévue à 12 heures le lendemain. À 11 heures, elle reçoit la copie d'un arrêt : l'administrateur adjoint de la loi martiale a le plaisir (sic) de l'informer que sa détention est prolongée de trois mois... Neuf jours plus tard, le 21 juin, elle ne fête évidemment pas son vingt-huitième anniversaire, qu'elle passe, pour la troisième année consécutive, en prison...

Nusrat, sa mère, est elle aussi toujours détenue. À Karachi et en régime cellulaire, comme Benazir. Mais surtout, elle devient très malade : lorsqu'elle se met à vomir du sang, fin juillet, on condescend à la transférer au 70 Clifton. Détenue à domicile, bien sûr, mais au moins pourra-t-elle bénéficier des soins de ses médecins, qui diagnostiquent un grave ulcère, et aussi un début de tuberculose... Benazir ne connaît pas son état de santé, et n'apprend sa « libération » que par une infirmière de sa prison.

Fin août, on lui ordonne de faire son sac : « *Vous partez* », lui dit-on, sans un mot d'explication. Benazir pense que, dans la droite ligne de ce qui s'est passé pour sa mère, on l'emmène à Karachi, au 70 Clifton Road. Ce sera bien Karachi. Mais à la prison centrale, dans la cellule que Nusrat occupait encore quelques semaines plus tôt... Seule consolation : sa mère peut venir la voir dès la deuxième semaine. « Consolation » est un grand mot, d'ailleurs : Benazir est effondrée de voir « *cette femme pâle défaite, aux gestes nerveux, aux cheveux gris réunis en une tresse, si différente de la mère élégante et sûre d'elle* » qu'elle connaissait.

La santé de Nusrat est en effet devenue très précaire. Les épreuves que Zia lui a fait endurer depuis plus de quatre ans, la mort de son mari comprise, l'ont physiquement dévastée. Et elle fait part à sa fille des craintes de ses médecins : en fait de tuberculose, ils commencent plutôt à pencher pour un cancer du poumon... C'est à nouveau un coup terrible pour Benazir, qui finit par tomber dans la déprime. À vingt-huit ans, envisager de perdre sa mère, après l'exécution de son père, c'est vraiment trop :

« *Je me retrouvais sur mon lit, les yeux au plafond, prise d'une irrationnelle et profonde dépression. Je n'avais plus le courage de bouger, de me laver, de changer de vêtements. Je ne pouvais plus manger ni boire. Je ne pouvais me défendre de ce sentiment d'abandon. Même les bonnes nouvelles que m'annonça ma mère, les mariages de Sanam et de Shah, accentuaient mon désespoir. Maintenant, ma famille semblait résignée à ma détention permanente. Leur vie continuait, et ils célébraient des mariages comme si je n'avais pas existé.* »

Benazir est au fond du trou lorsqu'elle écrit cela. Les symptômes qu'elle décrit sont on ne peut plus explicites, et elle connaît une dépression qu'elle qualifie d'« *irrationnelle* ». S'il y a quelque chose d'irrationnel, dans l'histoire, c'est bien qu'elle n'en ait pas été atteinte plus tôt... Elle est tellement mal dans sa peau qu'elle en oublie, dans ses reproches à sa famille, que Sanam lui avait parlé de son projet de mariage, lui précisant toutefois qu'il ne se ferait pas avant que Benazir soit libérée. Et c'était bien elle, Benazir, qui avait convaincu « Sunny » de ne pas attendre, au contraire, et de se marier tout de suite...

Le 13 septembre, jour prévu de sa libération, *bis repetita* : sa détention est à nouveau prolongée de trois mois. Le 13 décembre aussi, bien sûr... C'est désespérant, machiavélique, et de nature à briser n'importe quel esprit, aussi fort soit-il.

Pourtant, les lignes ont bougé. L'implication américaine se fait de plus en plus forte, au Pakistan, dans le cadre du conflit Afghanistan – Union Soviétique. Ronald Reagan offre une « aide » de 3,2 milliards de dollars (!) à Zia, plus une quarantaine d'avions de chasse F16. Or, au sein de l'administration états-unienne travaille un certain Peter Galbraith. Qui connaît bien, très bien, même, Benazir Bhutto : ses parents l'avaient accueillie plusieurs mois, lorsqu'elle était allée commencer ses études au États-Unis... Les Galbraith étaient des amis d'Ali Bhutto, et avaient pris Benazir sous leur aile, chez eux, le temps qu'elle s'adapte.

D'ailleurs, Benazir se souvient parfaitement de Peter : lorsqu'elle arriva aux USA, de son Pakistan natal parfois encore proche du Moyen Âge, elle avait été choquée par le comportement de ce fils de famille, les cheveux jusqu'aux épaules, qui fumait devant ses parents... Ils étaient devenus par la suite d'inséparables copains, et Benazir lui avait même présenté l'une de ses amies, qui était tout simplement devenue l'épouse de Peter Galbraith !

Ce dernier est au courant la situation de son amie au Pakistan, et use du pouvoir qu'il a pour venir à son secours. Dans le genre : « *Écoutez, général Zia : on vous donne de l'argent, beaucoup d'argent, des avions de combat, mais il va bien falloir qu'on parle un peu du cas de Benazir Bhutto.* » Et la chose géopolitique étant ce qu'elle est, pendant que le *Herald Tribune* décrit Zia comme un « *dictateur bienveillant* » (!), on force ce dernier, en sous-main, à envisager de libérer Benazir.

Le 13 décembre 1981, jour programmé de sa libération, elle reçoit, comme elle le prévoyait, une nouvelle prolongation de peine de trois mois. Mais une quinzaine de jours plus tard seulement, le directeur de la prison vient la voir personnellement : « *Préparez vos affaires : on vous emmène demain à Larkana !* » Larkana ! La propriété familiale des Bhutto, au Sind !

Elle n'est pas libérée, certes, puisqu'elle devra y rester en résidence surveillée – très surveillée, même… – selon les ordres que donne Zia. Mais au moins, ce ne sont plus les cachots des prisons sordides du Pakistan. Pourtant, Zia annonce aux États-Unis que Benazir est désormais libre de ses mouvements ! Peter Galbraith n'est pas dupe, et si ce garçon a un point commun avec Benazir Bhutto, c'est bien l'opiniâtreté… Il a gagné à sa cause deux sénateurs américains très influents à la commission des Affaires étrangères, et il ne lâchera pas le morceau.

Les mois passent, à Larkana, où Benazir ne peut finalement recevoir que peu de visites, trois par quinzaine, et encore les visiteurs sont choisis et toujours en petit nombre : sa mère, sa sœur et une tante. Son téléphone est bien sûr écouté, et il lui est interdit de parler de politique. Chaque trimestre, invariablement, un nouvel arrêt vient prolonger sa détention de trois mois…

De plus, la santé de sa mère, Nusrat, n'est vraiment pas bonne. Des examens approfondis ont permis de déceler une tumeur maligne, effectivement. Mais aucun établissement hospitalier, au Pakistan, ne dispose des moyens nécessaires pour la soigner. Et comme si ça ne suffisait pas, Zia refuse systématiquement toutes ses demandes pour être prise en charge à l'étranger. Il devra pourtant céder devant la pression internationale, États-Unis compris, en novembre 1982. Le 20, elle part pour l'Allemagne. C'est une vraie déchirure pour Benazir, entre la joie de la voir partir enfin se faire soigner, et la grande tristesse d'une séparation déchirante. Nusrat réagit heureusement très bien au traitement adapté à son cancer. Son corps lui laisse un répit, la tumeur est stoppée...

Le temps passe lentement, au 70 Clifton, où Benazir a finalement été rapatriée, toujours sous surveillance. Il lui est totalement interdit de s'occuper de politique, mais elle fait ce qu'elle peut depuis sa résidence surveillée. Ses serviteurs sont de discrets et de très efficaces passeurs de messages, au nez et à la barbe des nombreux gardes qui campent autour et à l'intérieur de la résidence. En 1983, Zia doit mettre un peu d'eau dans son vin, sous la pression « amicale » de ses protecteurs et grands donateurs étatsuniens. Il se voit ainsi invité à prévoir des élections...

Le dictateur, après les avoir annoncées, se lance dans une tournée, probablement pour tâter le terrain. Mauvais calcul : son impopularité est telle que cette annonce, en fait, embrase le pays, et déclenche l'effet contraire à celui recherché. Le Pakistan commence à bien connaître son dictateur, et comprend vite que cette consultation, si elle a lieu, ne sera encore une fois qu'une mascarade, dont le seul but sera de se dédouaner auprès de la communauté internationale. Le Sind des Bhutto est le premier à se soulever, bientôt rejoint par les autres provinces. Les meneurs sont essentiellement des intellectuels, qui comptent bien profiter de cette ouverture : avocats, juristes, magistrats, etc. Et c'est carrément la révolte : saccages de bâtiments officiels, jusqu'à des incendies de postes de police, grèves, manifestations, etc.

Le mouvement est parti du MRD, et Benazir travaille dans le plus grand secret à pousser les feux. Notamment, elle écrit un manifeste par procuration, signée de sa mère, toujours présidente du PPP, qui met le feu aux poudres. Des manifestants prennent même d'assaut l'hélicoptère de Zia, à son atterrissage sur un aérodrome ! Malheureusement pour eux, le dictateur se trouve dans l'hélico suivant, qui se détourne de son objectif très rapidement.

C'est du jamais vu, et l'incident est très révélateur : le peuple est à bout. Zia répliquera très vite, à sa manière, c'est-à-dire par les armes : 800 morts chez les insurgés dans les jours suivants... La communauté internationale ne peut accepter un tel massacre, et la pression devient énorme sur le dictateur pakistanais. L'occasion est belle aussi, pour cette dernière, de remettre le fer au feu à propos des prisonniers politiques de Zia. Y compris les États-Unis, mais de manière beaucoup moins officielle pour leur part. Et avec une arrière-pensée : leur « ami » Zia, si précieux sésame pour le conflit d'Afghanistan, se doit tout de même de garder au moins un semblant d'honorabilité, lui fait-on savoir.

C'est ainsi qu'après mille tourments, Benazir Bhutto retrouvera la liberté. Enfin ! Mais pas au Pakistan : elle sera exilée. Les efforts de Peter Galbraith ont fini par payer. Début janvier 1984, Benazir et sa sœur, Sanam, savent depuis quelques jours qu'elles vont partir bientôt. Des policiers débarquent un soir, tard, à près de minuit. C'est le moment, et on les conduit dans la plus grande discrétion à l'aéroport de Karachi, où les attend un avion de la Swissair... Zia semble aussi vouloir éviter un coup de règle sur les doigts.

Une quinzaine de jours plus tôt, la commission des Affaires étrangères du Sénat américain avait confié une mission à Peter Galbraith. Il était notamment porteur d'une missive signée du président de la commission, Charles Percy, et du très influent sénateur Pell, demandant aux Affaires étrangères pakistanaises des éclaircissements sur la situation de Benazir Bhutto. Son cas avait été évoqué devant Zia en personne, lors d'un voyage officiel à Washington peu de temps avant.

Durant son voyage, Peter Galbraith veut évidemment rencontrer Benazir. Pour cela, il lui faut l'autorisation de Zia.

« *J'arrivai à Karachi tard dans l'après-midi du 9 janvier*, raconte-t-il. *N'ayant pas reçu de réponse à ma demande à Zia, j'avais prévu de rencontrer Sanam le lendemain. Ce lendemain, très tôt, le consulat me demanda de venir au plus vite. À mon arrivée, on m'apprit que Benazir avait été conduite à l'aéroport peu après minuit et embarquée sur un avion de la Swissair. Sanam était partie avec elle.*

Je ne pouvais pas le croire. Une voiture du consulat me mena au 70 Clifton. Les policiers qui montaient sans cesse la garde étaient partis. La maison était entièrement fermée. Benazir était libre… »

10

Loin du pays,
la mort dans l'âme

L ES RETROUVAILLES de Benazir et de sa mère, à
Genève, sont évidemment des moments d'une force
et d'une émotion rares. Libres, toutes les deux, enfin ! Les
deux femmes se sont retrouvées dans l'œil du cyclone sept
longues années durant. Depuis le début de l'année 1977,
avec les premières manœuvres de Zia, à ce mois de
janvier 1984, en passant par la mort de leur père et époux,
Ali, d'innombrables et longues périodes d'incarcération
et, toutes les deux, par la maladie. Il faut bien dire que peu
de chose leur aura été épargné…

On a l'impression que Benazir a déjà derrière elle une
vie entière et bien chargée en épreuves, mais riche et
remplie. Pourtant, lorsqu'elle pose le pied sur le tarmac
de Genève, elle n'a jamais que trente ans… Cette jeune
femme possède déjà une expérience inégalable en matière
de politique et de géopolitique, bien sûr, mais aussi au plan
du vécu, de la connaissance de l'Homme et du monde.

En fait, cette libération est un choc pour Benazir : « *En
sortant de l'aéroport de Genève, je regarde, de tous côtés,
cet horizon sans limites. Après s'être heurtés pendant trois
ans aux murs, il faut à mes yeux le temps de s'accommoder.*

BENAZIR BHUTTO

Je ne peux croire à ma liberté », avoue-t-elle. *« Le soir, Ardeshir Zahedi, un ami de mes parents, ancien ambassadeur d'Iran aux États-Unis, arriva avec du caviar ! Tout cela me semblait incroyable... Hier j'étais prisonnière, aujourd'hui j'étais libre avec ma mère et ma sœur. Nous étions ensemble. Nous étions tous vivants. »*

Le retour à la « normalité » est brutal. La liberté totale, après des années d'emprisonnements, de harcèlement, de brutalités psychologiques assez inouïes, n'est pas si facile à gérer du jour au lendemain... Dès l'arrivée à l'appartement suisse de sa mère, le téléphone commence à sonner. Les premiers à vouloir lui parler sont ses frères, Mir et Shah. L'émotion est intense, dans cette conversation à laquelle se joint également Sanam. Toute la famille est enfin réunie, là, autour de ce combiné téléphonique. Et, surtout, toute la famille est libre... Ils se verront, physiquement cette fois, très vite.

Désormais, Mir et Shah Bhutto sont mariés et pères de famille, à vingt-neuf et vingt-cinq ans. Sanam a elle aussi un conjoint, Nasser. Mais Benazir peut compter sans réserve sur sa sœur, et c'est d'ailleurs avec elle qu'elle s'envole assez vite pour Londres, afin d'y faire soigner correctement son oreille, très abîmée. Entre-temps, le monde entier a appris sa libération, et en particulier la forte diaspora pakistanaise en exil en Grande-Bretagne. Près de 400 000 réfugiés y vivent, en grande majorité à Londres... C'est ainsi que l'accueil de Benazir dans la capitale anglaise, à l'aéroport d'Heathrow, est un véritable triomphe : des milliers et des milliers de Pakistanais sont là pour voir « La Sultane », son surnom. *« C'est comme si elle était revenue d'entre les morts* », souligne un grand quotidien anglais. Il y a un peu de ça…

À Londres, elle est hébergée par sa tante Behjat et son oncle Karim, pleins de bienveillance. Mais le téléphone sonne toute la journée… Tout le monde veut rencontrer Benazir et, si c'est rassurant d'un point de vue popularité, ça devient aussi très vite intenable. Et puis, sa tante repère un véhicule, rempli d'hommes de type pakistanais, qui stationne toute la journée au pied de l'immeuble. L'ISI n'opère pas qu'à domicile… Scotland Yard prévenu, la voiture disparaîtra rapidement. Et probablement l'ambassadeur du Pakistan aura-t-il droit à une explication de texte sur la démocratie vue d'Europe.

Mais, pourtant en toute liberté, Benazir peine à se réadapter. L'angoisse l'étreint lorsqu'elle quitte l'appartement de sa tante : « *Chaque fois que je passais la porte, je ressentais une crispation de l'estomac, du cou et des épaules. Je ne pouvais pas faire deux pas dans la rue sans me retourner pour vérifier qu'on ne me suivait pas…* » Se retrouver dans la foule l'angoisse, aussi. Paranoïa ? Probablement un peu, mais elle est bien placée pour connaître la puissance des services secrets de son pays. De toute évidence, Benazir Bhutto est marquée, psychologiquement, par ces sept années d'enfer.

Entre deux visites chez le spécialiste qui doit l'opérer de l'oreille, elle a la belle surprise de voir débarquer, à Londres, Peter Galbraith, son ami de campus, mais surtout l'homme à qui elle doit une grande partie de sa libération. Il arrive justement du Pakistan, et pour l'occasion – elle n'avait pas encore connaissance du rôle qu'il avait joué –

elle apprend tout ce qu'elle lui doit. Les retrouvailles sont évidemment très chaleureuses, et Peter Galbraith lui conseille, en toute amitié, de renoncer à cette dangereuse vie politique. Pourquoi ne viendrait-elle pas aux États-Unis, y faire sa vie ?

La réponse, tout aussi amicale, est bien sûr « non »... Même si elle note bien qu'un voyage d'études aux USA serait une bonne chose, ne serait-ce qu'en termes de communication sur le sort des prisonniers politiques du Pakistan, et des horreurs perpétrées par la junte de Zia, son avenir est clair. Dès son opération de l'oreille effectuée et sa convalescence achevée, elle travaillera à la cause du PPP, depuis Londres.

Après son intervention chirurgicale, du reste, son médecin lui apprend qu'elle a échappé de peu à une paralysie faciale d'une part, et à la perte du goût de l'autre. Rien que ça... De plus, elle devra probablement subir une deuxième opération, dans un délai de six à neuf mois. Les médecins des prisons pakistanaises à qui elle avait confié ses problèmes, eux, n'avaient rien diagnostiqué de très grave...

Une fois évacués sa libération et ses problèmes de santé, Benazir rentre dans le vif du sujet. Politique, évidemment. L'angle d'attaque : la violation des droits de l'homme et du citoyen au Pakistan. L'arme : une campagne internationale de communication, depuis Londres et à travers des voyages dans les pays occidentaux. Environ 40 000 prisonniers politiques croupissent dans les cachots de Zia, souvent emprisonnés à vie ou attendant l'exécution de leur peine de mort... On travaille dur, dans l'appartement qu'elle a loué près de la cathédrale Saint-Paul, à Londres, le

« Barbican », où des sympathisants pakistanais exilés ne renâclent pas à la tâche.

Benazir concentre sa campagne sur des symboles, en particulier. Comme l'un de ses amis, Nasser Baloach, syndicaliste et dirigeant ouvrier du PPP aux aciéries de Karachi, arrêté en 1981. Lui et trois de ses collègues risquent la peine de mort, sachant que, d'après une récente ordonnance présidentielle promulguée par Zia, « *toute personne est coupable, tant qu'elle n'a pas prouvé son innocence* ». Faut-il rappeler que dans une démocratie, c'est exactement l'inverse qui s'applique, et que la présomption d'innocence prévaut tant que la culpabilité n'a pas été prouvée ?

Elle met également en avant le cas d'un autre leader ouvrier, Ayaz Samoo, accusé du meurtre d'un militant pro-Zia, et qui risque donc lui aussi la peine de mort. « *Comme dans le cas de Beloach* », explique Benazir Bhutto, « *son arrestation était aux yeux du PPP une tentative du pouvoir d'écraser le mouvement ouvrier dans la ville industrielle de Karachi* », l'ancienne capitale du Pakistan.

Et puis, en janvier, à peu près dans le même temps que Benazir était libérée, Raza Kazim, un avocat international, avait été arrêté à son domicile, à Lahore. Là, Amnesty International était très vite montée au créneau, sous la forme d'un appel « pressant » à la communauté internationale.

« *La disparition de Raza Kazim, de Lahore au Pakistan, est un cas inquiétant* », peut-on lire dans *The Nation* [1]. « *Les États-Unis, qui assurent au Pakistan une aide*

---

1. *The Nation*, mars 1984.

*économique et militaire de 525 millions de dollars par an,
se sont montrés à cet égard d'une impitoyable indiffé-
rence... Le secrétaire d'État* [2] *semble ne pas savoir les
termes de la loi américaine qui régit l'assistance aux pays
étrangers. Cette loi précise : "Aucune assistance ne peut
être assurée au gouvernement d'un pays qui recourt de
façon habituelle à des violations graves des droits de
l'homme internationalement reconnues, telles que la
torture, la détention prolongée sans inculpation, ou autre
négation flagrante du droit à la vie, à la liberté et à la
sécurité de l'individu."* »

Ce nouveau coup tordu de Zia tombe plutôt bien, pour
Benazir : elle est justement invitée, en mars, à Washington,
par la Fondation Carnegie en faveur de la paix internationale. Pour y parler, bien sûr, des problèmes au Pakistan.
Elle profitera du voyage pour multiplier les rencontres
avec de hautes personnalités politiques, et faire passer son
message. Et justement, le Pakistan est au centre d'un vrai
débat politique, aux États-Unis : doit-on continuer d'aider
un pays qui semble sur le point de posséder l'arme
nucléaire ? Et c'est bien l'aide de plus de trois milliards
de dollars sur six ans, environ 525 millions par an, votée
en 1981, qui est dans la balance...

Au Sénat, le président de la commission des Affaires
étrangères, Charles Percy, demande à Benazir Bhutto si
elle est favorable à la suppression de l'aide états-unienne,
en considération du danger nucléaire que pourrait devenir
le Pakistan. Après une hésitation, Benazir se lance : « *Sénateur, supprimer l'aide ne créera que des mésententes entre*

---

2. Le ministre des Affaires étrangères, aux États-Unis.

nos deux pays. Ils s'en trouveraient mieux tous les deux si l'aide était liée à la restauration des droits de l'homme et de la démocratie au Pakistan. » Un vœu pieux, certes, tant les circonvolutions géopolitiques sont susceptibles d'être nombreuses dans les années suivantes. Mais il a le mérite d'être posé clairement, sur un plan officiel international, par la présidente du plus gros parti politique pakistanais.

Son intervention à la Fondation Carnegie, un peu plus tard, est un challenge. L'Occident voit désormais Zia comme un « dictateur bienveillant », ayant apporté la stabilité au Pakistan... Pour aider les USA à « combattre » l'intégrisme, bien sûr, ce qui est bien commode pour ces derniers... Au Carnegie Hall, le parterre est somptueux : membres du gouvernement et en particulier du département d'État, de la Défense, de très nombreux députés et sénateurs, ambassadeurs, etc., et aussi une masse impressionnante de journalistes.

Le moment est capital, Benazir le sait, mais sa prestation ne sera pas la meilleure de sa carrière, loin s'en faut. Malgré tout, elle fait passer le message, le même que celui délivré à Charles Percy. Avec même un peu d'audace : « *Au Pakistan, nous sommes troublés et déçus du soutien* [financier des USA, NdA] *que reçoit le régime illégitime de Zia. Nous comprenons vos préoccupations stratégiques* [en Afghanistan, NdA], *mais nous vous demandons de ne pas vous détourner du peuple pakistanais.* »

Avant de regagner Londres, Benazir est sollicitée par *Time Magazine*, très lu au Pakistan, pour un long entretien. Du reste, la fourmilière qui travaille au Barbican, à Londres, fixe son lobbying sur deux axes principaux : les politiques et les médias. Avec par exemple à l'appui, pour ces derniers, des témoignages écrits et photographiques parvenus clandestinement du Pakistan. Au Parlement anglais, Benazir semble faire une belle unanimité, témoins les engagements très forts du travailliste Tony Benn et du conservateur Max Madden.

Elle met en place, également, la création d'un journal. C'est ainsi que naît *Amal*, largement distribué dans la diaspora d'Angleterre et expédié secrètement au Pakistan, où il est reproduit en cachette à des dizaines de milliers d'exemplaires et distribué sous le manteau. Jusque dans certaines prisons...

Mais le 5 novembre 1984, la nouvelle tombe : Nasser Baloach et ses compagnons ont été condamnés à mort. Benazir et ses troupes relancent évidemment leur campagne de plus belle. Et elle reçoit un cadeau inattendu. En l'occurrence, un document tombé entre des mains amies à Karachi, signé de la main même du général Zia. Le dictateur, en tant qu'administrateur en chef de la loi martiale, y confirme les quatre sentences de mort... dix jours avant que le verdict ne soit rendu !

« Pour la première fois, nous tenions la preuve de ce que nous avions toujours entendu dire : les verdicts militaires dans les procès politiques venaient de Zia en personne », fulmine Benazir Bhutto. Et, surtout, on est bien obligé de constater qu'il les prononce *avant* que le tribunal ait statué !

Bien entendu, on se rue dans la brèche, à Londres, en particulier par le biais d'une conférence de presse qui fera grand bruit. Ce qui sauvera les têtes des trois amis de Nasser Baloach. Mais pas la sienne : envers et contre tout, Zia, le « dictateur bienveillant », le fera pendre...

La présence et l'activité de Benazir en Angleterre, c'est incontestable, redonne un coup de fouet dans les rangs du PPP exilé. Son action, avec une bonne équipe de jeunes militants, permet à la communauté internationale d'appréhender un peu mieux – ou d'être forcée d'ouvrir les yeux – sur ce qui se passe réellement au Pakistan. Elle continue de prêcher à travers le monde, et sa prestation à Strasbourg, devant le Parlement européen, n'aura pas été la moins remarquée.

Pourtant, elle a bientôt à composer avec un problème auquel elle ne s'attendait pas vraiment. Des anciens membres du PPP, exilés, viennent la voir de plus en plus souvent, de plus en plus nombreux. Avec une idée bien précise en tête : leur avenir politique dans leur pays, puisqu'ils sentent bien qu'avec cette femme d'exception il y aura du changement un jour ou l'autre. En fait, ce PPP fondé par Ali Bhutto, est une large alliance de gauche, avec une aile marxiste à un extrême, et un courant de centre-gauche à l'autre. Comme le décrit Benazir, il est « *multiclasses* ». Avec, c'est inévitable, des « barons ».

Parmi ces derniers, à Londres, certains n'ont pas vu d'un très bon œil la nomination de « présidente par intérim » de Benazir par le comité exécutif du PPP. Il leur faudra bien faire avec, toutefois. Mais les visites qu'elle reçoit ne sont pas toutes empreintes de la plus grande camaraderie politique… Certains leaders menacent même de quitter le parti avec armes, bagages et militants, si elle ne leur accorde pas, par avance, des postes au Pakistan.

« *Nous, nous ne pensions qu'à sauver des vies de prisonniers politiques* », raconte-t-elle. « *Mais "Il faut choisir* *votre camp", m'avaient déclaré différents leaders, chaque tendance faisant pression pour étendre son influence dans le PPP. "Je ne suis du camp de personne", leur répondais-je invariablement.* Si le parti faisait front commun, au lieu de se disperser en clans qui se déprécient les uns les autres, nous serions plus efficaces !* », balance-t-elle, bien que consciente de sa propre fragilité politique, « présidente par intérim »… Ce qui ne l'empêche donc pas de rembarrer ses interlocuteurs, au bout d'un certain temps :

« *C'était bien le style des vieux politiciens pakistanais* », se souvient-elle. « *Chacun pour soi, faites votre trou et accaparez tous les postes que vous pourrez. Par le chantage, les menaces. J'en avais assez du passé. Je me rendais compte à présent qu'en politique rien ne dure. Des gens s'en vont, d'autres viennent ou reviennent. L'important, c'est qu'un parti politique exprime l'état d'esprit d'une génération. Notre travail à Londres remontait le moral du peuple et stimulait le PPP au Pakistan. Cela seul comptait.* »

Le gros travail accompli à Londres et ailleurs, en 1984, semble bien porter ses fruits en fin d'année. Devant la pression internationale, notamment états-unienne, le dictateur Zia annonce la tenue d'un référendum, fixé au 20 décembre, puis d'élections générales en mars 1985. Oui, le travail « semble » payer. En fait, Zia, sous cette pression, a surtout besoin d'une « légitimité populaire ». Il y a sept ans qu'il est au pouvoir, après son coup d'État de 1977, et il est devenu le dictateur ayant le plus longtemps exercé dans le sous-continent indien, qui n'en a pourtant pas manqué…

Un peu plus tard, Benazir Bhutto comprendra facilement la manœuvre, et la ficelle n'est pas grosse : elle est énorme. Pour le référendum, Zia propose en effet aux citoyens de la République islamiste du Pakistan de répondre par oui ou par non à la question suivante : « *Le peuple pakistanais approuve-t-il le processus engagé par la général Zia, président* [autoproclamé, NdA] *du Pakistan, pour assurer la conformité des lois pakistanaises avec les commandements de l'islam tels qu'ils sont établis dans le Saint Coran et la Sunna* ³ *du Saint Prophète ?* »

Pour mémoire, le pays est à 95 % musulman... Difficile, donc, de voter contre Allah, non ? D'autant plus difficile, d'ailleurs, que faire campagne pour le « non » sera passible de trois ans de prison et d'une amende de 35 000 dollars.

En outre, Zia ajoute un addendum : si le « oui » l'emporte, il est bien évident qu'il se considérera élu démocratiquement pour cinq ans à la présidence.

« *Les termes du référendum auraient pu prêter à rire si cela n'avait pas été aussi grave* », note Benazir Bhutto. « *Tout cela n'était qu'un écran de fumée pour lui fournir le mandat dont il avait tant besoin aux yeux de l'opinion internationale. Notre consigne pressante depuis Londres fut le boycott, le MRD fit la même chose au Pakistan, et deux partis religieux eux-mêmes dénoncèrent ce référendum comme "une imposture politique au nom de l'Islam".* »

Le pouvoir annonça pourtant une participation de 64 %, soit 20 millions de votants, et, pourquoi se gêner, une victoire du « oui » à... 96 %. L'agence Reuters et le

---

3. La Sunna, seconde source législative du Coran, permet de définir la loi islamique, ou *charia*. L'adjectif « sunnite » est dérivé de ce mot.

Guardian, eux, annoncèrent une participation de… 10 %.

L'Occident n'est évidemment pas dupe, les États-Unis regardent ailleurs, et le *Times* [4], dans un éditorial commente « à l'anglaise », sobrement, la décision de Zia :

> « *Si le général Zia s'était loyalement et courageusement soumis à l'expérience sans le masque de la "religion", il aurait perdu, selon toute probabilité. C'est sans doute pourquoi il ne l'a pas fait.* »

Pour le PPP, la boulette énorme de Zia est une victoire, à Islamabad comme à Londres : « *Le référendum a révélé au monde l'impopularité de Zia* », exulte Benazir. Et la présidente du PPP, qui attendait une occasion favorable pour rentrer au Pakistan, se demande même si ce moment n'est pas venu…

Son idée fait débat : des élections générales sont finalement prévues le 22 février, et il semble bien qu'avec les effets dévastateurs de son référendum bidon, tant au Pakistan qu'au plan international, Zia ait pris un très sale coup et chancelle. Sauf que la loi martiale est toujours en vigueur, que les partis politiques sont toujours interdits au Pakistan, et que Benazir peut très bien être arrêtée dès son arrivée à l'aéroport de Karachi… Avec la bénédiction de sa mère, elle décide de s'y rendre quand même, notamment pour y soutenir la politique de la chaise vide, des boycotts, décidés par le PPP mais aussi les partis d'opposition du MRD.

Mais, alors qu'elle a pratiquement un pied dans l'avion, le docteur Niazi, vieil et fidèle ami de la famille, militant,

---

4. *The Times*, Londres, 22 décembre 1984.

téléphone à Londres : la propriété des Bhutto à Karachi, le 70 Clifton, est cernée par la police. En outre, il a appris l'arrestation programmée de Benazir et/ou de sa mère, dès leur arrivée éventuelle à Karachi. Enfin : « *Les aéroports sont bloqués dans tout le pays, et toute femme arrivant de Londres ou de Paris, même en burqa, est fouillée.* » Zia a bien compris lui aussi sa position de faiblesse, et il verrouille.

Très peu de temps avant, le 5 janvier, Jour de la démocratie instauré par le PPP à la date anniversaire de la naissance d'Ali Bhutto, le parti fête à Londres la défaite politique de Zia, dont le référendum n'a recueilli l'approbation d'aucun pays sérieux. Ce jour précis « Sunny », la sœur de Benazir, met au monde une jolie petite fille, Azadeh. « Liberté », en persan. Un signe du destin, que cette coïncidence troublante ?

On ne le sait que trop peu, mais les élections générales du 22 février sont elles aussi une catastrophe pour le général Zia. Il annonce une participation de 53 %, les observateurs internationaux parlent de 10 à 24 % suivant les régions. Ridicule… Pourtant, le dictateur n'avait pas fait dans la dentelle, une nouvelle fois : « *Pendant les derniers jours avant le scrutin* », écrit ainsi *Time Magazine* [5], « *le régime arrêta 3 000 opposants politiques, y compris pratiquement toutes les personnalités marquantes du pays, et les garda en prison jusqu'à la clôture des élections.* »

« *Même ainsi, le résultat fut un rejet retentissant de la loi martiale et de la politique d'islamisation du pays* »,

---

5. *Time Magazine*, 24 février 1985.

note Benazir. En effet, juste pour exemple, six des neuf ministres du dictateur qui se présentent sont battus, et les fondamentalistes religieux, soutenus et soignés par le pouvoir, qui présentent soixante et un candidats, obtiennent... six sièges ! Et *Time Magazine* de conclure [6] : « *Le PPP, qui est conduit par la fille de Bhutto, Benazir, trente et un ans, actuellement en exil à Londres, reste le parti le plus puissant du Pakistan, bien qu'il soit interdit depuis près de huit ans.* »

Cette nouvelle défaite est évidemment inacceptable pour celui qui s'estime élu président depuis le référendum plombé de décembre. Avant même que la nouvelle Assemblée nationale se réunisse pour la première fois, il promulgue des « modifications » de la Constitution. Elles stipulent qu'il est donc élu président de la République pour cinq ans, qu'il a le pouvoir absolu de nommer son Premier ministre, son chef des armées – lui-même demeurant chef d'état-major –, les gouverneurs des quatre provinces, et il peut dissoudre l'Assemblée nationale et les assemblées régionales quand bon lui semble. Résultat : rien, strictement rien ne change au Pakistan, si ce n'est qu'il s'est octroyé, au passage, un mandat de président « par les urnes »...

Zia indique malgré tout qu'il suspendra « dans plusieurs mois » la loi martiale, et que dans le même temps il quittera le poste de chef d'état-major. Ceux qui l'auront cru en auront été pour leurs frais... Et puis, tant qu'il y est, le dictateur fait le ménage : moins de quinze jours après les élections, les 1er et 5 mars, les leaders ouvriers dont le PPP

---

6. *Time Magazine*, 27 février 1985.

défend la cause au plan international font la une des journaux. Ayaz Samoo est condamné à mort – il sera pendu le 26 juin –, et Nasser Baloach est exécuté le 5…

***

C'est décidé : il y a trop longtemps qu'ils sont séparés, il y a huit ans qu'ils ne se sont pratiquement pas vus : les Bhutto passeront ensemble les vacances, cet été 1985. Ce sera à Cannes, où Shah Nawaz a un appartement. Benazir, qui s'est octroyé deux semaines de repos, sa mère et « Sunny » Sanam, sa sœur, rejoindront sur la Côte d'Azur les petites familles de Mir, qui vit en Suisse, et de Shah. La famille est réunie au grand complet pour la première fois depuis 1977 !

Le rapport de Benazir avec Shah, le benjamin de la tribu, est particulier. Elle est l'aînée, il est le petit dernier. Lorsqu'il est né, Ali Bhutto était déjà ministre. Avec bien sûr une charge de travail énorme, et de très nombreux déplacements au Pakistan et à l'étranger en compagnie de son épouse, Nusrat. Et Benazir, en l'absence des parents, a toujours eu une tendresse particulière pour le « petit », qui lui a bien rendu son affection. Les retrouvailles en sont d'autant plus heureuses… Shah a toujours été le pitre de la maisonnée : désormais grand et bel homme, il n'a pas changé d'un pouce. Il fait rire tout son monde, avec sa joie de vivre communicative, ses délires et les farces qu'il aime faire.

Pourtant, tout ne va pas si bien, pour lui. Il confie ainsi à Benazir de sérieux problèmes de couple. Sa femme Rehana et lui se sont déjà brièvement séparés deux fois, et seule la présence de leur petite-fille, Fathi, les avait fait se réconcilier. Sur la base d'un équilibre forcément instable.

Le fond du problème : il milite à Al-Zulfikar, avec son frère Mir, et Rehana le verrait nettement mieux aux États-Unis, pour y faire une carrière. De plus, en exil, Shah a dû beaucoup se déplacer avec sa famille, de Kaboul à Damas, en passant par de nombreux autres pays arabes. Son rôle, à Al-Zulfikar, est en effet de coordonner et d'entraîner militairement les militants du groupe de résistance à Zia. C'est bien pour cela qu'il a été lui aussi placé par la junte pakistanaise sur la liste des personnes les plus recherchées. « Au Pakistan et ailleurs », faut-il comprendre. Car les frères Bhutto, après la création d'Al-Zulfikar, sont une vraie épine dans le pied de Zia. Dont il aimerait bien se débarrasser, et les services secrets pakistanais ne ménagent pas leurs efforts pour les retrouver, où qu'ils soient.

Du reste, lorsqu'ils se retrouvent, le premier soin de Shah est d'emmener Benazir acheter... des gilets pare-balles ! Elle s'en étonne, et ne se gêne pas pour lui dire qu'il est peut-être bien un peu parano... « *J'ai mes informations* », lui répond-il sans plus, avec un sourire mystérieux. « *L'Europe, et la France en particulier, c'est dangereux pour moi...* » Il lui explique, également, que Mir et lui ne doivent en aucun cas être pris vivants par les hommes de Zia : « *Nous avons tous les deux des capsules d'un poison violent sur nous. Si nous estimons que nous allons être pris, nous n'hésiterons pas une seconde à les croquer...* »

Il faut dire que Mir et lui ont déjà échappé à deux attentats, à Kaboul. Même si de toute évidence, c'est surtout la tête de Shah que veut Zia. « *C'est vrai* », confirme Mir plus tard à Benazir. « *Un chef pachtoun ami est venu me voir spécialement du Pakistan, à Kaboul. "C'est Shah que veut Zia avant tout", m'a-t-il confié. "L'ordre est de tuer Shah d'abord, puis toi, Murtaza..." C'était probablement vrai. Je suis plus politisé, mais c'est Shah qui passe son temps avec les gars de la guérilla pour les entraîner. Il a l'expérience militaire et représente une menace plus directe.* »

Mais bon : on est en vacances, il faut profiter de tout et essayer de rattraper des miettes du temps perdu. Plage, soirées au casino, nuits entières à parler de tout et de rien : les quatre frères et sœurs s'entendent comme larrons en foire et rient beaucoup. Retrouvant semble-t-il des instants qui ressemblent de près à du bonheur, après tant d'années de souffrances et de séparation. Même Benazir et Mir ont mis entre parenthèses leurs divergences politiques, apparues depuis que ce dernier prône la violence armée comme réponse à la dictature de Zia. C'est dire...

Un après-midi, tout le monde passe un superbe moment à la plage et, en fin de soirée, on convient de se rendre au casino. On s'organise pour ramener les affaires de bain, et Mir doit passer chercher son frère à son appartement. « *Je reviens te chercher avec Shah dans une demi-heure* », lance Mir à Benazir. Il est de retour trente minutes plus tard, mais seul : il est tombé au beau milieu d'une scène de ménage terrible entre Shah Nawaz et son épouse... La soirée est légèrement gâchée, mais bon...

Le lendemain, vers 13 heures, Rehana téléphone : « *Shah est malade, il a pris quelque chose ! Il faut venir, vite !* » Mir se précipite, tandis que Benazir et sa mère tentent de joindre des secours. Mais Mir revient très vite. Il est livide, décomposé, totalement abattu. « *Il est mort* », dit-il. Au silence total créé par la surprise, succèdent vite les cris de douleur de Benazir et de sa mère. Puis l'incrédulité : « *Non, ce n'est pas possible, Shah n'est pas mort !* » « *C'est vrai, maman* », souffle Mir. « *J'ai déjà vu des morts. Le corps de Shah est froid...* »

À nouveau, le sort frappe la dynastie des Bhutto... Après le père, le fils le plus jeune, Shah, vingt-sept ans... La famille est totalement effondrée, bien sûr. D'autant plus effondrée lorsque, à l'appartement de Shah, Rehana, son épouse, leur explique qu'il a pris du poison... Qu'il s'est donné la mort, avec sa fameuse ampoule. Son corps est froid, visiblement privé de vie depuis un bon moment déjà, et elle ne donne l'alerte qu'à 13 heures ? Rehana est tirée à quatre épingles, parfaitement coiffée et maquillée, et elle a donc pris le temps de faire tout cela avant de donner l'alerte ?

Ça ne tient pas debout, et d'ailleurs la famille ne croit pas un mot de ce qu'elle explique. Les policiers français auront eux aussi beaucoup de mal à accepter cette version, après l'ouverture d'une enquête.

« *Pourquoi Shah aurait-il pris du poison ?* », s'interroge Benazir. « *Je l'avais vu la veille plus heureux qu'il ne l'avait jamais été. Il était enchanté de ses projets d'avenir, y compris son retour en Afghanistan en août, le mois suivant. Était-ce cela ? Zia, ayant eu vent de cette intention, avait-il pris les devants ? Ou bien la CIA l'avait-elle assassiné en témoignage d'amitié pour son dictateur favori ?* »

Il ne fait aucun doute, dans l'esprit des Bhutto, dès les premiers instants, qu'il s'agit d'un assassinat. Rien ne cadre... Pas de motif. Pourquoi Shah serait-il allé s'allonger par terre dans le living-room pour mourir, sachant que Mir retrouve les débris de la fameuse ampoule dans la poubelle de la cuisine, et que ce poison provoque une mort instantanée?

L'enquête sera longue de plusieurs mois pour la police française – mais Interpol suit également l'affaire de près – et connaîtra un rebondissement fin octobre. La femme de Shah n'avait jamais changé de discours, tout au long des interrogatoires de la police cannoise. Les investigations traînant en longueur, l'avocat de Rehana avait réussi à lui faire restituer son passeport, qui lui avait été confisqué. Et lorsqu'elle va le récupérer, elle livre une information de taille aux policiers : elle leur avoue que son mari n'est pas mort tout de suite… ce qu'ils savaient déjà ! En effet, Benazir leur a fourni, début août, un échantillon du poison en question, par l'intermédiaire de Mir. À l'analyse, les experts ont déterminé que, diluée, cette substance provoque tout de même la mort, mais dans un délai de quatre à seize heures… Avec à la clé une agonie assez atroce, paraît-il.

Comment les policiers cannois lui ont-ils arraché cet aveu, alors qu'elle se prépare à partir pour les États-Unis dans les heures suivantes? Pourquoi et comment Rehana s'est-elle ainsi piégée toute seule? On ne le sait pas, mais toujours est-il que l'épouse de Shah Bhutto est aussitôt présentée à la justice, mise en examen pour non-assistance à personne en danger ayant entraîné la mort, mise sous mandat de dépôt et incarcérée immédiatement à la prison pour femmes de Nice.

On constate que le juge n'y est pas allé avec le dos de la cuillère, puisqu'elle est immédiatement emprisonnée… Pour la faire craquer? Parce qu'il est convaincu, sinon de sa culpabilité directe, d'au moins d'une complicité ? L'enquête repart en tout cas sur de nouvelles bases, et les membres de la famille seront à nouveau entendus en tant que témoins. Du reste, dès le jour de la mort de Shah Bhutto, ces derniers avaient déposé une plainte contre X pour meurtre. L'une des conséquences avait été la séparation de Mir et de son épouse, Fauzia, la... sœur de Rehana. L'instruction est longue, et Rehana retrouve la liberté surveillée. En juin 1988, après donc trois ans d'attente (!), le juge décide le renvoi devant le tribunal de Rehana Bhutto, où elle risque une peine de un à cinq ans d'emprisonnement, pour non-assistance à personne en danger aggravée. Il estime aussi qu'il n'y a pas de charges suffisantes pour que le meurtre soit qualifié. Le meurtre probablement pas ; la complicité, on pourrait en discuter longuement... « *Peu après la décision du juge* », raconte Benazir, « *la BBC rapporta les propos de l'avocat de Rehana : elle admettait maintenant, disait-il, que Shah avait bien été assassiné.* »

Il semble très dommage que la justice française n'ait pas été tenue au courant de ce fait nouveau. Il est également regrettable, qu'apparemment personne, dans les milieux judiciaires de cette affaire, n'ait lu cette révélation faite par Benazir Bhutto dans son autobiographie, parue à l'automne 1988 [7]. Car le procès, un peu plus tard, en décembre 1988, a dû se dérouler en l'absence de Rehana Bhutto...

Les autorités françaises lui avaient en effet redonné son passeport en juillet 1988, donc avant la sortie du livre de

---

7. *Benazir Bhutto, une autobiographie*, Benazir Bhutto, éd. Stock, 1989. Traduction de l'ouvrage *Daughter of The East*, Hamish Hamilton Ltd, Londres, 1988.

Benazir, pour « raisons humanitaires ». Ces raisons étant qu'elle était éloignée de sa fillette… qu'elle avait elle-même envoyée chez ses grands-parents, peu avant, à Los Angeles ! Et selon les avocats des Bhutto, « *elle n'avait eu absolument aucun mal à obtenir un visa pour les États-Unis au consulat de Marseille* », sachant tout de même que la date de son procès était fixée… Joliment ficelé, non ?

Toujours est-il que le tribunal compétent de Grasse l'a condamnée à deux ans de prison par contumace, assortis d'un mandat d'arrêt international. De toute évidence, aux États-Unis, on n'a pas réussi à retrouver sa trace pendant dix ans, période à l'issue de laquelle la prescription s'applique en France dans les cas d'homicides, dites donc…

***

Lorsque Shah est assassiné – le mot semble juste, aujourd'hui – en juillet 1985, Benazir décide qu'il doit être inhumé, à l'instar de tous les Bhutto, dans le cimetière historique de la dynastie, à Larkana, Pakistan. Et qu'elle l'accompagnera jusqu'à sa dernière demeure. Le risque est évidemment qu'elle soit une nouvelle fois arrêtée par les hommes de Zia, mais, après conciliabules internationaux, le dictateur promet qu'il n'en sera rien. Il faut dire que l'annonce de la mort de Shah a très vite fait le tour du Pakistan, et que les regards du peuple se sont immédiatement retournés vers Zia et ses tueurs de l'ISI. On ne prête qu'aux riches…

De longues semaines se dérouleront avant qu'on puisse rapatrier le corps du défunt et procéder à ses funérailles : son corps est aux mains de la justice françaises, à ce moment-là. Lorsque Shah et sa famille arrivent à Karachi, les autorités ont déjà tout prévu : il doit être transporté au cimetière par hélicoptère, et enterré au plus vite. Il semblerait bien que le régime craigne des manifestations...

« *Je refusai* », raconte Benazir. « *Shah avait désiré pendant huit ans ce retour à son pays natal, j'étais décidée à donner à ce dernier voyage toute sa signification, pour lui comme pour nous. Et nous partîmes vers les funérailles les plus tumultueuses que le Pakistan ait jamais connues. Malgré les menaces du régime, les gens étaient en route vers Larkana depuis des semaines, campant en pleins champs, dormant dans les sentiers. Personne n'avait prévu une telle foule : la presse l'évalua à plus d'un million de personnes. Je ne crois pas que beaucoup d'hommes politiques aient reçu, à vingt-sept ans, des adieux aussi respectueux et aussi magnifiques...* »

Nous sommes le 22 août 1985, et le 27, alors que Benazir Bhutto a regagné le 70 Clifton Road à Karachi, avec sa sœur Sanam et son époux, la police pakistanaise fait irruption dans la résidence familiale. Aux premières heures du matin, bien sûr. Ils sont en « détention à domicile », la police et l'armée se chargeant d'assurer leur garde, pour une période de quatre-vingt-dix jours... Moins d'une semaine plus tard, Sanam et son mari, Nasser, sont expulsés. Benazir est désormais isolée, prisonnière, dans la grande propriété de Karachi. Une fois de plus. Seule, détenue, sans électricité ni téléphone, et avec au cœur un deuil immense à supporter.

Avant d'être arrêtée, Benazir avait prévu de rencontrer les dirigeants du PPP des quatre provinces. Évidemment, tout tombait à l'eau. Zia avait encore trahi sa parole – cette

phrase ressemblant furieusement, à force, à un pléonasme…
Les manifestations liées à la mort de Shah Nawaz ne sont
pas étrangères à sa décision. D'ailleurs, Zia avait dû, pour
calmer le jeu, annoncer la levée de la loi martiale au
31 décembre 1985. Ça n'avait apparemment pas suffi, et
Benazir redevenait dangereuse pour le pouvoir. À
Washington on tape du pied, et Ronald Reagan exprime
lui-même sa « consternation » quant à la nouvelle arrestation de Benazir. Ce qui, en langage diplomatique, signifie
à peu près : « *Bon, ça commence à bien faire, monsieur
Zia…* » L'Angleterre monte également au créneau, mais
de façon plus rude : des députés interpellent directement
le dictateur, de manière assez sèche. C'est pourtant de la
France, par le biais de son frère Shah, *post mortem*, que
viendra le salut. La justice française, après le revirement
de l'enquête, veut entendre Benazir en tant que témoin.

Zia relâche donc Benazir le 2 novembre. On peut penser
que le prétexte est mince : elle a déjà témoigné dans cette
histoire, on ne voit pas bien ce qu'elle pourra apporter de
plus. Mais le dictateur est probablement gêné aux entour-
nures, après les réactions internationales quant au sort de
Benazir Bhutto, alors qu'il tente de se construire une légitimité. Paris, en demandant à ce que Benazir vienne témoi-
gner devant un simple tribunal de grande instance de
province, offre à Zia une porte de sortie honorable… Les
ressorts de la diplomatie suivent parfois, on le sait, de
curieux détours. Et le 3 novembre, près de deux mois et
demi après son arrestation, Benazir part pour Paris.

Son chagrin est intact. La mort de Shah reste une plaie
béante. « *Un autre Bhutto mort pour ses convictions
politiques* », écrit-elle. « *Un autre militant réduit au silence.*

*Nous continuons, naturellement. Le chagrin ne nous détour-
nera pas du terrain politique, ni de notre recherche de la
démocratie. Nous avons foi en Dieu, et nous lui laissons
le soin de la justice...* »

Il faut bien constater que cette volonté sort de la norme.
Après huit ans de calvaire, huit années de souffrances,
entre mort d'êtres aimés et prison à profusion, Benazir
montre une volonté intacte. « *Nous continuons, naturellement.* » « Naturellement »... Combien d'hommes ou de
femmes auraient craqué, eux, depuis longtemps ? Combien,
dans son cas, largement à l'abri des soucis matériels,
auraient lâché prise et essayé de se construire une vie
meilleure, confortable, autre part, loin ?

Sa démarche sort de la norme humaine. D'ailleurs,
l'« Incomparable », traduction littérale de son prénom, est
considérée par l'ensemble des Pakistanais comme possé-
dant une force surhumaine. Le mot n'est pas galvaudé,
semble-t-il.

11

Le grand retour d'une femme d'État

POUR UNE FOIS, le général Zia tient parole : le 30 décembre 1985, il lève la loi martiale ! Mais il a beaucoup travaillé en amont… Ainsi, des centaines d'opposants politiques, lors de procès soudainement accélérés, sont condamnés à de lourdes peines de prison. Et c'est bétonné : il ne sera pas possible de revenir sur ces verdicts après le 30 décembre.

Et puis son gouvernement adopte, dans le dernier trimestre, un amendement spécial. Le « huitième amendement » de la Constitution, dernier avatar de sa machine de guerre, a un double avantage pour Zia. Tout d'abord, il cautionne de manière définitive tous les membres du gouvernement dans ce qu'ils ont pu faire – ou plutôt commettre – sous la loi martiale. D'un autre côté, il permet au président de la République de démettre à son gré le Premier ministre et son gouvernement, et de dissoudre l'Assemblée nationale et le Sénat dans la foulée, quand il le veut. On n'est jamais trop prudent…

En attendant, à l'issue de huit ans et demi de pouvoir absolu, le Pakistan est dans un triste état. La corruption, le trafic et le marché noir ont envahi tout le pays, sous toutes ses formes. L'entrée de l'URSS n'y est pas pour rien, puisqu'au chapitre des criminalités les plus dangereuses, trafics d'armes et de drogue, le Pakistan est devenu un paradis qui fait des milliardaires. Par exemple, les armes américaines qui traversent le pays du port de Karachi à la frontière afghane n'arrivent pas toutes à destination. En outre, les réfugiés talibans et autres moudjahidines qui viennent se cacher dans la province des Territoires du Nord-Ouest apportent avec eux nombre de machines à tuer prises aux Soviétiques dans les combats : kalachnikovs, lance-roquettes, etc. Des ouvriers pakistanais fabriquent même des répliques d'AK 47, qu'on peut se procurer au marché noir moyennant au grand maximum quarante dollars...

La drogue, elle, suit le chemin inverse : depuis l'Afghanistan, les fondamentalistes, bien implantés au Pakistan, font passer des tonnes et des tonnes d'opium et d'héroïne, qui prennent les routes jusqu'au même port de Karachi, à destination de la planète entière. C'est un autre canal de financement de leur guerre contre l'Union soviétique. En 1983, le Pakistan est le plus gros exportateur d'héroïne du monde, pour un marché à compter en milliards de dollars... Dommages collatéraux : plus d'un million de Pakistanais sont désormais toxicomanes.

Le pouvoir, lui, tourne les yeux à gauche pour ne pas voir, mais tend la main droite pour toucher sa part du gâteau... En plus de huit ans, les autorités arrêteront en tout et pour tout... deux gros trafiquants. L'un d'eux, jugé et condamné par un tribunal militaire, réussira à s'« évader », ce qui n'est pas un mince exploit quand on est aux mains de l'armée à l'époque...

BENAZIR BHUTTO

Repris quelques années plus tard, il sera gracié par le président Zia en personne. On comprend mieux...

On peut rester coi devant l'attitude des États-Unis, qui mènent une lutte impitoyable au trafic de drogue, mais dont les camions d'armes croisent ceux remplis d'héroïne dans le port de Karachi. Probablement la CIA a-t-elle oublié de prévenir la Drug Enforcement Agency (DEA), son homologue, chargée de traquer les trafiquants à travers le monde ?

Un troisième danger apparaît sous la dictature de Zia. Et pas des moindres : sa politique d'islamisation radicale finira par faire du pays une plaque tournante du terrorisme international. Et, aujourd'hui plus que jamais, le Pakistan est dans le collimateur des nations occidentales...

En cette fin d'année 1985, Benazir Bhutto comprend immédiatement, depuis Londres, que cette levée de la loi martiale n'est qu'une farce de mauvais goût. En effet, le pouvoir, tous les pouvoirs, reste entre les mains des militaires et des services secrets. Mais tout aussi immédiatement, elle décide de rentrer au Pakistan, puisque plus rien ne l'en empêche légalement.

« *Le moment semblait opportun* », estime-t-elle. « *Avec la levée tant vantée au plan international de cette loi martiale, nous pourrions forcer la main au régime et mettre à l'épreuve ses prétentions de liberté. Si Zia m'arrêtait dès mon retour, sa prétendue démocratie serait percée à jour. Sinon, je pourrais apporter librement le message du PPP aux Pakistanais, pour la première fois depuis près de neuf ans. Et psychologiquement, le moment paraissait aussi favorable. Deux dictateurs étaient tombés récemment : Ferdinand*

Marcos aux Philippines, et "Papa Doc" Duvalier en Haïti.
C'était le tour du troisième...»

Si la fille d'Ali Bhutto est une bête politique, elle ne se débrouille pas mal côté stratégie non plus, on en conviendra. Elle consulte les dirigeants du PPP sur cette option, et emporte facilement leur adhésion. La décision est prise. Mais ce retour sera soigneusement préparé, trois mois et demi durant. Tout d'abord, le Parti pour le peuple pakistanais lui concocte, en secret, une grande tournée politique à travers le pays, depuis Londres et en collaboration avec les militants sur place. Pendant ce temps, Benazir se « borde » en effectuant une tournée internationale, avec au programme, entre autres, les USA et l'URSS... L'occasion pour quelques pays, par le biais de VIP et d'élus, de faire passer le message à Islamabad : Benazir Bhutto va revenir au Pakistan, et il serait extrêmement dommageable qu'il lui arrive quelque chose...

Cela dit, nous sommes en 1986 et l'administration Reagan est toujours derrière Zia. D'innombrables interviews, des plus grands journaux aux émissions de télé les plus courues, jalonnent son voyage. Benazir médiatise à fond son retour, mais toujours sans donner de date. Probablement Zia piétine-t-il, et probablement aussi est-il derrière les quelques menaces de mort qu'elle reçoit...

« *J'ignorais ce qui m'attendait au pays, la vie ou la mort* », avoue-t-elle. « *Mais je ne voulais pas trop y penser. Quel que soit le sort que Dieu me réservait, je n'y échapperais pas quoi que je fasse et où que j'aille.* »

Son tout dernier soin, avant un retour savamment orchestré au pays, sera de tenir une promesse faite à son père dans sa cellule, en 1978 : accomplir en son nom l'*Umrah*, le saint pèlerinage à La Mecque. Chaque musulman a le devoir de s'y rendre au moins une fois durant le mois de *Hadj*, en été, pour quatre jours de prières. S'il en a la possibilité, ce qui n'est pas le cas de tout le monde. Un « moyen terme » existe avec l'*Umrah*, qui peut se pratiquer n'importe quand dans l'année, et dont les prières ne durent que quelques heures.

En robe blanche sans coutures, tenue du pèlerin, Benazir accomplit ce rite avec quelques amis : « *"Allah u Akbar", Dieu est grand, disions-nous chaque fois en passant devant la Pierre noire, durant les sept fois où nous devions faire le tour de la Kaaba, le sombre édifice qui pour les musulmans marque le lieu où Abraham édifia le premier temple dédié au Dieu unique. Je sentais mon fardeau s'alléger en accomplissant les rites de l'*Umrah. À chaque pause, je priais pour mon père et pour les autres victimes du régime, pour mon frère Shah, pour les hommes et les femmes restés en prison. Je me sentais soutenue par la pratique religieuse, et je restai un jour de plus afin de refaire l'*Umrah *pour moi-même.* »

Et c'est « *purifiée spirituellement* », dit-elle, qu'elle reprend son chemin de vie, son chemin politique. Le 25 mars, le PPP annonce son retour au Pakistan pour le 10 avril. Ça ne sera pas à Karachi, sur ses terres, comme on aurait pu le supposer, mais à Lahore, au Pendjab, une région acquise aux militaires. Le symbole choisi est tout sauf neutre, pour ce qui ressemble étrangement à un défi à Zia… Benazir règle les moindres détails, alors que la presse internationale fonce à Londres, lui soutirer des interviews et autres reportages avant son départ. Ainsi, elle s'inquiète du nombre de militants et de sympathisants attendus à Lahore. « *500 000* », lui répond un responsable du PPP sur place. Ça lui paraît beaucoup, même si son interlocuteur insiste : beaucoup de Pakistanais prennent déjà la route de la capitale du Pendjab, alors qu'elle n'a encore pas seulement acheté son billet d'avion... Mais elle reste ferme : il faut annoncer à la presse que 100 000 personnes sont attendues à l'aéroport : « *Si l'affluence est estimée à 470 000 sympathisants, personne ne pourra dire que c'était moins que prévu !* » On constate qu'à trente-trois ans, Benazir connaît déjà toutes les ficelles du métier...

Lorsque son avion se pose à Lahore, le 10 avril, il y a... un million de personnes dans et autour de l'aéroport pour fêter son grand retour ! Un chiffre hallucinant, mais aussi le signe que, *a priori*, le fruit est mûr...

Le PPP attendait du monde, beaucoup de monde. Mais certainement pas un million de Pakistanais ! Leur surprise ira grandissant : la foule s'est également amassée, pour attendre son passage, tout au long du parcours qui mène de l'aéroport à Minar-e-Pakistan, à une douzaine de kilomètres de là, où Benazir doit prononcer un discours. Les médias estimeront la foule à un chiffre total situé entre... deux et trois millions de supporters ! C'est tout simplement surréaliste...

« *Il est des moments de la vie qui sont indescriptibles* », écrit Benazir plus tard, encore très émue par ces moments-là. « *Mon retour à Lahore en fut un. Une mer humaine, ou plutôt un océan, bordait les routes, s'entassait sur les balcons et les toits, se perchait sur les arbres et sur les lampadaires, accompagnait le camion et se répandait à travers champs.* »

« *Chez moi. J'étais chez moi... En débarquant sur le sol pakistanais, je m'étais arrêtée pour le sentir sous mes pieds, respirer l'air qui m'entourait. J'avais atterri maintes fois à Lahore, et j'y avais passé beaucoup d'heureux moments. Mais c'était aussi la ville où mon père avait été condamné à mort. À présent, je revenais défier son assassin, le général coupable également de haute trahison pour avoir renversé la Constitution. »*

Benazir est gonflée à bloc, en pleine possession de ses moyens, mais il lui faudra attendre un peu pour s'adresser de vive voix à la foule venue l'accueillir. S'il faut environ un quart d'heure pour se rendre à l'aéroport à Iqbal Park, où se trouve le Minar-e-Pakistan, il faudra… dix heures au véhicule qui la transporte pour y parvenir ! Le tout dans une ambiance de fête immense, de joie intense et même d'exubérance, aux couleurs omniprésentes du PPP : le noir, le vert et le rouge. « *Jyie Bhutto ! Jyie Bhutto !* », scande la foule en ourdou. Mais aussi en panjabi : « *Jeevay Bhutto ! Jeevay Bhutto !* », en pachtoun ou encore dans toute sorte de dialectes du Pakistan. On est venu de toutes les régions du pays, les slogans pro-Benazir couvrent durant les dix heures du périple tous les bruits de la ville et probablement au-delà, jusqu'aux oreilles de Zia. Il n'y a pas un policier, pas un militaire. On avait bien plus ou moins prévu de canaliser cette énergie totalement incroyable, mais très vite, bien avant que Benazir atterrisse à Lahore, on avait compris que cette foule ahurissante était absolument ingérable. Et donc, on était retourné dans les postes de police et les casernes…

Pour se donner une idée plus précise du phénomène, imaginons que, proportionnellement, une femme politique française très connue, revenant d'un long séjour à l'étranger, qui n'ait jamais participé à l'exercice du pouvoir, rassemble entre 800 000 et 1,2 million de personnes à Lyon, par exemple… Le retour de Benazir à Lahore n'est pas autre chose que cela, sur la forme… C'est évidemment du pain béni, même si elle le doit à un courage politique hors norme, à un travail acharné de plusieurs années depuis l'étranger, et à un sens politique assez exceptionnel. Évidemment, elle profite à fond de cette donnée, même si elle est surprise elle-même d'un tel déferlement :

« *Ici et maintenant, je fais le serment de tout sacrifier pour assurer les droits du peuple. Voulez-vous la liberté ? Voulez-vous la démocratie ? Voulez-vous la révolution ?* » Des milliers de voix hurlent bien sûr de longs « *Oui !* » à chaque interrogation. « *Je veux reconstruire le Pakistan, mais d'abord je viens proposer un référendum, ici et maintenant : voulez-vous garder Zia ?* » « *Non !!!* » « *Voulez-vous qu'il parte ?* » « *Oui !!!* »

— Alors la solution est « *Zia jahve !* » crie-t-elle dans son micro. Zia dehors !

— *Jahve ! Jahve ! Jahve !* Dehors Zia !!! hurle la foule de toutes ses forces.

La fête, l'accueil délirant, dure deux jours à Lahore. Benazir ne pourra d'ailleurs pas se coucher durant quarante-huit heures, sollicitée partout et par tous. Les médias du monde entier sont bluffés. Les États étrangers, qui suivent de très près cette opération, le sont très probablement aussi… En particulier un certain Ronald Reagan, qui sent déjà poindre de sérieux ennuis pour son ami Zia.

Benazir entreprend, dès le 18 avril, la tournée prévue dans dix-neuf villes, du Pendjab aux Territoires du Nord-Ouest, et du Sind au Baloutchistan. Sauf que chaque réunion publique, qui draine à chaque fois des centaines de milliers de personnes, est tenue avec une demi-journée, voire une journée de retard sur le plan prévu. Trop de gens, trop de temps passé à se déplacer à 2 km/h pour l'équipe de Benazir Bhutto, trop de succès, en fait.

Le pouvoir est coincé, pour la même raison : trop de supporters du PPP... Une action militaire ou policière, outre l'étroite surveillance de la communauté internationale, déboucherait à l'évidence sur une vraie révolution, et immanquablement sur sa chute. En guise d'avertissement, toutefois, trois militants du PPP trouvent une mort brutale, dans trois régions différentes. Mais l'abcès est mûr, et Benazir va s'employer à le vider. Non sans avoir joué avec les nerfs de Zia, malgré tout. Elle fait ainsi courir le bruit d'une nouvelle manifestation géante dans le Sind. Le dictateur décrète l'état d'urgence dans cette province, et irrite fortement la population. Il n'y a en fait rien de prévu par le PPP... Zia retire ses troupes et lève l'état d'urgence. Mais le mal est fait : il accentue encore un peu plus son impopularité.

« Avec ce déséquilibre du pays, il était temps de penser à la seconde phase de notre campagne », constate une Benazir Bhutto béate. D'abord un coup d'essai, grandeur nature, le 5 juillet 1986. Il s'agit du neuvième anniversaire du coup d'État qui a renversé Ali Bhutto baptisé le « Jour noir », et le PPP veut tester la capacité du parti à mobiliser les Pakistanais, avant de passer aux choses sérieuses, à l'automne. C'est-à-dire obliger le dictateur à organiser des élections libres... L'opération « Jour noir » est un gros succès, et cette répétition générale est rassurante : les militants, comme le peuple, sont au rendez-vous. En août, le Mouvement pour le rétablissement de la démocratie (MRD) rejoint le PPP. Hé oui : l'opportunisme est une donnée universelle, en politique...

Il faut dire que peu avant, à la surprise générale, Zia a quitté le Pakistan avec toute sa famille pour l'Arabie saoudite ! Benazir a aussi ses « services », et elle apprend qu'il aurait emmené avec lui trois containers de mobilier et sa Rolls plaquée or... Devant la pression populaire, il semble bien que Zia a voulu prendre du recul – et en tout cas de la distance... – avec les affaires pakistanaises. Il reviendra, plus tard... En attendant, son homme de paille, le Premier ministre Junejo, hérite des rênes. Sacré cadeau...

Junejo sera d'une maladresse rare. Le 14 août est la Fête nationale du Pakistan. Évidemment, le PPP annonce des réunions un peu partout pour marquer cet anniversaire. Junejo aussi : sa Ligue musulmane défilera. Avant de s'apercevoir qu'il n'y aura pas photo ce jour-là : le nombre de manifestants du PPP et du MRD sera dix fois supérieur à celui de ses troupes. Il annule donc purement et simplement sa manifestation.

Lorsqu'il en fait l'annonce à la télévision, Benazir est aux anges : « *C'est une grande victoire pour nous* », dit-elle à son staff. « *Junejo se proclame Premier ministre démocratique, mais où est son soutien ? Il annule son propre meeting parce qu'il sait qu'il serait ridiculisé par le PPP. Le régime se retire de la course !* »

Pour la Fête nationale, Benazir a choisi d'aller à Faisalabad, au Pendjab. La veille, lorsqu'elle veut prendre l'avion pour s'y rendre, la police est à l'aéroport : « *Nous avons des ordres pour vous interdire le Pendjab, mais si vous voulez partir, vous le pouvez.* » Devant cette intervention sibylline, elle flaire un piège, d'instinct. « *On me défie d'enfreindre les ordres, pour me reprocher ensuite d'avoir créé des troubles* », réfléchit-elle, fine mouche. Car en effet, il se prépare quelque chose... Elle retourne donc chez elle, tout en donnant des consignes à ses collaborateurs au cas où elle serait arrêtée. Elle s'attend à trouver la police au 70 Clifton Road. Mais non, personne... Le lendemain, elle est réveillée très tôt par les slogans à sa gloire que crient des manifestants du PPP, qui fêtent leur « 14-Juillet ». Et c'est ainsi qu'elle échappe à une opération de police. La veille, Junejo, affolé par les événements, a demandé conseil à Zia par télex. Ce dernier a dû très longuement réfléchir, cette nuit-là, puisque sa réponse ne tombe qu'à 9 heures le matin : « *Arrêtez-la !* ». Sauf que quand les policiers arrivent, il y a 5 000 personnes toutes acquises à la cause de Benazir devant chez elle. Les policiers se retirent, et l'un d'eux confiera plus tard à cette dernière leur peur d'être lynchés...

Benazir Bhutto, malgré le dispositif policier qui s'est mis en place, prend la tête du défilé prévu à Karachi, debout sur un siège de son fidèle Pajero jaune à toit ouvrant. Les slogans de ses partisans l'accompagnent, criés par des milliers de voix : « *Marain gai, mar jain gai, Benazir ko lahain gai ! Nous les battrons, nous mourrons, mais nous ramènerons Benazir !* » Et très vite les premières grenades lacrymogènes pleuvent ! Junejo a décidé de réprimer les manifestations, partout. Un nouveau coup de force. Celui du désespoir, en tout état de cause, tant les carottes semblent cuites pour la junte du général Zia. Les manifestants sont dispersés, trouvent barrage sur barrage sur leur route, sont gazés et bastonnés par la police. Benazir, elle, parvient à regagner son domicile après une course-poursuite entre la police et un sympathisant du PPP qui la transporte. Elle sera arrêtée peu après.

Mais il y a pire : six morts et des dizaines de blessés à Lahore ; seize tués et plusieurs centaines de blessés dans le

Sind. Le paroxysme est atteint à Lyari, où les manifestants restent une semaine entière dans la rue, et tiennent tête à la police. Devant l'impuissance de celle-ci, Junejo fait donner la troupe. Plus de trente morts, cette fois, et à nouveau des centaines de blessés et d'arrestations... Le régime dictatorial ne peut plus s'en sortir et fait appel à la force brutale, meurtrière. Comme beaucoup trop souvent décidément, et ces tueries auront des répercussions que Zia n'imagine même pas encore.

Un journaliste de *Dawn* rapportera qu'à Lahore, il a vu de ses yeux les forces de l'ordre investir le service des urgences de l'hôpital, évidemment bondé, et frapper les blessés y compris jusque sur leur brancard, et en menotter d'autres à leur lit de douleur. Ignoble, tout simplement...

Benazir, elle, est enfermée dans une prison pour adolescents à Landhi Borsal, à la périphérie de Karachi. Il n'y a en effet plus de place à la prison centrale de l'ancienne capitale, où les cellules sont archibondées de Pakistanais favorables au Parti pour le peuple.

Le général Zia revient à Islamabad, fin août, après les événements. Après, aussi, que la communauté internationale s'est montrée indignée, l'Allemagne et la Grande-Bretagne, pour leur part, fustigeant le pouvoir pakistanais immédiatement après les incidents et la trentaine de morts de Lyari. Cet épisode est d'ailleurs nommé aujourd'hui par les Pakistanais « Le massacre de 1986 », et sa date est devenue un repère incontournable dans le calendrier politique national.

Aux États-Unis, même si Reagan soutient toujours Zia, l'émotion est grande. Elle sera matérialisée par les sénateurs Ted Kennedy, le frère de JFK, et Claiborne Pell, bien sûr.

La menace la plus lourde vient cependant du très influent député démocrate Solarz, qui a déjà pris une part plus qu'active dans la déchéance du dictateur Marcos aux Philippines. *« Si le gouvernement pakistanais persiste à détenir les chefs de l'opposition et à interdire les réunions politiques pacifiques »*, gronde-t-il, *« alors les amis du Pakistan, députés et sénateurs, pourront difficilement soutenir, au Congrès, l'assistance financière supplémentaire prévue pour son pays dans les mois qui viennent... »*

Après une détention préventive de près d'un mois, le procès de Benazir Bhutto – dont on ignore d'ailleurs le motif, puisqu'à la levée de la loi martiale les réunions et manifestations sont redevenues légales de fait – est prévu le 10 septembre. Il n'aura jamais lieu. Les admonestations internationales ont peut-être bien pesé leur poids dans le fait que Zia flanche, finalement. Le fait que des milliers de Pakistanais se dirigent vers Karachi les 8 et 9 septembre, pour assister au procès, aussi, a probablement eu un effet dissuasif... Benazir est libérée le 9 septembre, la veille d'un procès forcément bidon, puisqu'elle n'a enfreint aucune loi.

Il faut battre le fer tant qu'il est chaud. Ce proverbe est français, et pourtant Benazir semble bien le connaître... Aussitôt libérée, elle entame en effet une nouvelle grande tournée politique dans les provinces, et met en place, parallèlement, une campagne d'adhésions au PPP. Le Parti pour le peuple pakistanais s'enrichira en quatre mois, de septembre à décembre, de la bagatelle... d'un million de nouveaux adhérents ! Un chiffre qui fera baver d'envie un certain nombre de chefs de partis européens, à coup sûr...

La fin politique de Zia est inéluctable, désormais, à terme. Benazir Bhutto est visiblement trop forte pour lui. Elle a même réussi à calmer ses troupes, après les épisodes sanglants du mois d'août. Parmi les jeunes du PPP, prompts à s'enflammer avec la fougue de leur âge, chez les Pachtouns ralliés au parti, aussi, de solides moustachus qui n'ont pas la réputation de plaisanter avec le sang versé, on est décidé, devant la force, à réplique par la force. Ce n'est pas la vision de Benazir, qui les exhorte :

« *L'élan pour renverser Zia n'a jamais été aussi fort ! Il ne faut surtout pas le briser ! Nous avons promis un progrès pacifique* », leur rappelle-t-elle. « *Poursuivre maintenant des manifestations de manière agressive serait risquer de nouvelles effusions de sang, le désordre, peut-être le déchaînement des extrémistes ! Considérons les événements d'août comme une vraie victoire, morale, et tenons-nous fermement à notre engagement de paix !* » Et cette sacrée femme réussit à calmer ainsi plusieurs milliers de partisans prêts à sortir la kalachnikov pour régler à la fois leurs comptes personnels et celui du général Zia…

On notera, d'ailleurs, l'aura et l'écoute dont bénéficie Benazir. Un élément tout à fait irrationnel dans un Pakistan où la femme, justement, est le plus souvent reléguée au second plan. Et l'une d'elles, Benazir Bhutto, à tout juste trente-trois ans, a le pouvoir de fédérer, diriger, et calmer tant les âpres paysans du Sind que les rugueux Pachtouns de la montagne, tant les petites gens de la ville que les intellectuels, les avocats, les enseignants ou les médecins. Oui, il y a réellement quelque chose d'irrationnel à cela…

De son côté, Zia n'a plus rien à se mettre sous la dent, sinon se préparer à se résoudre à des élections. Le PPP

travaille dur et dans le calme, que faire ? Lui couper la tête…
En janvier 1987, Benazir Bhutto est ainsi prévenue à plusieurs
reprises qu'un attentat se prépare contre elle. De plus, deux
de ses proches au parti sont victimes de tentatives d'assassinats, et l'un d'eux n'en réchappe pas…

Le 30 janvier, c'est son tour. Alors que son Pajero se
dirige vers Larkana, accompagné de plusieurs autres
véhicules, il est criblé de balles lors d'une attaque à la kalachnikov, à un endroit où il est forcé de passer lentement. Quatre
hommes arrosent copieusement, à travers les vitres opaques
du Pajero, l'endroit où se trouve le passager avant. C'est
toujours là que voyage Benazir. Sauf qu'elle n'est pas dans
le véhicule ! Elle a été retardée par une réunion de dernière
minute, et doit rejoindre le convoi plus tard… Plus tard, le
même Pajero est la cible… d'un lance-roquette ! Cette fois,
Benazir est bien installée à la droite du chauffeur, mais le
projectile manque sa cible… En revanche, il ne rate pas le
véhicule suivant, une voiture de police : six morts !
Décidément, Allah n'est pas avec Zia et ses intégristes…

Le deuxième volet mis en place par le dictateur est une
incitation permanente à la violence du PPP. Agressions,
enlèvements, assassinats de membres du parti sont autant
de provocations à la réplique. Zia compte bien sur des
réponses musclées du PPP, qu'il matera avant d'instaurer
l'état d'urgence ou une nouvelle loi martiale, pour « *rétablir
l'ordre dans le pays, au nom de la sécurité impérieuse du
Pakistan* », comme de bien entendu. Benazir a de plus en
plus de mal à contenir les plus ardents de ses militants, qui
ne demandent qu'à en découdre une bonne fois pour toutes.

Mais Zia, finalement, est impuissant à terrasser la PPP.
La stratégie « politique et pacifique » prônée par Benazir

porte ses fruits. Le dictateur en est réduit à organiser des élections à l'automne 1987 – pour sa part il est encore président jusqu'en 1990 – mais quelles élections ! Le Parti pour le peuple pakistanais, qui représente à lui seul peut-être trois ou quatre fois l'ensemble de tous les autres partis politiques du pays réunis, est battu ! Magouilles, bourrages d'urnes, détournements de votes, trucages de toutes sortes, la fraude électorale bat probablement au Pakistan, ce jour-là, un record du monde… Sous les yeux atterrés de l'opinion internationale, bien sûr, mais Reagan a toujours besoin de Zia pour l'Afghanistan, le dictateur le sait, et il en profite largement. Outre le fait que les « conseillers » de la CIA de Reagan, confortablement installés à Islamabad, sont d'une efficacité redoutable…

***

Entre-temps, le 29 juillet 1987, Benazir a connu un changement fondamental dans sa vie privée : elle s'est mariée, un mois et huit jours après ses trente-quatre ans. Ça n'était pas son souhait, au départ. Mais la tradition pakistanaise, l'islam, aussi, font qu'à son âge on a convolé et on est mère de famille depuis longtemps. Sa mère, Nusrat, lui en avait déjà parlé depuis longtemps, à l'instar d'Ali Bhutto. La première fois, c'était quelques jours avant la mort de Shah Nawaz. Ce coup du sort avait incité Benazir à un deuil d'un an ou deux, et il ne serait pas question de mariage avant.

Nusrat avait évidemment compris, mais avait pris rendez-vous. Au Pakistan, à l'époque, la tradition veut que ce soient les parents qui choisissent l'époux de leurs filles. Les mariages sont arrangés, quoi… Et justement, Nusrat avait trouvé en Asif Zardari, un riche héritier du Sind, un gendre idéal. Après de longues recherches, il faut bien le dire, et bien sûr en cachette de Benazir. Du reste, à Cannes, c'est déjà d'Asif Zardari qu'elle parlait. Et elle organise une rencontre, lors d'un repas chez une tante de Benazir fin 1986.

Cette dernière est dubitative. Asif a tout pour plaire, mais elle ne se sent pas prête. « *Je m'inquiétais aussi de ce qu'éprouverait le peuple* », se souvient-elle. « *Si je me mariais, penseraient-ils tous que je n'avais plus besoin d'eux ? D'un autre côté, rester célibataire risque de me nuire politiquement. Dans notre société phallocrate, un homme peut rester célibataire sans que personne n'y trouve à redire. Mais une femme célibataire est suspecte. Elle cache forcément un grave défaut...* »

D'un autre côté, « *bien que débordée, j'étais seule, parfois* », écrit-elle. Elle avoue également, dans cette importante réflexion, et même si elle ne se sent pas tout à fait prête, que : « *Je voulais ma propre famille. Ma sœur était mariée, elle avait un enfant. Mes frères en avaient aussi. Nous avions été une cellule familiale, elle avait donné naissance à d'autres. Que devenais-je dans le tourbillon de ces nouvelles familles ? L'idée d'avoir moi aussi des enfants m'attirait de plus en plus...* »

« Le mariage d'abord, l'amour vient ensuite », explique un dicton pakistanais bien commode pour la tradition, mais dont on pourrait discuter longuement en proposant l'antithèse de ce raisonnement. Il faudrait probablement ajouter des millions de pages à cet ouvrage...

En juin 1987 Benazir rencontre finalement Asif, une semaine plus tard ils se fiancent, et le 29 juillet ils convolent en justes noces. La presse mondiale présentera l'événement comme le « mariage du siècle » sur le sous-continent. Et contrairement à ce que craignait Benazir, ses supporters font une fête mémorable de plusieurs jours en l'honneur du mariage de leur héroïne. Cerise sur le gâteau : le dicton pakistanais se vérifiera, et le couple qui se forme ce jour-là deviendra indestructible malgré de longues et douloureuses épreuves.

***

L'annonce fait l'effet d'une bombe, le 29 mai 1988 : le général Zia dissout le Parlement et le Sénat, et destitue son fidèle Premier ministre Junejo pour incompétence, corruption et malversations – un grand classique au Pakistan : tous les Premiers ministres ont été renvoyés pour ces motifs récurrents. En outre, Zia annonce des élections « *dans les quatre-vingt-dix jours, comme le prévoit la Constitution.* »

Ces informations sont d'autant plus énormes, pour les Pakistanais, qu'elles sont absolument inattendues. Des élections générales, dans les trois mois. C'est-à-dire, et la Constitution est formelle, avant fin août. Personne n'est au courant de la décision de Zia. Encore moins le Premier ministre, Junejo : de retour d'un voyage officiel en Extrême-Orient ce jour-là, il donne une conférence de presse à son arrivée au Pakistan, à 18 heures. Une heure plus tard, il apprend par un de ses collaborateurs qu'il est viré… « À coucher avec les chiens, on finit par se faire mordre », dit un autre proverbe pakistanais…

Les supporters du PPP, tout en ne comprenant pas la décision du président-dictateur, sont exaltés : en l'état actuel des choses, leur parti ne peut que remporter la victoire, et Benazir Bhutto être nommée Premier ministre. C'est aussi l'avis de tous les observateurs internationaux, et il y en a désormais un certain nombre... Zia lui-même ne peut que le savoir, lui qui a pourtant dit un jour que : « *Jamais je ne rendrai le pouvoir à ceux à qui je l'ai enlevé !* » Le pays comprend donc d'autant moins la décision du général, mais qu'importe : il y aura des élections générales, enfin...

Benazir, elle, la joue « prudente » : « *Si des élections générales libres et équitables fondées sur les partis ont lieu dans les quatre-vingt-dix jours, nous nous en réjouirons.* » En fait, elle seule connaît le ressort qui a activé le président. Son mari Asif aussi, et c'est bien le moins : Benazir est enceinte ! Une indiscrétion – provoquée ? – a permis à Zia d'en prendre connaissance quatre jours plus tôt seulement.

« *Bien qu'Asif et moi ayons souhaité attendre pour avoir un enfant, la nouvelle, inattendue, nous avait enchantés* », raconte-t-elle dans ses mémoires. Et c'est bien pour cela que la promesse de Zia, concernant le délai de quatre-vingt-dix jours pour la tenue d'élections, ne la convainc que moyennement. Le dictateur compte bien profiter de son état pour l'empêcher de faire campagne, et le bébé n'est prévu que pour novembre. Pour en arriver à ce genre d'expédients, le dictateur en est vraiment à jouer ses dernières cartes...

Mais la stratégie de Zia est encore plus tordue que cela. Le 15 juin, il annonce l'instauration de la loi islamique au Pakistan, la tristement célèbre *charia*. Là encore, personne ne comprend très bien l'intérêt, d'autant plus que la République islamiste du Pakistan a été fondée sur la religion islamique, certes plus modérée. Personne sauf Benazir : pour elle, il est assez clair qu'en instaurant la *charia*, et c'est bien le but, n'importe quel citoyen pakistanais pourra estimer une loi comme étant non conforme à l'islam. En particulier celle qui permet à une femme, selon les Constitutions d'Ali Bhutto et Zia lui-même, d'être nommée à la tête du gouvernement. Mais pour le coup, Zia sera désavoué par les islamistes radicaux eux-mêmes. La nasse se referme sur le dictateur, d'autant plus que le PPP réussit à faire annuler par la Cour suprême quelques lois édictées par le général, susceptibles de gêner le parti de Benazir Bhutto pour les élections. La cour déclare « *nulles dans leur totalité* » ces fameuses lois.

Fin juillet-début août, Zia ne sait plus à quel saint islamique se vouer. Pourtant, il s'échine à mettre Benazir en échec. Le 20 juillet, il annonce finalement que les élections se dérouleront le 16 novembre. Il est désormais de notoriété publique qu'elle doit accoucher... à la mi-novembre ! Et puis il prépare un certain nombre de lois, qu'il compte bien faire appliquer début octobre par son nouveau Premier ministre, un certain Pervez Musharraf...

Un jour, le général Zia a dit ceci à propos de Benazir [1] : « *Le problème, ce n'est pas Mlle Bhutto. Ce sont ses ambitions inutiles et irréalistes, et son insupportable goût du pouvoir.* » Et à propos du « goût du pouvoir », il en connaît un rayon, le dictateur... En fait, il semble bien que tout au long de son parcours politique, Zia n'ait eu que deux ambitions : garder le pouvoir quels que soient les moyens à employer, et détruire les Bhutto. Mais s'il avait eu le plus grand mal avec Ali Bhutto, il sait depuis longtemps qu'avec Benazir il est tombé sur un autre os de taille. Peut-être même trop dur à ronger, à terme.

---

1. *The New York Times*, Steven Weisman, 26 août 1986.

Cet été 1988, il fera même approcher discrètement des dirigeants du PPP, à charge pour eux de transmettre le message à Benazir : si elle gagne les élections, il y aura peut-être moyen de s'arranger… À savoir qu'il peut organiser un scrutin « normal », qu'elle gagnera sans coup férir, moyennant quoi sa famille et lui bénéficieraient d'une amnistie et partiraient discrètement pour un pays ami… Bien sûr, elle refuse catégoriquement.

Zia, l'animal à sang froid, calme et calculateur, est en train de craquer. Un officier en retraite dit d'ailleurs à Benazir, lors d'une réception : « *Il a toujours pris des risques très calculés, maintenant, il se conduit en joueur. Il n'y a plus de logique dans ses actes…* » Benazir note avec un plaisir non dissimulé, mais continue de battre la campagne, récupérant une bonne partie des cadres de… la Ligue musulmane ! On en a, des amis, quand on a le vent en poupe…

***

Le 17 août 1988, le président du Pakistan, Mohammed Zia-ul-Haq, est tué dans le crash d'un avion.

La nouvelle est absolument énorme, alors qu'on fournit les armes dans tous les coins du pays, pour des élections qui s'annoncent historiques ! D'ailleurs, c'est si gros qu'en l'apprenant, Benazir Bhutto n'y croit pas. La note que lui tend une secrétaire, alors qu'elle participe à une réunion, fait allusion à la « *disparition* » d'un avion, dans lequel voyageaient « *de très hauts dignitaires de l'État* », parmi lesquels un « *V-VIP* ». *Very, Very Important Person.* C'est le nom de code de Zia, au PPP, lorsqu'il s'agit de parler de lui discrètement…

Elle rappelle le journaliste ami qui a téléphoné cette information au PPP. Il confirme, l'avion a disparu : « *Il n'a pas atterri à Islamabad. Il devrait y être, mais il n'y a plus de contact radio depuis qu'il a décollé, il y a trois heures...* » On pense à une fuite à l'étranger, bien sûr, mais c'est peu plausible : il y a à bord une trentaine de personnalités, dont son chef d'état-major interarmées, le chef d'état-major adjoint de l'armée de terre, huit généraux proches, mais aussi Arnold Raphel, l'ambassadeur des États-Unis, et un général américain.

« *Il se passe quelque chose, l'armée se prépare !* », téléphone peu après un ancien général, responsable du PPP pour la province des Territoires du Nord-Ouest.

« *Elle se prépare à quoi ?* », s'impatiente Benazir, « *à une action hostile ou à assurer l'ordre ?* »

Trop tôt pour le dire...

Visiblement, le pouvoir bloque depuis plusieurs heures les informations, qui arrivent au compte-gouttes en cette fin d'après-midi pas comme les autres... Il lui est pourtant impossible de la contrôler plus longtemps, et la nouvelle, définitive cette fois, tombe : « *L'avion s'est écrasé peu après son décollage, à Bahawalpur. Zia est mort, et tous les généraux qui étaient à bord aussi. Il n'y a pas de survivants.* »

Benazir prend enfin conscience de ce qui vient de se jouer : « *Jusque-là, je me refusais toujours à y croire. Après toutes ces années de terreur et de souffrances, il me semblait impossible que Zia ait tout bonnement cessé d'exister... Je n'avais jamais prévu qu'il puisse finir de cette façon. Cela restait néanmoins difficile à admettre. J'avais toujours pensé que quand Zia aurait fait son temps, il prendrait tout simplement un avion et quitterait le pays.* »

Après avoir pris quelques dispositions, elle s'isole pour téléphoner à sa sœur, Sanam, à Londres. Elle est sortie. « *Dites-lui que Zia est mort* », demande-t-elle. En lâchant ces paroles à l'intention d'une des personnes qui lui sont les plus chères au monde, elle ressent une étrange émotion, tout à coup. Comme si elle réalisait exactement ce qui venait de se passer : « *J'avais la gorge serrée. En parlant, j'eus l'impression d'être soulagée d'un immense poids. Après onze années de tortures et de harcèlement, nous étions libres... Zia avait disparu du paysage. Il ne pourrait plus jamais nous faire de mal...* »

Il est bien évident qu'à cet instant-là, sa réflexion est vide de toute considération politique. Elle parle de sa famille. De son père, de son frère, assassinés. Du sort que sa mère et elle-même ont connu, plus d'une décennie durant. Des Bhutto, de la dynastie, en fait...

Le « téléphone arabe » n'est pas une vue de l'esprit, au Pakistan. Très vite, les rues de toutes les villes se remplissent de gens qui hurlent leur joie. Même si un bon musulman ne doit pas se réjouir de la mort de quelqu'un, fût-ce son pire ennemi, selon le Coran. Allah doit bien tolérer quelques entorses au règlement, lorsque c'est justifié...

Ceci étant, au PPP, dont les cadres se sont rués au 70 Clifton, on ne sait sur quel pied danser. Si l'information avait été connue vers 18 heures – mais bien plus tôt pour le pouvoir, évidemment – ni les radios ni les télés ne l'avaient encore évoquée. Et ce que l'on craint, Benazir en tête, est que le pays ne retombe sous le coup de la loi martiale. Ce qui n'aurait pas été étonnant du tout, d'ailleurs : quelques hauts élus et quelques très hauts gradés, réunis en cellule d'urgence juste après avoir eu l'information, avaient demandé à l'armée de le faire. Et cette dernière avait refusé ! Les militaires, eux aussi, en ont ras le casque.

Benazir découvrira d'ailleurs bientôt qu'en fait, dans la « grande muette », il y a de grosses tensions depuis un bon moment déjà... La garde rapprochée des puissants généraux de Zia a elle aussi disparu dans le crash. Et devant la demande qui lui était faite, la jeune génération d'officiers, désormais aux commandes, avait été très ferme : c'était un « non » catégorique. Ce jour-là marque d'ailleurs un fait historique pour le Pakistan : les militaires se retirent de l'action politique, alors que c'était la constante immuable du pays depuis sa naissance, plus de quarante ans plus tôt, en 1947.

Après deux heures d'angoisse au 70 Clifton Road, vers 20 heures, on annonce à la radio que le Pakistan suivra la procédure constitutionnelle, et que le président du Sénat, Ghulam Ishaq Khan, assurera l'intérim à la tête de l'État. Les civils reprenaient donc les affaires du pays en main. Un peu plus tard, lors d'une allocution télévisée, Ishaq Khan confirmera que le calendrier électoral serait respecté.

« *Tout cela semblait indiquer que l'armée envisageait de rétablir la démocratie dans le pays !* », analyse immédiatement Benazir. « *Ishaq Khan, bras droit de Zia, n'aurait pu se passer des militaires pour organiser des élections.* » Des élections « à sa main », sous-entend-elle évidemment...

Tous ces événements, toutes ces tensions, un être encore inconnu les ressent à coup sûr lui aussi : le bébé que Benazir porte dans son ventre. Longtemps elle ne l'a pas senti bouger, et s'en est sérieusement inquiétée. « *Très probablement remue-t-il* », lui avait dit son médecin. « *Mais votre esprit est tellement occupé, toute la journée, que vous ne vous en apercevez pas.* »

Aussi, sur les conseils du gynécologue, elle prend depuis quelque temps, chaque jour, une heure le matin et une le soir pour s'allonger dans le calme.

Et elle n'a plus de doute : il est bien là…

12

La naissance et la renaissance

L E GÉNÉRAL ZIA ne l'aura jamais su, mais il s'est fait rouler dans la farine, pour ce qui concerne la grossesse de Benazir. Dès l'annonce de l'événement, il s'était rué dans la brèche, et son état-major avec lui. Comment une femme au bord de l'accouchement pourrait-elle faire campagne et être élue ? D'ailleurs, lorsqu'il annonce, fin mai, des élections dans les quatre-vingt-dix jours, il sait déjà parfaitement qu'il ne tiendra pas son engagement. Benazir doit accoucher vers le 14 novembre, estime son gynécologue, et avec quelques atermoiements fallacieux, il repousse la date du scrutin général au... 16 novembre.

Sauf que Benazir a fait tourner une fausse information... Elle attend son enfant pour la mi-octobre ! Ce qui lui laisse normalement toute latitude pour la campagne électorale, qui doit justement s'ouvrir le 16 octobre. Les services secrets de l'ISI ont bien essayé de se procurer son dossier médical, à tout hasard, mais elle le garde précieusement avec elle après chaque visite de contrôle, et le met en lieu sûr dès qu'elle est rentrée au 70 Clifton Road.

Lors d'une de ces consultations, à la mi-septembre, le docteur Setna estime qu'il s'agit maintenant d'une question de trois à quatre semaines, même si quelques problèmes conduisent Benazir à le consulter tous les quatre jours. Asif, son époux, la conduit d'ailleurs de nuit à ces visites, dans la plus grande discrétion. Le 20 septembre pourtant, à l'issue d'un rendez-vous, il y a apparemment un problème et son gynécologue la retient : « *Je vous garde. Nous allons provoquer la naissance demain matin, et il faudra pratiquer une césarienne.* » On n'en sait pas plus sur la motivation du docteur Setna, mais on peut malgré tout estimer que son bébé fait un beau cadeau à Benazir, avant même de naître : un mois supplémentaire pour préparer les élections.

Quelque temps plus tôt ; lors d'une réunion de famille, elle est surprise de sentir quelque chose de fin lui tomber sur la tête, puis glisser sur son visage. « *Qu'est-ce qui se passe ?* » demande-t-elle en s'essuyant la bouche. « *Félicitations !* », crient les femmes, « *Tu vas avoir un garçon ! Nous t'avons jeté du sel sur la tête, et tu as mis ta main sur tes lèvres, qui symbolisent la moustache : c'est donc un garçon. Si ta main s'était posée sur l'œil ou le front, ce serait une fille…* » Cette tradition divinatoire pakistanaise est bien sympathique, mais, on en conviendra, assez peu scientifique…

Cela dit, comme partout dans le monde, chacun a ses petites recettes pour déterminer à l'avance le sexe d'un enfant à venir. Et tout le monde assure à Asif et à Benazir qu'ils auront un garçon. Ce qui les arrangerait bien : Asif y tient énormément, et la croyance populaire estime qu'un garçon, pour premier enfant, est un heureux présage. Plus pragmatique aussi, mais dans le sentiment, Benazir désire elle aussi un fils, s'il faut choisir. « *Mon père avait eu trois petites-filles mais pas encore de petit-fils. De plus, mon enfant serait le premier Bhutto de notre branche à voir le jour au*

Pakistan... » Ce serait en effet symboliquement très fort, les autres petits-enfants d'Ali et Nusrat Bhutto étant nés en exil. Même si elle s'énerve parfois qu'on porte aux nues les nouveau-nés garçons, au détriment du sexe faible...

« *Nous devons nous dépêcher* », explique le docteur Setna très tôt le matin du 21 septembre. « *Les gens commencent déjà à se regrouper devant l'hôpital !* » Décidément, les nouvelles vont vraiment très vite, au Pakistan. D'autant plus que Benazir a décidé d'accoucher non pas à Karachi, mais à Lyari, pas très loin. Là où son père avait prononcé son dernier discours d'homme libre... Là aussi où, à coup sûr pour la même raison symbolique, Asif et elle avaient organisé la réception de leur mariage.

« *Nous avons un fils, et il me ressemble comme deux gouttes d'eau !* », s'écrie Asif Zardari, alors que Benazir émerge doucement de l'anesthésie. Asif est fou de joie, de fierté... et aussi d'une mauvaise foi typiquement paternelle. Il faudra peut-être attendre encore un peu pour vérifier si le bébé est vraiment son portrait craché... Benazir, heureuse, se rendort. Mais elle est bientôt réveillée par les cris d'allégresse, les chants et les tirs de coup de fusil en l'air de la population, massée devant l'établissement hospitalier. On a la liesse exubérante, au Pakistan. Et bruyante... Le petit-fils d'Ali Bhutto sera ainsi fêté dans tout le pays, et sa naissance deviendra un événement national. International, même, puisque des journaux du monde entier y consacreront des reportages, et demanderont à toute force la photo du nouveau-né. Benazir et Asif devront poser un peu plus tard avec le bébé, pour des photos officielles qui feront le tour de la planète. Comme quoi le « people » ne date pas d'aujourd'hui...

Il y a toutefois un léger problème : si tout s'est bien passé, le destin a quelque peu brusqué les choses. Et, avec cette naissance prévue pratiquement un mois plus tard, on n'a pas encore choisi de prénom définitif pour l'enfant. Or, le prénom, au Pakistan, est l'objet de toutes les attentions. Il doit porter des symboles, et en même temps avoir une signification claire, qui ressortirait du surnom en Occident. Ainsi, « Benazir » signifie « L'Incomparable », ou bien « L'Exceptionnelle ».

Les deux grands-mères ont déjà fait leur choix. Benazir, elle, a un moment pensé le prénommer Shah Nawaz, en hommage à son frère. Elle y a renoncé, toutefois : chaque fois qu'elle entend prononcer ces syllabes, l'image de Shah, allongé dans le living de Cannes, vient la hanter... On ira même jusqu'à consulter un théologien pour affiner la recherche. Et puis un choix s'impose de lui-même à Benazir et Asif, en discutant : Bilawal. C'est celui d'un saint de l'islam, d'une part, et de l'autre un ancêtre d'Asif l'a porté. Enfin, en ourdou, « Bil Awal » signifie « sans égal ». Quelque chose se rapprochant de très près de « L'Incomparable » ou « L'Exceptionnelle », non ?

Mais déjà, après la liesse, le processus électoral reprend le dessus. Les tenants de l'autorité, héritiers de Zia malgré tout, tentent de reporter les élections. L'armée s'y oppose fermement, et on vérifie ainsi une nouvelle fois le changement radical qui s'est installé chez les militaires depuis la mort de Zia. Une semaine après la naissance de Bilawal, toutefois, des attentats – probablement signés des fondamentalistes que soutient le pouvoir – frappent durement les villes de Karachi et Hyderabad. Des tireurs cagoulés ouvrent le feu sur des civils à la kalachnikov, et il y en a pour tout le monde : Sindhîs, Pachtounes ou Pandjabis… Bilan : 240 morts et plus de 300 blessés ! Une opération de déstabilisation, de toute évidence, destinée à carboniser les élections. Par le biais, par exemple, de la mise en place de l'état d'urgence. Là encore, l'armée joue un rôle déterminant en évitant avec sang-froid l'embrasement : elle quadrille les deux villes, calmement, et s'attache à éviter de nouvelles attaques ou des opérations de représailles.

Ça n'est pas fini : le gouvernement intérimaire mis en place ressemble comme un faux jumeau à celui de Zia. Sur douze ministres, neuf étaient déjà aux manettes avant la mort du dictateur… Autant dire que le scrutin, qui annonce un raz-de-marée du PPP, ne les arrange pas spécialement. Quelque temps avant sa mort, Zia avait promulgué un décret stipulant que les candidats, pour résumer, ne pourraient pas se présenter sous les couleurs d'un parti. Et que les bulletins de vote ne comporteraient pas, comme c'était l'usage avant, de sigles reconnaissables de ces mêmes partis. Dans une population illettrée à 90 %, ne pouvant donc ni lire les noms des candidats, ni reconnaître leur appartenance par un logo, on imagine l'effet induit… Benazir avait bien sûr introduit un recours devant la Cour suprême. Le verdict tombe le 5 octobre, à une quarantaine de jours des élections, et c'est le soulagement : le décret est purement et simplement annulé.

Une victoire pour le PPP, bien évidemment. Mais elle est accompagnée d'une information inquiétante, dans le même temps. Benazir, une fois le général Zia mort, pensait bien pouvoir évoluer dans une sécurité physique nettement accrue. Ce n'est pas le cas : elle est à nouveau menacée de mort, et les informations récoltées sur le sujet sont très crédibles. Les tueurs potentiels pourraient être armés par les moudjahidines afghans, d'une part, et de l'autre par des responsables des provinces du Pendjab et du Sind, placés par Zia lui-même.

Et puis, le gouvernement intérimaire ne renonce pas à vouloir saboter les élections législatives et provinciales. Le président par intérim, en toute illégalité constitutionnelle, publie à deux semaines du scrutin un décret obligeant les électeurs à présenter leur carte d'identité pour pouvoir voter. Là encore, la ficelle est grosse : dans la base électorale du Parti du peuple pakistanais, c'est-à-dire en majorité les campagnes pauvres et les couches populaires des villes, seuls 30 % des hommes et 5 % des femmes en possèdent une ! Et providentiellement pour le gouvernement... il ne reste pratiquement plus de formulaires officiels pour s'en faire délivrer ! Ceux qui auront, malgré tout, la chance de pouvoir remplir la démarche recevront leur pièce d'identité... après le scrutin !

Auparavant, il suffisait d'être inscrit sur les listes électorales de sa province pour pouvoir voter, et il en était ainsi depuis la naissance du pays, en 1947. Un système qui avait ses failles, bien entendu, mais qui n'avait jamais été remis en cause, y compris sous les nombreux gouvernements militaires qui s'étaient succédé pendant plus de quarante ans. Il faut bien dire que dans un pays où la moitié de la population – les femmes – doit sortir le visage voilé, l'intérêt de présenter une pièce d'identité avec photo est plus que relatif.

Le PPP introduit un nouveau recours, bien sûr, et Benazir continue sa campagne électorale. Triomphale... Ainsi, à Rawalpindi, ville symbolique s'il en est, à deux pas de la capitale, « *j'enregistrai mon record d'affluence depuis mon retour au Pakistan en 1986* », raconte-t-elle. « *Les centaines de milliers de sympathisants qui escortaient notre cortège emplissaient toutes les rues, paralysant la circulation. Il nous fallut près de trois heures pour parcourir le dernier kilomètre jusqu'au podium du meeting ! L'ambiance était encore plus survoltée lorsque nous traversâmes le Pendjab, dans les derniers jours de notre tournée. Depuis sa création, quarante et un ans plus tôt, le Pakistan n'avait connu que deux élections générales. La première* [en 1970, NdA] *avait porté mon père et le Parti pour le peuple à la tête du pays, et en 1977, son parti avait été réélu au pouvoir. Ce scrutin serait donc le troisième de l'Histoire, et le plus difficile…* »

Elle ne croit pas si bien dire. Si la Haute Cour invalide le décret présidentiel « cartes d'identité », le gouvernement intérimaire fait aussitôt appel devant la Cour suprême, la plus haute instance judiciaire du pays. La réponse tombe le 12 novembre, quatre jours avant le scrutin… Les Pakistanais devront donc présenter une carte d'identité au bureau de vote, pour la première fois de leur vie… Cette décision exclut de fait près de 55 % d'entre eux !

Un juge de cette Cour suprême donnera l'explication suivante, plus tard, à l'un des avocats du PPP : « *La campagne de Benazir Bhutto rassemblait des centaines de milliers de personnes. Nous avons su qu'à Rawalpindi, on avait atteint des sommets. Nous ne pouvions pas permettre un raz-de-marée électoral du PPP…* » On ose espérer qu'il voulait signifier quelque chose comme « *de toute façon, nous savions que l'élection était jouée* », mais cette confidence laisse tout de même très rêveur…

Cette décision ne manque pas d'inquiéter, évidemment, au Parti du peuple pakistanais. D'autant plus que les lignes politiques ont changé, et qu'on se dirige vers l'affrontement de deux blocs : le PPP d'un côté, puisque son allié naturel, le MRD, a quitté le bateau ; et l'IDA, l'Alliance pour un islam démocratique (!), formée de pas moins de neuf partis pro-Zia après moult gesticulations internes, et même une bagarre générale à une réunion du staff de la Ligue musulmane ! Cette dernière se scindera en deux, et finalement ces deux nouvelles entités rejoindront l'IDA...

Ce 16 novembre 1988 arrive enfin ! Pour la première fois depuis onze ans, même s'il y a à dire et à redire, même si le chemin a été parsemé de coups fourrés d'un pouvoir aux abois, ce sont bien des élections démocratiques qui se déroulent. Les Bhutto, bien sûr, votent sur leurs terres, du côté de Larkana. Ils séjournent à Al-Murtaza, la propriété mythique de la dynastie. Après avoir voté, Benazir s'en va, seule, se recueillir sur la tombe de son père. Et lui parler, probablement. Lui dire quelque chose comme : « *Eh bien voilà, j'en suis là... J'ai suivi ton chemin, j'ai senti ton souffle derrière moi, et je serai peut-être Premier ministre très bientôt, comme toi, qui sait ? J'ai repris ton flambeau, à ma manière, et j'espère que tu es fière de moi...* »

Et là où il est, à coup sûr, Zulfikar Ali Bhutto aura souri avec bienveillance et fierté. Car c'est bien connu : dans l'au-delà, on connaît l'avenir...

Et l'avenir de Benazir, c'est une victoire écrasante du PPP, qui remporte ce jour-là 108 sièges au Parlement, contre 54 à l'IDA. Le double, tout juste. La victoire est tout simplement historique. La majorité du PPP est écrasante, la déroute est totale dans les rangs des candidats pro-Zia. De plus, les élections régionales, trois jours plus tard, confirmeront cette razzia dans les quatre provinces du Pakistan.

Mais décidément, rien, jamais, ne sera épargné à Benazir. Le président de la République par intérim, Ghulam Ishaq Khan, ex-bras droit du dictateur Zia, fait des siennes. Dans les jours suivants, il estime que rien ne l'oblige à nommer Premier ministre le leader du parti vainqueur! Les fondamentalistes, ses alliés, objectent pour leur part que l'islam interdit à une femme de diriger un pays… Surréaliste!

La sinistre farce dure quinze jours. Benazir Bhutto se voit contrainte de prendre à témoin la communauté internationale, et cette fois, outre un grand nombre de nations, même Washington « conseille » fortement à Ishaq Khan de mettre un terme à cette pitoyable comédie.

Deux semaines plus tard, enfin, le président intérimaire nomme Benazir Bhutto Premier ministre et l'invite à former un gouvernement.

Le 2 décembre 1988 est très certainement l'un des plus beaux jours de sa vie, pourtant d'une richesse impensable. Peut-être même *Le* jour majuscule de son existence. Elle foule pour la première fois les épais tapis rouges du palais présidentiel. Benazir Bhutto va prêter serment devant la nation.

Elle vit pleinement l'instant, malgré tout intimidée: désormais, elle a sur les épaules l'avenir d'une nation qui a choisi une femme pour guide, envers et tous les préjugés et sectarismes. Des instants qu'elle ressent comme un immense honneur, mais aussi comme une énorme responsabilité.

« *Pour moi, cette prestation de serment fut un moment magique, presque irréel...* », avoue-t-elle. « *Je songeai aux forces du destin qui m'avaient conduite jusqu'à ce poste, à cet endroit, à cet instant. Je repensai à tous ceux qui m'avaient précédée, avaient souffert, été tabassés, envoyés en exil, et aux nombreuses vies sacrifiées pour en arriver à ce triomphe de la démocratie. Je pensais notamment à mon père...* »

On est en droit de penser que ce « notamment », plus politiquement correct vis-à-vis de tous ceux qui l'ont portée jusqu'où elle est, peut sans problème être remplacé par « en particulier ». Elle doit en effet se sentir accompagnée à chacun de ses pas, à chacun des mots de son serment par son père, dans ce palais présidentiel. Les « forces du destin » qu'elle évoque sont celles insufflées par Ali Bhutto, tout au long de sa vie. Et il faut bien constater que l'élève a rattrapé le maître : tout comme lui, elle a réussi à rassembler une majorité écrasante dans un élan vers une démocratie digne de ce nom. Plus des deux tiers des Pakistanais, pour une restauration de l'œuvre du père, la première démocratie du pays, désarticulée tout au long de onze longues années par la dictature du général Zia dans le sang, la torture, les potences et les geôles du pouvoir militaire.

Même si la vocation première de Benazir Bhutto n'était pas celle-ci, elle assume pleinement :

« *Je n'avais pas réclamé ce rôle, je n'avais pas demandé à endosser cette responsabilité. Mais les forces du destin et les forces du pouvoir m'avaient propulsée sur le devant de la scène, et je m'en sentais à la fois privilégiée et intimidée.* »

Oui, il semble bien que le maître puisse être très fier de l'élève qu'il avait de toute évidence choisie. Il avait été confortablement élu, elle avait fait mieux encore, dix-huit ans plus tard. Il avait été Premier ministre très jeune, à quarante-deux ans, elle en a trente-cinq. Et, surtout, elle est une femme… La première à conquérir une responsabilité de cette ampleur, dans toute l'histoire des pays musulmans. Elle devient même, tout simplement, la plus jeune Premier ministre élue au monde.

Les cadres du PPP, sa mère en tête, assistent bien sûr à l'événement. Et ils ne s'y trompent pas. Lorsque Benazir termine son serment, qu'elle est définitivement et officiellement investie, les clameurs montent dans la somptueuse et sonore salle d'honneur présidentielle : « *Bhutto est vivant! Bhutto est vivant!* »

Les plus grandes erreurs des tyrans sont de fabriquer des martyrs…

Coïncidences troublantes, Benazir Bhutto est, comme son père, nommée Premier ministre un mois de décembre, et comme lui encore, elle engage ses premières mesures gouvernementales la première semaine d'un mois de janvier. Et tout comme Ali Bhutto, elle frappe fort et vite. De ses études de politique comparée, elle a retenu que : « *Les premières mesures d'un gouvernement sont cruciales pour marquer son orientation politique et marquer sa volonté de changement. Je tenais donc à envoyer un message clair au Pakistan et au monde entier, avec des contenus et des symboles forts.* »

Et elle tient sa parole : relégalisation des syndicats ouvriers et étudiants, rétablissement de la liberté de presse et d'opinion, annulation des restrictions imposées aux ONG étrangères, etc. Mais surtout, l'un de ses premiers soins est de faire un pas vers l'Inde, de tendre la main à un certain Rajiv Gandhi, héritier spirituel et politique d'Indira Gandhi pour essayer de mettre enfin un terme à des décennies de tensions et de guerres ponctuelles. Ils sont faits du même bois, et leurs destins sont étonnamment parallèles. « *Nous étions de la même génération, celle des enfants du sous-continent après la partition* », constate Benazir, « *De plus, Rajiv et moi étions tous deux héritiers de dynasties politiques et nos parents avaient été assassinés.* » Ce qui, de toute évidence, crée des liens…

Les deux jeunes « héritiers » travaillent d'ailleurs bien, ensemble. Leur entente débouchera notamment sur un pacte de non-agression nucléaire, et un accord de *statu quo* à propos du Cachemire, point d'achoppement entre les deux pays, avec un retrait important de troupes massées aux frontières. Et puis, loin d'être négligeable, les deux Premiers ministres passent des accords importants sur les échanges commerciaux, qui donneront un nouveau souffle à l'économie pakistanaise.

Tout va donc dans le meilleur des mondes ou presque, entre les frères ennemis du sous-continent indien, où Benazir prône également un système sur le modèle de l'Union européenne. Mais en mai 1989, alors que l'Inde procède à des élections anticipées, Rajiv Ghandi est assassiné à son tour ! Il rejoint ainsi au panthéon des martyrs politiques indiens une bonne partie de sa famille… Benazir Bhutto est « *profondément bouleversée* » par la mort de Rajiv Ghandi. Leur parcours avait été quasi identique, ils avaient travaillé dur pour rétablir des relations de confiance entre le Pakistan et l'Inde, et il semble que le courant passait remarquablement bien entre ces deux jeunes chefs de gouvernement.

Plus tard, elle écrira ceci : « *Je me dis parfois que l'Asie du Sud, voire le monde entier, seraient très différents si Rajiv avait vécu plus longtemps, et si l'on m'avait laissé finir mon mandat. Nous nous comprenions et nous pouvions travailler ensemble.* » Benazir pense de toute évidence aux convulsions islamistes qui secoueront l'Afghanistan, avec pour base arrière le Nord-Ouest de son pays, et qui auront pour points d'orgue le 11-Septembre et les attentats de Londres et Madrid.

En effet, lorsqu'elle est nommée Premier ministre, et que l'Inde devient un partenaire par le biais de Rajiv Ghandi, l'URSS déguerpit de l'Afghanistan. On est à une période clé, en 1989, en matière de géopolitique : de nombreux et importants événements se produisent sur la planète, le plus énorme d'entre eux étant la désintégration de l'URSS. On se dirige tout droit vers le fameux « choc des civilisations ». Benazir Bhutto a probablement été l'une des toutes premières à analyser ces données. Elle en fera part aux dirigeants de ce monde, mais ne sera pas entendue. Forte et coupable myopie de ces derniers, ou bien laxisme volontaire en égard aux enjeux économiques énormes qui sont dans la balance ? Il y a des deux, de manière incontestable.

Le problème du Pakistan, en tout cas, est qu'avec la mort de Rajiv Ghandi, ce sont des temps prometteurs qui disparaissent aussi. La reprise de contact avec l'Inde se fera en effet dans la douleur, et la méfiance, voire la haine mutuelle, reprendront leurs droits. Problème du Cachemire en tête.

Début 1989, donc, Benazir met en place la politique qu'elle avait annoncée. L'un de ses premiers soins est de séparer les pouvoirs judiciaires et exécutifs : l'indépendance de la justice est en effet devenue une nécessité absolue. Son gouvernement n'hésite pas à privatiser les secteurs du service public : le Pakistan manque cruellement de fonds, et avec ces apports, réalise des travaux devenus indispensables en cette fin des années 1980, en cette fin de millénaire. Juste un exemple : lorsqu'elle accède au pouvoir, sur 80 000 villes, communes ou villages, seuls 260 sont alimentés en électricité…

On développe les moyens de communication, également : comment faire des affaires, donc créer de la richesse, donc des emplois, donc moins de misère, en restant fermé au monde extérieur ? L'éducation est aussi une priorité, et pas moins de 18 000 écoles ou collèges seront mis en chantier sous le premier mandat de Benazir. La liste est longue mais, comme son père, elle mettra très rapidement en place son système, investissements privés et étrangers compris. En un peu plus d'un an, les exportations non traditionnelles, c'est-à-dire industrielles – notamment le coton – font un bond à la hausse de… 25 % ! Cela dit, et elle le sait pertinemment, l'opposition et les militaires effectuent un travail de sape incessant au Pakistan.

Au tout début de son mandat, Benazir Bhutto a bien évidemment fait libérer tous les prisonniers politiques, et amnistier ceux qui avaient dû s'exiler. Parmi lesquels, bien sûr, son frère Murtazar, « Mir ». Il préfère ne pas revenir, il sent un mauvais coup se préparer. « *Je ne sais pas combien de temps les mollahs et l'armée vont te laisser le pouvoir* », lui dit-il. « *Il vaut mieux que je reste au Moyen-Orient pour l'instant…* » Plus tard, Mir, qui s'est ostensiblement radicalisé, se présentera à des élections générales – et sera élu – sous les couleurs d'une faction très à gauche dans le Parti pour le peuple pakistanais, le PPP-Shaheed Bhutto. Il présentera aussi d'autres candidats sous son drapeau, y compris contre des candidats officiels du PPP… Nusrat, la mère, rejoindra Mir sur cette ligne. Et la belle cohésion familiale en sera sévèrement affectée, bien sûr.

Les doutes de Mir sont fondés. Outre les bâtons dans les roues de son gouvernement, le directeur des services secrets, l'ISI, vient lui faire une demande pour le moins cynique. Il souhaite la création d'un nouveau corps de renseignement militaire, afin d'« *assurer la continuité de* [ses, NdA] *services* ». De plus, les promotions au sommet du pouvoir devront recevoir l'aval des services secrets… En gros : voudriez-vous me prêter une batte de base-ball, que je puisse vous en mettre un coup sur l'occiput ?

Elle est bien entendu indignée : « *On me demandait ni plus ni moins que d'autoriser et légitimer la création d'un État dans l'État, qui tirerait toutes les ficelles de tous les aspects de la vie au Pakistan, à commencer par les prochaines élections !* » Évidemment, elle envoie paître le directeur des « services. »

L'opposition pakistanaise travaille d'autant mieux que par le biais de ses branches fondamentalistes, elle reçoit des fonds absolument énormes d'un certain… Oussama Ben Laden ! L'argent étant le nerf de la guerre, notamment en politique, l'IDA est donc remarquablement armée… Assez en tout cas pour acheter un certain nombre de consciences, au point qu'une motion de censure déposée au Parlement par l'opposition ne sera rejetée que de douze voix ! Parallèlement, on organise une campagne de dénigrement des Bhutto assez spectaculaire.

Peut-être bien pense-t-elle à Bill Clinton, lorsqu'elle explique que : « *Bien avant les États-Unis et l'Europe, l'ISI avait inventé la politique de destruction personnelle.* » En l'occurrence : « *Un plan méthodique et délibéré pour salir mon nom et insinuer que mon gouvernement était corrompu. Mon mari, homme d'affaires, fut une cible privilégiée de cette conspiration – et je ne pense pas que, si un homme avait été à ma place, cette stratégie aurait été utilisée contre son épouse pour le faire tomber.* »

Au Pakistan, peut-être... Mais Benazir ne se souvient probablement pas, lorsqu'elle écrit ces lignes, des mésaventures arrivées à un certain Georges Pompidou – aux obsèques duquel elle a d'ailleurs accompagné son père. Par le biais, justement, d'attaques tout simplement honteuses concernant son épouse, Claude.

Pour revenir aux Bhutto, probablement Benazir ne se doute-t-elle pas que les ennuis de ce genre ne font que commencer, et que son époux, Asif, en sera pour plus de huit ans de prison au total, sans jamais avoir été jugé... Et que son cas est toujours d'actualité aujourd'hui, en 2008 près de vingt ans plus tard...

La tactique de ses adversaires dure de longs mois, et, quand les militaires et les services secrets estiment que le fruit est mûr, ils attendent une date particulièrement propice pour terminer le « travail ». Ce sera le 6 août 1990. Alors que la planète entière et tous les médias ont les yeux fixés sur le Koweït, que les troupes de Saddam Hussein viennent tout juste d'envahir deux jours plus tôt, Benazir Bhutto est limogée pour « incompétence, corruption et malversation ». Rompez les rangs !

Peter Jennings, le présentateur vedette d'ABC News, décrira le renversement de Benazir Bhutto comme un « *coup d'État militaire aux allures constitutionnelles* » [1].

« *Pour la deuxième fois en une génération, treize ans après le putsch qui avait renversé mon père, l'armée cernait à nouveau la résidence du Premier ministre* », constate Benazir, amère. « *En voulant me détruire, les services secrets et leurs alliés fondamentalistes cherchaient aussi et surtout à empêcher la démocratie de prendre racine et s'épanouir au Pakistan. La démocratie menace leur raison d'être. À l'époque moderne, elle a toujours et partout été l'ennemie numéro un des dictateurs militaires.* »

Les militaires organisent de nouvelles élections dans la foulée, bien à leur manière. « *Une mascarade !* », hurle Benazir. Là aussi, l'armée et les services secrets ne sont pas très imaginatifs, mais en revanche très efficaces : ils reprennent la vieille recette des arrestations et des emprisonnements sans motifs des membres du PPP, en torturent un certain nombre, en assassinent d'autres, et le parti ne pourra que constater pas mal de « disparitions » de militants et de sympathisants. On parle à l'époque d'étranges voyages de camions militaires, transportant des prisonniers vers un endroit très discret et revenant à vide… Paranoïa des Pakistanais ? Il faut voir…

Parallèlement, on fait ce qu'il faut pour que le PPP ne gagne pas ces élections, outre la violence : on truque le scrutin avant, pendant et après. D'autant plus que le parti de Benazir devient de plus en plus menaçant au fil des semaines, mathématiquement. La pasionaria pakistanaise s'en plaindra amère-

---

1. ABC News, Peter Jennings, 6 août 1990.

ment à la communauté internationale, les conclusions d'observateurs indépendants à l'appui : « *Les rapports des observateurs américains soulignèrent essentiellement les fraudes préalables au scrutin. Ceux du Commonwealth et de la SAARC* [Association des pays du sous-continent indien, NdA] *s'intéressèrent d'avantage au déroulement du vote et au décompte des voix. En tout état de cause, aucun ne valida la légitimité du processus électoral...* »

La Ligue musulmane, par exemple, récolte de manière illégale selon les observateurs étrangers, 6 millions et demi de voix. Un résultat impossible, toutes les considérations mathématiques et statistiques le montrent. Mais ajoutées à ses résultats « normaux », la PML, Pakistan Muslim League, remporte 106 des 207 sièges du Parlement, donc la majorité. Un détail : la PML a dépensé sans compter, durant la campagne électorale, alors que ce parti ne dispose pas, avec la faiblesse de ses effectifs, d'un budget phénoménal. Lors d'un procès, bien plus tard, le directeur de l'ISI en place lors des législatives avouera que ses services avaient fourni 60 millions de roupies – 600 mille dollars – pour acheter pas mal de consciences, même au sein du PPP, où de nombreux cadres avaient été corrompus...

C'est donc Nawaz Sharif, leader de la Ligue musulmane, qui accède au « Matignon » pakistanais. Un islamiste radical, pour diriger un pays dont l'un des piliers porteurs les plus importants, à sa création en 1947, était bien l'islam, mais dans une pratique modérée, ouverte et respectueuse des autres religions. Une donnée sabotée avec l'arrivée du général Zia et de sa dictature. Moins, beaucoup moins d'ailleurs, par souci de convictions religieuses que pour mettre en place une force islamiste radicale, gardienne d'une idéologie rétrograde, férocement opposée à une démocratie classique. Diviser, donc régner…

Les grands patrons de l'armée et des services secrets n'abandonneront jamais cette stratégie. Et c'est ainsi que Nawaz Sharif, leader de la Ligue musulmane, accède au pouvoir avec la bénédiction de ces grands décideurs. Benazir, elle, même élue à la tête de l'opposition rassemblée, ne peut que siéger et combattre avec des mots l'entreprise de sabordage de vingt mois d'avancées au Pakistan, notamment sociales. Et hurler sa désapprobation aux décisions qui font à nouveau reculer le pays :

« *La censure fut rétablie, les syndicats à nouveau interdits… L'opposition, en outre, n'avait pas accès aux médias. Le nouveau budget privilégiait, politiquement et financièrement, des activités qui n'avaient plus rien à voir avec le développement du Pakistan, provoquant par exemple des coupes sombres douloureuses dans l'éducation.* » Quant aux réformes mises en place par le gouvernement PPP à l'intention des femmes et des jeunes filles – dispensaires, centres de planning familial, etc. – elles sont tout simplement abandonnées et démantelées.

Mais il n'y a pas que cela. À nouveau, la fille d'Ali Bhutto, même écartée du pouvoir, est la cible d'attaques perpétuelles. En mars 1991, par exemple, les services secrets montent de toutes pièces un détournement d'avion à Singapour, avec 129 passagers à bord, par Mir, son frère, et son groupe armé Al-Zulfikar. Un concours de circonstances heureux fait qu'elle est dégagée de cet acte de terrorisme. Singapour réagit immédiatement et demande à ses forces spéciales d'intervenir. L'ISI n'avait pas prévu ça… Les « terroristes » sont tous abattus avant que leur revendication soit satisfaite : ils menaçaient d'exécuter tous les passagers, sauf si… Benazir Bhutto leur donnait l'ordre de ne pas le faire !

Lorsque les familles des pirates de l'air viennent chercher leurs dépouilles, le montage est dévoilé : pas un d'entre eux n'appartient à Al-Zulfikar… La presse internationale aura d'autant plus d'infos qu'à Singapour, on leur donne tout. Elle dénoncera évidemment la supercherie, assez énorme il faut bien le dire. Mais une nouvelle preuve est faite que l'ISI ne doute de rien, et ne redoute rien.

Ce sera le lot de Benazir tout au long de son engagement politique au Pakistan – depuis 1979 en fait, lorsque son père est assassiné –, qu'elle soit au pouvoir ou dans l'opposition. Un harcèlement incroyable, chaque jour ou presque, dans tous les domaines de sa vie, privée ou politique, et sous toutes les formes, de la prison à l'exil, de la diffamation à des tentatives d'assassinats. Lorsqu'elle en parle, elle donne surtout dans le descriptif, et avoue parfois que la chance a souvent été à ses côtés. Jamais, ou très rarement elle ne parle de ses états d'âme, sauf quand ce sont des proches qui pâtissent de son action.

Et pourtant… De sa première arrestation en 1977, alors qu'elle n'a pas vingt-quatre ans, à sa mort trente ans plus tard, elle aura subi ces pressions, d'une violence assez inouïe… Les questions étant : quel être humain normalement constitué, en l'occurrence une femme, peut résister à un traitement pareil trente années durant ? De quel bois faut-il être fait pour subir, et surtout résister à tout cela ? Combien de personnages politiques, sur un million, n'auraient-ils pas à un moment ou un autre cédé, en se disant : « *Bon, eh bien ça va, maintenant. J'arrête tout, c'est décidément payer trop cher* » ? Peut-être bien un million…

La fille d'Ali Bhutto, elle, outre une intelligence politique innée – peut-être bien une histoire d'ADN… – possède une force de conviction et une volonté qui sortent du domaine du rationnel. Opiniâtre, parfois têtue, ce qui est moins bien, elle s'est visiblement donné une mission sacrée à la mort de son père, alors qu'elle ne se destinait pas du tout à la politique intérieure. « *Je n'étais pas une politicienne* », dit-elle d'ailleurs un jour. De plus, les coups durs qui jalonnent son parcours et qu'elle encaisse, en particulier la mort de son père et de son frère, au lieu de l'abattre, semblent au contraire stimuler plus encore l'engagement total qu'elle a pris.

Portée par la foi ? Peut-être. Par une ambition énorme ? À coup sûr, mais cette recherche du pouvoir est tout aussi sûrement guidée par l'avenir de son pays. Elle incarne en fait l'ambition d'un peuple pakistanais à la recherche de liberté et de dignité. Un idéalisme inouï ? Assurément. Mais filtré par la raison, le calcul savant et parfois le pragmatisme, quand il le faut.

Pour le pouvoir en place, il s'agit bien sûr, entre chaque période électorale, de la harceler, de l'affaiblir, voire de l'anéantir et le PPP avec. Les militaires pakistanais, lorsqu'ils en discutent, doivent en parler… militairement, en termes de frappes préventives. Le Premier ministre, Nawaz Sharif, n'est pas un soldat. Mais dès sa consécration à la tête du gouvernement, il s'applique à asseoir son pouvoir durablement. Sachant que le Pakistan doit désormais fonctionner avec deux têtes : la sienne, au nom d'un islam dur, et celle du duo armée-services secrets. Deux personnes le gênent pour finaliser son plan : Benazir Bhutto, bien sûr, mais aussi le président Ishaq Khan, avec à la marge, l'idée de devenir calife à la place du calife…

Pour arriver à ses fins, il nomme un fidèle à la direction du Bureau du renseignement civil intérieur, le général Imtiaz. À charge pour ce dernier, entre autres, de monter des cabales efficaces contre Benazir et les cadres du Parti pour le peuple pakistanais.

Pour ce qui concerne le président de la République, ça va se compliquer. Considéré comme un « mou » par les militaires, Ghulam Ishaq Khan n'en est pas moins très attentif à la suite de sa carrière... Des détériorations latentes s'aggravent dans ses relations avec son Premier ministre, dont il lit très bien le jeu. Et à la première occasion, après un désaccord pour la nomination d'un nouveau chef d'état-major, poste sensible s'il en est, c'est le clash. Après s'être copieusement insultés lors d'une émission télévisée, une grande première au Pakistan, le président sort l'arme fatale : le huitième amendement de la Constitution, qui lui permet de limoger le Premier ministre et son gouvernement, et de dissoudre les assemblées parlementaires.

Une arme fatale à Nawaz Sharif, donc, héritier spirituel d'un certain général Zia... lui-même « inventeur » de ce fameux huitième amendement ! Un retour de boomerang à retardement, en quelque sorte.

Conséquence immédiate : de nouvelles élections doivent être organisées dans les quatre-vingt-dix jours. Ce sera en octobre 1993. Et, bien évidemment, Benazir Bhutto se lance immédiatement dans la campagne...

13

La grande menace intégriste

L ES ÉLECTIONS anticipées d'octobre 1993, *a priori*, n'entraient pas dans le programme des militaires pakistanais et de l'Inter-Services Intelligence. Pas plus que la destitution du Premier ministre Nawaz Sharif pour « *incompétence, corruption et malversations* », bien entendu... Ce scrutin risque de leur être très défavorable, après les inepties gouvernementales de ce même Nawaz Sharif, qui ont particulièrement énervé les Pakistanais. Pour tout dire, le pouvoir risque bien de leur échapper à nouveau, au profit du PPP et donc de Benazir Bhutto.

Et le temps presse : malgré les campagnes incessantes de déstabilisation du PPP, les complots montés contre elle, Benazir tient toujours la barre. Ses opposants, les services secrets en tête, auront-ils le temps de lui briser les ailes en quatre-vingt-dix jours ? La réponse semble bien être non. Et les plus durs de l'ISI passent à une autre option, qu'ils veulent définitive : l'assassiner, purement et simplement.

« *L'ISI n'en était plus à financer l'opposition pour m'écarter du pouvoir* », explique-t-elle ainsi. « *Il s'agissait maintenant de me faire disparaître définitivement du paysage politique, de m'éliminer une bonne fois pour toutes, et renverser du même coup le principal obstacle à leur rêve de califat.* » Car c'est bien de cela qu'il s'agit : si les Soviétiques ont quitté l'Afghanistan près de quatre ans plus tôt, les talibans et autres moudjahiddines, dont les principales bases d'entraînement, logistiques et opérationnelles se trouvent au Pakistan, dans les zones tribales, sous l'œil bienveillant des « services » et de l'armée, préparent leur guerre sainte contre l'Occident.

Ce n'est d'ailleurs pas un hasard si le nom d'Oussama Ben Laden commence à circuler sous le gouvernement de Nawaz Sharif. L'argent que l'intégriste milliardaire a livré à Sharif et à ses alliés, pour la campagne électorale de 1990, mérite assurément compréhension et gratitude. C'est ainsi que Nawaz Sharif, en exercice, laissera des zones entières à disposition des terroristes, au nord-ouest du Pakistan, au prétexte qu'elles sont « *ingouvernables* »… Et le même Sharif, à la grande satisfaction des militaires et des services secrets pakistanais, autorisera Oussama Ben Laden à installer sa base sur le sol même du Pakistan. D'ailleurs, c'est bien alors que Nawaz Sharif est aux commandes que se déroule le premier grand attentat d'Al-Qaïda, en février 1993, contre le World Trade Center à New York.

Le processus qui aboutira au 11-Septembre, entre autres, est donc largement entamé. Et il n'est pas question qu'une Benazir Bhutto vienne compromettre tout ce travail de fond d'Al-Qaïda. C'est ainsi qu'elle échappe assez miraculeusement à deux attentats avortés, mais programmés pour être particulièrement sanglants. Pour ces deux tentatives d'assassinat, l'ISI s'est attaché les services d'un grand spécialiste, un certain Ramzi Yousef, par l'intermédiaire de son oncle, bien connu des services secrets occidentaux, Khalid Sheikh

Mohammad. Ce dernier deviendra par la suite l'un des cerveaux d'Al-Qaïda, et il est soupçonné d'être lui-même l'auteur de l'exécution inhumaine du journaliste David Pearl, décapité…

Ramzi Yousef n'est pas non plus un inconnu de la CIA et du FBI : c'est lui qui, à la tête de sa cellule terroriste, a planifié l'attentat contre le World Tarde Center, quelques mois plus tôt, le 26 février 1993… Visiblement, les services secrets pakistanais ont décidé de passer à la vitesse supérieure.

Tout aussi visiblement, Benazir Bhutto est touchée par la grâce. Non seulement par deux fois elle échappe assez miraculeusement à la mort, à quelques encablures des élections d'octobre, mais elle et le PPP remportent ce scrutin haut la main, après avoir toutefois passé un accord avec les centristes pakistanais. Et, pour la deuxième fois, elle devient Premier ministre.

L'armée ne bouge pas une oreille : les généraux ont toujours bénéficié de l'appui de Washington, tant qu'il fallait mettre des bâtons dans les roues de l'URSS en Afghanistan, mais les lignes ont bougé de manière sensible. En finançant militaires et services secrets pakistanais, la CIA, à l'image du docteur Frankenstein, a pris conscience d'avoir créé un monstre incontrôlable, avec l'émergence d'Al-Qaïda ; elle se doit maintenant d'arrêter sa créature. Enfin : au moins en apparence… Elle vient en effet de frapper sur le sol US une première fois, en février, au WTC, et l'objectif « visible » est désormais de calmer les appuis de Ben Laden au Pakistan. Donc de favoriser le retour de Benazir Bhutto au pouvoir, et d'empêcher qu'on la renverse.

Il est probable que Benazir, très consciente de la situation, ait quelque peu profité de ce changement de cap. Même si la tâche s'annonce très ardue, sur deux fronts : « *En prêtant serment pour la deuxième fois, je songeais à tous les défis que le Pakistan devrait relever. Mon pays était à deux doigts d'être inscrit sur la liste des États terroristes, et le Pakistan était au bord de la faillite...* »

Comme son père avant elle, comme elle avait attaqué son premier mandat aussi, elle impose à son gouvernement une marche forcée dès ses premiers jours de pouvoir. Avec l'énergie de ses quarante ans, mais aussi l'expérience qu'elle a acquise, quitte à donner dans le pragmatisme le plus affirmé : la situation du pays est critique. Côté économie, le Pakistan s'ouvre à nouveau aux investissements étrangers et relance un programme de privatisation :

« *En un an, mon gouvernement battait tous les records, attirant 20 milliards de dollars d'investissements étrangers, soit plus que tout ce que le Pakistan avait reçu en quarante ans... Ce qui nous permit évidemment de relancer l'économie. Avec les recettes des privatisations, nous avons essentiellement remboursé la dette extérieure, pourtant énorme, au point de devenir le premier gouvernement pakistanais à rembourser le capital, et non plus seulement les intérêts.* »

D'autres décisions drastiques, difficiles à prendre devant un électorat de gauche, seront mises en chantier. Avec des résultats probants, toutefois : en un peu moins de trois ans de gouvernement Bhutto, le taux de croissance du Pakistan passe du simple au triple. La croissance agricole, qui stagne depuis de longues années, augmente pour sa part de 7 %. Des chiffres plus qu'intéressants, qui seront d'ailleurs salués au plan international.

L'axe social est lui aussi mené tambour battant, dès les premières semaines : éducation, logement, santé, infrastructures, droits des femmes, etc., sont arrosés d'investissements. Mais là encore, Benazir Bhutto joue le partenariat public-privé. Si l'État investit énormément, le secteur privé pakistanais, qui retrouve son souffle, donne également beaucoup. Et pas à fonds perdus, bien évidemment... En outre, le Pakistan bénéficie de très grosses subventions d'organisations de développement internationales. Des fonds rarement distribués à tort et à travers, là aussi, d'un point de vue plus géopolitique.

À l'heure du bilan, Benazir admet que toutes ces décisions n'ont pas été faciles à prendre. Mais elle aime aussi à souligner que : « *Un rapport du BIT* [Bureau international du travail, NdA] *souligne que le Pakistan n'a jamais créé autant d'emplois que quand j'étais au pouvoir.* » Un très bon point, certes, mais le pays a aussi d'autres problèmes, fondamentaux, à régler.

***

Lors de son premier passage à la tête du gouvernement, une vingtaine de mois en tout, Benazir avait bien senti que l'activité des talibans et des fondamentalistes, sur le territoire du Pakistan, commençait à poser de sérieux problèmes. Elle s'en était inquiétée, en avait parlé, mais n'avait pas eu le temps de se pencher sérieusement sur la question. D'autant plus que ses services secrets ne se montraient pas plus préoccupés que cela. Et pour cause : ils se consacraient à faire le nid des terroristes, dans les zones tribales du Nord-Ouest !

Lorsqu'elle retrouve les ors de Rawalpindi, dans sa résidence de Premier ministre, cinq années se sont écoulées.

Et la situation a considérablement évolué, même si elle estime que, lors de son premier mandat : « *Le dossier le plus grave et le plus intimidant que j'ai eu à traiter fut la situation en Afghanistan. Depuis que les Soviétiques l'avaient envahi, en 1979, le Pakistan s'était allié aux États-Unis pour soutenir les moudjahidines. Pour Washington, cette intervention était un élément stratégique de la guerre froide : l'Afghanistan lui fournissait une occasion d'épuiser les ressources et l'influence de l'Union soviétique. Les Américains tentaient d'exploiter toutes les failles de l'invasion et de l'occupation soviétiques pour en faire une bataille décisive, qui mettrait fin à la guerre froide. Par le biais des Afghans, de l'ISI et de l'armée pakistanaise, les USA ont mené en Afghanistan une guerre sanguinaire, qu'ils ont fini par remporter, et qui a très directement contribué à l'implosion de l'URSS en 1990.* »

L'analyse de Benazir Bhutto a le mérite d'être absolument limpide, dans un cadre aussi compliqué. Et ses conclusions sont de toute première main : elle était Premier ministre en 1989 et 1990, et un chef de gouvernement connaît parfaitement les arcanes de ce qui se passe chez lui, même s'il doit subir les conséquences de décisions prises par d'autres avant lui. Et puis, il y a aussi, dans les services secrets et l'armée, des loyalistes qui ont des informations. Les soucis sont donc, par exemple, de gérer trois millions de réfugiés afghans poussés par la guerre sur son territoire. Ou encore, deux mois après avoir été nommée à la tête du gouvernement, avoir à négocier à propos de l'avenir de l'Afghanistan, alors que son armée et ses services secrets, hostiles, en tiennent toutes les cartes en mains. Ces derniers iront jusqu'à proposer une confédération entre le Pakistan et l'Afghanistan, ou de lancer l'armée pakistanaise sur Kaboul, le but étant désormais de renverser un gouvernement de transition afghan trop « prosoviétique ».

Benazir aura à subir une pression énorme et constante de ses généraux et des responsables de l'ISI. La résistance afghane est même prête à prendre les rênes dans son pays, sous la forme d'un Gouvernement intérimaire d'Afghanistan (AIG), sous l'égide du Pakistan ! Il suffirait que ce dernier – donc le gouvernement de Benazir Bhutto – soutienne les têtes pensantes de l'AIG officiellement. Elle refuse : elle ne soutiendrait, en tout état de cause, qu'un président modéré. Les négociations sont également compliquées par les pressions de l'Arabie saoudite et de l'Iran, respectivement prochiites et prosunnites…

« *Je consacrais énormément de temps à ces négociations avec les groupes de la résistance afghane* », confie Benazir. « *J'avais souvent l'impression qu'ils étaient sous la coupe* [de ses propres, NdA] *services secrets, qui leur interdisaient le moindre compromis. [Ses, NdA] services de renseignements, quant à eux, juraient leurs grands dieux qu'ils faisaient tout pour convaincre les Afghans, mais en vain. Nous en étions donc tous réduits à jouer au chat et à la souris.* »

Chacun campe sur ses positions, la situation est ingérable. Par ailleurs, les militaires et les « services » ne peuvent évidemment pas renverser un Premier ministre, élu par le peuple, deux mois après son investiture. Mais leur décision est prise rapidement : il faut que Benazir Bhutto tombe, et vite. L'option politique est privilégiée, donc, avec une arme redoutable : l'argent. Celui qui corrompt, bien sûr. Celui d'Oussama Ben Laden, en l'occurrence. Même si elle répugne à le dire, son premier mandat aura aussi été marqué par le lâchage d'un certain nombre de parlementaires, y compris du PPP. Quand un milliardaire met 10 millions de dollars sur la table, ainsi que l'a fait Ben Laden pour faire tomber Benazir Bhutto, certaines consciences ne sont plus tout à fait imperméables… L'exemple de la motion de censure de novembre 1985 contre le gouvernement de Benazir Bhutto, rejetée avec seulement douze voix d'avance pour un Parlement pourtant largement acquis à sa cause, théoriquement, illustre parfaitement cette nouvelle donnée.

« *En 1989, Oussama Ben Laden n'avait pas encore créé Al-Qaïda* », révèle-t-elle. « *J'ai entendu prononcer son nom pour la première fois lorsqu'il finança cette vaste entreprise pour renverser mon gouvernement en 1989 et 1990.* » Ben Laden, lui, connaît en revanche bien le Pakistan. Et pour cause : il y a participé, depuis les zones tribales des Territoires du Nord-Ouest, à la mise en place et à la gestion de la résistance afghane à l'URSS. Après le départ de cette dernière, Ben Laden séjourne en Arabie saoudite mais, pressé par l'armée et les services secrets pakistanais, il revient dans les zones tribales pakistanaises. Le but, on le sait : éjecter Benazir Bhutto du pouvoir. Mais ce n'est qu'une première étape.

« *L'intervention soudaine de Ben Laden dans la politique intérieure pakistanaise aurait dû nous faire comprendre que son objectif – et celui des autres partisans de la guerre sainte – était bien plus ambitieux qu'il n'y paraissait : il ne s'agissait pas tant de chasser les occupants soviétiques d'un pays musulman que d'imposer une version déformée d'un califat d'États musulmans, allant de l'Europe à l'Asie et à l'Afrique, et placé sous le contrôle des extrémistes religieux.* »

Cette analyse de Benazir est probablement la première du genre, à l'époque, et elle est d'une pertinence de visionnaire. L'Occident n'a aucune idée de ce qui se prépare. Ça ne sera pas faute d'avoir été prévenu par cette dernière, longtemps à l'avance, d'autant plus qu'elle reste la mieux placée pour voir bouger les lignes depuis son pays. Elle est également la première à noter – il y a aussi des membres légalistes, dans les services secrets et l'armée, qui la renseignent – le revirement des moudjahidines. Ils se retournent progressivement contre les États-Unis et l'Occident, leurs protecteurs très actifs dans le conflit contre l'Union soviétique, au fil du temps.

« *Très peu de gens le savaient à l'époque, mais la fin de l'occupation soviétique marqua le début d'une nouvelle guerre : les extrémistes religieux étaient déterminés à s'en prendre à l'Occident, au nom de l'islam.* » Dès juin 1989, d'ailleurs, elle met sérieusement en garde George Bush père, lors d'une visite officielle à Washington. Elle lui rappelle que le Pakistan de Zia et les États-Unis avaient choisi de soutenir la résistance la plus radicale à l'URSS, mais que cette dernière, les Soviétiques partis, risquait bien de devenir incontrôlable. « *Monsieur le président, je crains que nos deux pays n'aient créé un monstre qui pourrait bien revenir nous hanter à l'avenir...* », lui prédit-elle. Sa vision des choses, douze ans avant le 11 septembre 2001, est on ne peut plus en avance sur son temps...

Pour Benazir Bhutto, destituée en 1990 et candidate à sa propre succession lors d'un nouveau scrutin la même année : « *Le début de l'ère du terrorisme international a commencé avec la manipulation des élections de 1990, au Pakistan, et l'arrivée au pouvoir de Nawaz Sharif. Les actes de terrorisme, dont le monde n'a réellement pris conscience qu'à partir du 11 septembre 2001, ont été le catalyseur visant à provoquer ce que le chercheur d'Harvard Samuel Huntington*

*a appelé un "choc des civilisations", entre le monde arabe
et l'Occident. Une catastrophe historique était en marche,
après ces élections.* » Lorsqu'elle revient au pouvoir en 1993, son couronnement est précédé de deux tentatives d'assassinat. En la personne de Ramzi Yousef, qui dispose d'une cellule terroriste, ce sont bien Al-Qaïda et Ben Laden qui en sont les exécutants, à la demande de l'ISI. Il est d'ailleurs diaboliquement prévu de faire porter le chapeau à Murtaza et Al-Zulfikar – Benazir et son frère sont en froid, politiquement, à l'époque. Lorsque Benazir parvient à faire arrêter Ramzi Yousef, ce dernier en convient. Mais elle ne le garde pas, et le fait extrader vers les États-Unis, où il doit répondre de l'attentat de février 1993 au World Trade Center – six morts, plus de mille blessés. Aux dernières nouvelles, il est toujours en prison, et n'est probablement pas près d'en sortir : il a été condamné à 240 années, le 8 janvier 1998.

Dans cette lutte indispensable contre Al-Qaïda, Benazir Bhutto prendra son bâton de pèlerin à de nombreuses reprises entre 1993 et 1996, pour expliquer en Occident l'ampleur du danger. Il y va de la sécurité mondiale, mais aussi de l'histoire du Pakistan, et enfin de sa propre survie politique, essentielle pour contrecarrer un terrorisme international dont la base est précisément le Pakistan. Et on ne peut qu'adhérer à la réflexion qu'elle livre en 2007 :

*« Ce n'est à mon avis pas tout à fait un hasard si la
plupart des attentats terroristes de grande envergure ont eu
lieu lorsque les extrémistes n'avaient pas en face d'eux un
gouvernement pakistanais démocratique, lorsqu'ils opéraient
sans aucun contrôle ni surveillance. Je pense notamment
aux attentats de 1993 et 2001 sur le World Trade Center, aux*

attentats de Bombay, à l'attaque du Parlement indien, aux opérations menées contre les ambassades des USA en Afrique et l'USS Cole au Yémen. Je suis convaincue que si mon gouvernement n'avait pas été renversé en 1996, les talibans n'auraient pas pu laisser Oussama Ben Laden établir sa base en Afghanistan, recruter et entraîner ouvertement des jeunes gens des quatre coins du monde musulman et déclarer la guerre à l'Amérique en 1998. »

Benazir explique aussi de manière sibylline et sans plus de précision : « *Pour ma part, je n'ai jamais hésité à employer la manière forte* » contre les extrémistes. Et il faut bien constater qu'en effet, aucun attentat d'envergure internationale n'a été perpétré sous ses gouvernements. C'est ce qu'elle explique à la communauté internationale, qui ne saisit pas ses propos à leur juste valeur, à l'exception probable des États-Unis. En Grande-Bretagne, par exemple, où les imams prêchent en toute liberté la guerre sainte dans les mosquées, elle conseille au Premier ministre, John Major, de les surveiller plus étroitement.

« *John Major ne comprit pas* », regrette-t-elle. « *La menace fondamentaliste était pour moi flagrante, car les terroristes et les extrémistes faisaient partie de mon quotidien. L'Occident n'en avait pas encore pris la mesure. Il y serait hélas bientôt confronté.* » Londres paiera lourdement cette négligence en 2003, et, depuis, les imams sont sous étroite surveillance. Trop tard, pour les centaines de victimes britanniques du 11 mars 2003.

Dans le même ordre d'idée, lorsque Ramzi Yousef, le candidat à l'assassinat de Benazir Bhutto est arrêté, en 1995, il est en possession de plans d'attaques terroristes. L'un d'eux sidère Benazir : il s'agit de détourner des avions de lignes américains et de les lancer contre les gratte-ciels ! Il s'agit bien là de la préfiguration du 11-Septembre, cinq ans avant ! Il ne fait aucun doute, même si elle n'en parle pas, que ces informations ont été transmises au minimum à la CIA. « *Parallèlement, Al-Qaïda prévoyait de détourner le même jour plusieurs vols commerciaux au-dessus du Pacifique, pour réaliser une attaque terroriste de grande envergure* », dévoile-t-elle.

Après le 11-Septembre, on ne peut que s'en souvenir, les services secrets états-uniens ont été roulés dans la fange, tous services confondus : ils n'avaient pas su prévoir cette catastrophe... On le sait aujourd'hui, pourtant, pas mal de services secrets occidentaux avaient alerté les USA de cette attaque imminente, la DGSE française et l'Allemagne en tête, d'ailleurs. Benazir Bhutto, elle, leur fournit le plan d'Al-Qaïda clé en main... six ans avant, en 1995 !

Dans ces conditions, avec son « effet de surprise intégral » invoqué pour toute explication devant un pareil massacre, l'administration Bush repassera une autre fois... Très objectivement, à la lumière de ces informations, dont en particulier le véritable « scoop » lâché par Benazir Bhutto dans son autobiographie, parue en janvier 2008, on est en droit de se poser un certain nombre de questions... Y compris, et surtout, sans donner dans le conspirationnisme : ces faits géopolitiques, réels, parlent tout simplement d'eux-mêmes.

L'arrestation de Ramzi Yousef, en 1995, sous Benazir Bhutto, aurait ainsi pu se révéler déterminante pour la suite des événements mondiaux. De plus, il est extradé aux États-Unis dès que son interrogatoire est terminé au Pakistan. En gros, Benazir donne, en 1995, une sommité terroriste d'Al-Qaïda aux USA, et les informations qui vont avec. Il serait extraordinairement étonnant que le terroriste n'ait pas répété, lors de ses interrogatoires aux États-Unis, où il avait déjà sévi, ce qu'il avait dit au Pakistan. Et il serait vraiment sidérant, aussi, que Ramzi Yousef n'ait pas dû s'expliquer devant les services secrets états-uniens à propos des plans d'attaques aériennes retrouvés en sa possession. En général, la CIA sait très bien faire dire ce genre de choses.

Les informations récoltées, avec la prise de ce gros poisson, auront enfin eu le don de révéler à Benazir Bhutto et à son gouvernement une donnée alarmante, pour le Pakistan, mais aussi pour le monde entier : la multiplication assez énorme des *madrasas*, les écoles coraniques. À l'origine, ces structures musulmanes d'instruction pratiquent l'enseignement et la lecture du Coran, certes, mais aussi la philosophie, les mathématiques, le droit et l'astronomie. Les extrémistes musulmans, eux, leur trouvent une tout autre utilité : le lavage de cerveau et l'endoctrinement pur et simple, radical et haineux, contre les « Infidèles », c'est-à-dire en gros l'Occident.

Le gouvernement de Benazir mettra la pression sur un réseau devenu très dense au Pakistan, comme il le constate : placement sous haute surveillance de ces écoles coraniques, contrôles fréquents, fermetures de certaines, parfois, etc. Mais ça ne durera que moins d'un an, puisque Benazir sera renversée en août 1996, au bénéfice des militaires protalibans... Aujourd'hui, en 2008, ces écoles de la haine se comptent par dizaines de milliers au Pakistan. Benazir Bhutto aura pu apprendre, toutefois, que les « étudiants » islamistes étaient en provenance de... vingt-six pays différents.

***

À Islamabad, la pression ne se dément pas sur le gouvernement. Les militaires le travaillent sur plusieurs fronts. Ils veulent de Benazir Bhutto qu'elle donne son accord pour prendre par la force le Cachemire sous administration indienne, pas moins ! C'est le directeur des opérations militaires, un certain général Pervez Musharraf qui soutient ce projet. Elle se voit même proposer l'appui de « *100 000 moudjahidins aguerris* », fournis par un certain Oussama Ben Laden… Évidemment, elle refuse cette option guerrière, même si le Cachemire connaît une période trouble, durant laquelle une résistance dispersée veut faire valoir le droit de la région à l'autodétermination, appuyée par les musulmans intégristes, bien sûr.

Les extrémistes, eux, font également le forcing, par le biais d'un noyautage de l'armée, dans laquelle Benazir Bhutto avait pourtant semblé remettre un peu d'ordre. C'est ainsi qu'une tentative de putsch est déjouée au dernier moment, en septembre 1995. L'opération, menée par le général Muntassir, prévoyait également l'élimination de Benazir… « *Ce noyautage de l'armée m'inquiétait beaucoup* », révèle Benazir. Elle ne le sait pas encore, mais les jours de son gouvernement sont comptés. Il lui reste moins d'un an, en fait, mais avant cela elle devra payer encore très cher son engagement pour la démocratie.

Début 1996, elle apprend que les généraux comptent bien, désormais, se débarrasser d'elle. Quelques mois plus tôt, une partie de « chaises musicales » entre l'armée et l'ISI leur a permis de redonner toute sa puissance à l'intégrisme au sein des services secrets. En mars, un commandant, fidèle au gouvernement en place, l'informe que l'ISI, justement, travaille beaucoup à la compromettre dans des affaires de corruption bidons, et donc dans une crise institutionnelle qui lui serait fatale… En août, elle apprend que le renseignement militaire a posé un ultimatum au président de la République : ou bien il limoge le gouvernement Bhutto, ou bien l'armée se charge de le faire « sauter » et l'un et lui…

C'est dans cette atmosphère terriblement tendue que Benazir reçoit le coup de grâce, le 20 septembre 1996 : son frère Mir, avec qui elle s'est réconciliée politiquement, alors que « *la famille était à nouveau réunie* », dit-elle, est abattu par la police devant sa maison de Karachi ! C'est évidemment l'effondrement, à nouveau, dans une famille décidément maudite. Après son père et son jeune frère Shah, c'est le tour de Murtazar, « Mir »… De plus, Nusrat, sa mère, commence à connaître de très graves problèmes de santé.

« *Tous les hommes du clan Bhutto étaient maintenant morts* », écrit-elle, assez désespérée. « *De la famille qu'avait fondée mon père, il ne restait que ma mère, ma sœur Sanam et moi… Nous prîmes le grand deuil, et ma mère réagit très mal au meurtre de son dernier fils. Pour ma part, j'étais brisée par la douleur. L'assassinat de Murtazar, par ailleurs, n'était peut-être pas étranger aux intrigues qui visaient à déstabiliser mon gouvernement…* »

On peut donner crédit à cette accusation au conditionnel de Benazir : l'assassinat de Mir Bhutto n'a jamais été éclairci, même si l'on sait que lui et six de ses amis ont été tués de plusieurs balles par des policiers. Des témoins visuels ont affirmé qu'il n'y avait pas eu d'altercations et que les sept hommes avaient été abattus de sang froid.

Mais en tout état de cause, Benazir, sa mère et sa sœur ont à peine terminé leur grand deuil, selon la coutume musulmane, lorsque le gouvernement Bhutto est destitué par le président de la République, pour « *incompétence, corruption et malversation* », comme à l'habitude. Le huitième amendement de la Constitution, inventé par le dictateur Zia, avait encore frappé. Ce serait la dernière fois. Détail : ça se passe le 4 novembre 1996, alors que la planète entière regarde ailleurs, en l'occurrence les USA où se jouent précisément les élections présidentielles. Il ne faut pas croire aux coïncidences de dates, en géopolitique…

L'assassinat de Mir Bhutto entrait-il dans la stratégie des ennemis de Benazir Bhutto ? Abattre un homme fort du PPP, même dissident, donc l'affaiblir politiquement, mais surtout la toucher très durement dans son âme, en exécutant son dernier frère, le dernier homme de la « tribu » ? Peut-être bien, mais le mystère demeure sur ce crime.

Ceci étant, avec cette nouvelle tragédie, il semble bien que Benazir pose un genou à terre pour la première fois. Les hommes de la famille ont été éradiqués, sa mère devient petit à petit invalide, et sa sœur, Sanam, aussi fidèle qu'elle soit, n'a jamais souhaité s'engager. Pour tout dire, Benazir est à ce moment-là la dernière des Bhutto… Et elle prend conscience de cette solitude. « *Je sentais tout le poids du monde sur mes épaules* », dit-elle d'ailleurs de cette période. Certes, son entente parfaite avec son époux, Asif, est un soutien de choix. Mais lorsqu'on a demandé à ce dernier s'il s'engagerait aux côtés de Benazir, quand ils se sont mariés, sa réponse avait été assez claire : « *Une seule grande tête politique dans une cellule familiale, c'est assez. Je me contenterai de l'aider et de la soutenir* », avait-il répondu en riant.

Benazir avait probablement des soutiens au sein de l'armée et des services secrets, malgré tout. On ne peut expliquer autrement qu'elle ait échappé à un nombre insensé de tentatives d'assassinat, sachant que l'ISI et les extrémistes religieux font rarement les choses à moitié. Malgré tout, ses adversaires jouaient sur deux tableaux : l'élimination physique si possible, et un travail de sape psychologique énorme et incessant.

C'est bien dans cette logique qu'après la mort de Mir, qui la touche très durement, c'est désormais à Asif, son mari, qu'on va s'en prendre. Dès la destitution de Benazir, il est accusé d'une multitude de crimes et délits. On lui reproche notamment... l'assassinat de Mir Bhutto ! Et on charge sa barque : corruption, enlèvements, meurtres, etc. Autant d'accusations fantoches, qui lui vaudront huit ans de prison, sans aucune preuve et sans aucun jugement ! C'est juste hallucinant... La « justice » pakistanaise estimera toutefois qu'il n'a rien à voir dans la mort de Mir Bhutto peu après, en 1997. On ira même jusqu'à lui promettre la liberté, à charge pour lui d'« interdire » à son épouse de se représenter à des élections à jamais... Il refusera, préférera le cachot à une sordide trahison. Benazir ne l'en admirera que plus.

« *Je reste intimement convaincue que son unique crime était d'être mon époux...* », en dira amèrement Benazir. Sa famille est décimée, son mari est en prison, et pourtant elle tient tête et ne lâche rien... Il y a là, véritablement, quelque chose de surhumain. Imperméable aux attentats – et la chance n'explique pas tout –, résistant aux multiples drames familiaux qui la touchent pourtant profondément, Benazir Bhutto est toujours debout. La conviction intégrale, la passion et l'engagement personnel total expliquent bien des choses, mais pas tout. Il y a quelque chose d'inexplicable, de « surnaturel » chez cette femme... Peut-être bien, à la réflexion, l'égrégore fourni par les dizaines de millions de Pakistanais qui croient en elle, prient pour elle, et espèrent en elle.

On charge la barque de Benazir, également, en matière de délits, notamment de corruption. C'est de bonne guerre. Avant les élections anticipées de 1997, le président octroie une part de pouvoir politique non négligeable à l'armée, et ce scrutin – auquel Benazir se présente envers et contre tout – sera une parodie pire encore que ce que le Pakistan avait pu connaître jusque-là. « *Les fraudes et la corruption firent de cette campagne électorale une mascarade encore plus grotesque qu'en 1990. Au bout du compte, le PPP n'eut droit qu'à 18 sièges à l'Assemblée nationale contre 137 pour la Ligue musulmane de Nawaz Sharif. Mais je poursuivis mon combat, depuis les bancs de l'opposition...* », raconte-t-elle.

Dix-huit sièges pour le plus gros parti politique du Pakistan : c'est surréaliste, et en tout cas totalement erroné si l'on prend tout simplement un point de vue mathématique.

Nawaz Sharif et sa Ligue musulmane sont donc propulsés au pouvoir, à la grande satisfaction des généraux et des responsables des services secrets. Le Pakistan va désormais pouvoir donner libre cours, sans entraves, à son soutien intensif aux talibans et aux moudjahidines dans leur guerre sainte. L'une des premières initiatives de Nawaz Sharif, nouveau Premier ministre, sera de préparer un projet de loi sur l'« islamisation » du Pakistan... qui est déjà une république islamiste ! Mais probablement pas assez au goût de Sharif, grand administrateur du régime taliban, « *une*

forme de société qui conviendrait parfaitement au Pakistan ».
Joli programme, avec pour corollaire le projet d'imposer la
charia, la loi islamique, et à terme le but de faire du Pakistan
un État théocratique...

En 1999, toutefois, se produit le désastre de Kargil. Une
fois encore l'armée pakistanaise essaie de prendre le contrôle
du Cachemire sous administration indienne. D'autant plus
sûre d'elle que cette région abrite des indépendantistes
islamistes durs, notamment soutenus par l'Afghanistan. Ce
sera encore un cuisant échec. Mais surtout, la communauté
internationale retient son souffle. On est à deux doigts d'un
conflit nucléaire indo-pakistanais. Et l'un des deux prota-
gonistes, le Pakistan, n'est, à ce moment-là, que l'expression de la doctrine d'Al-Qaïda...

Cet incident mobilisera la planète, qui a bien compris
l'enjeu. Et finalement l'épisode se terminera sur un revers
cuisant du Pakistan. Après cette défaite lourde, tant militairement que politiquement, il faut à Islamabad trouver des
responsables à cette humiliation. Les militaires annoncent
avoir opéré avec l'accord du Premier ministre, Nawaz Sharif,
ce dernier jure ses grands dieux qu'il n'a pas été mis au
courant de cette initiative désastreuse. Le mariage religieux
a du plomb dans l'aile, et le 12 octobre 1999, Nawaz Sharif
démet de ses fonctions le général Pervez Musharraf, devenu
chef d'état-major interarmées.

La réponse est fulgurante : dans les heures qui suivent,
l'armée renverse le gouvernement, fait arrêter le Premier
ministre, dissout l'Assemblée nationale et instaure l'état
d'urgence. Cette fois, c'est bien d'un putsch qu'il s'agit, et
il est réussi. Pervez Musharraf s'autoproclame évidemment
président de la République et, répétant la démarche de Zia,

prend son temps pour convoquer un référendum, en avril 2002. Le but est de reconduire, dans la légitimité cette fois, son mandat de président, pour cinq ans. Avec à la sortie, un score de république bananière : 98 % de « oui » à son vœu ! On ne s'attardera même pas sur les conditions d'organisation de ce scrutin...

« *Plutôt qu'une démocratie, nous nous retrouvions avec un politburo, mais la communauté internationale, obnubilée par la montée du terrorisme islamiste, ferma les yeux* », constate pour l'occasion Benazir Bhutto. « *Le message de Musharraf à l'Occident était très clair, avec le "soutien massif" de la population aux islamistes : il était le seul capable de faire échec à la mainmise des fondamentalistes sur un Pakistan nucléarisé* », analyse-t-elle.

Bien avant tout cela, en avril 1999, Benazir Bhutto joue son rôle d'opposante à l'Assemblée nationale, contre la majorité de Nawaz Sharif. Dans le même temps, elle voyage beaucoup, et explique aux quatre coins de la planète le danger islamiste qui guette son pays. Elle multiplie les visites aux grands de ce monde, les conférences, les appels. Et c'est alors qu'elle est à l'étranger que le gouvernement de Nawaz Sharif lance un mandat d'arrêt contre elle. Autrement dit, elle ne peut plus remettre les pieds au Pakistan. C'est le début d'un nouvel exil, le plus souvent entre Londres et Dubaï, de plus de huit ans, cette fois...

La situation du Pakistan, sous la directive de Pervez Musharraf, ne pourra évidemment que s'empirer d'un point de vue géopolitique. Les attentats du 11-Septembre, de Londres, de Madrid, pour ne citer qu'eux, trouveront immanquablement leurs racines au nord-ouest du Pakistan, du côté d'Al-Qaïda. Dans les dizaines de milliers de *madrasas* qui sévissent sur le sol du « Pays des purs », aussi, où l'on enseigne la guerre sainte, le djihad, et où se forment les futurs candidats à des attentats suicides.

En 2007, l'occasion se présente enfin à Benazir de revenir au pays, d'y jouer un rôle essentiel. L'Occident a enfin compris – ou plutôt enfin décidé, pour certains – que le Pakistan, dans sa forme actuelle, était devenu le plus grand danger de la planète. Imaginons un seul instant que les fous de Dieu s'emparent du pouvoir, et donc de l'arme nucléaire…

Et c'est donc sous la houlette des États-Unis – un comble – que Benazir entame, en octobre, ce qui sera son dernier grand retour vers la conquête politique du Pakistan…

14

Et maintenant,
que vont-ils faire ?

L'ANNÉE 2007 était celle de l'expiration du mandat
de cinq ans du président pakistanais Pervez
Musharraf, par ailleurs toujours chef d'état-major interarmées. Depuis son putsch de 1999, rien n'avait vraiment
changé, y compris dans la manière de diriger le pays les
armes à la main. « *Mon ami Musharraf* », ainsi qu'en parle
George W. Bush depuis l'automne 2001, avait également
su se ménager les bonnes grâces des États-Unis, qui
l'avaient arrosé de millions de dollars essentiellement à
destination de l'armée – pas toujours pour acquérir du
matériel, du reste... –, à l'instar de son probable maître à
penser, l'ex-dictateur Zia.

Il faut dire qu'après le 11-Septembre, Musharraf s'était
immédiatement rangé aux côtés de « son ami » Bush.
Principe de précaution, sûrement, puisque comme on le
saura plus tard, les attentats avaient été planifiés depuis le
Pakistan...

La différence avec Zia est cependant notoire : alors que
ce dernier avait pour mission d'aider les Afghans à mettre
l'URSS dehors, au grand bénéfice des États-Unis, le soutien
des USA à Musharraf était destiné à tout autre chose. Il

s'agissait désormais de combattre ceux-là même qu'ils avaient aidés à vaincre l'Union soviétique, et qui avaient contribué, sans trop le savoir, à conclure la guerre froide au bénéfice des USA. Car depuis, les talibans et les moudjahidines s'étaient retournés contre l'Occident, au nom de la guerre sainte contre les « croisés ».

La ressemblance entre Musharraf et Zia se retrouvait toutefois sur deux points précis : le détournement d'une bonne partie des fonds donnés par les USA, et surtout, en sous-main, une aide indéfectible aux mêmes talibans et moudjahidines !

Outre l'élection présidentielle d'octobre, on mènera également campagne pour les élections législatives, en fin d'année, celles-ci étant programmées au début du mois de janvier 2008. Benazir Bhutto, toujours en exil entre Londres et Dubaï, va évidemment participer à la bataille. Il y a huit ans qu'elle attend ce moment depuis l'étranger, et elle est d'autant plus motivée que le Pakistan n'a pas connu de démocratie digne de ce nom depuis maintenant onze ans, lorsque son deuxième gouvernement a été renversé en 1996. Son pays est une dictature de plus en plus violente, et il lui faut des appuis pour revenir dans la course.

Ce seront… les États-Unis ! Qui, côté double jeu, valent très largement Pervez Musharraf, et par ailleurs n'arrivent pas à se tirer du bourbier où ils sont allés se mettre avec l'Otan en Afghanistan. Il va bien falloir en sortir, et ce Musharraf, finalement, une main à la lutte contre Al-Qaïda et l'autre caressant Ben Laden et ses amis du Pakistan, commence à agacer, à Washington. Qui peut le battre dans des élections ? Benazir Bhutto, bien sûr, qui a gardé un capital confiance quasi intact auprès du peuple pakistanais.

Benazir a depuis longtemps compris le parti qu'elle pouvait tirer de cette nouvelle donne, et, pragmatique en diable, s'est ruée dans la brèche. Elle ne peut pas poser le pied au Pakistan, accusée qu'elle est de corruption ? Ça peut se régler : Washington met la pression à Musharraf. Le deal est le suivant : amnistie pour Benazir Bhutto, et accord de gouvernement après les législatives de janvier 2008. On permet à Musharraf de garder la présidence, mais il devra laisser l'exécutif au gouvernement Bhutto issu des élections de janvier.

Autrement dit, l'administration Bush pousse quelque peu le président sur la touche, et sait déjà que le pouvoir passera à gauche, au Parti du peuple pakistanais. Qui sera, pour sa part, beaucoup moins enclin à supporter moudjahidines, talibans et autres *madrasas* sur son territoire. Et l'impopularité de Musharraf est devenue telle qu'en fait, il n'y a pas besoin d'être grand devin ou grand expert de la CIA pour prévoir l'issue des législatives.

Le 6 octobre 2007, Pervez Musharraf est réélu président du Pakistan, par la grâce d'un scrutin dont l'armée a le secret. Cette fois-ci, on est toutefois plus imaginatif : l'élection sera indirecte, c'est-à-dire que seuls de « grands élus » voteront, tous acquis à la cause du dictateur en place !

Cependant il y a un couac : la justice en a elle aussi plein les bottes de la dictature et de sa dépendance au pouvoir, et c'est la Cour suprême qui donne le ton. Comme l'explique Olivier Guillard [1] : « *La Cour suprême et son héraut, le juge Iftikhar Chaudhry, s'apprêtaient selon toutes vraisemblances*

---

1. Olivier Guillard est directeur de recherches à l'IRIS, Institut de relations internationales et stratégiques, et associé de la société Crisis Consulting.

à invalider sa réélection de début octobre, lors d'un scrutin présidentiel confinant plus à la farce qu'à la volonté de "reconstruction nationale" pourtant chère au discours de l'ancien commando les derniers mois. L'imposition de l'état d'urgence lui évita le camouflet d'une invalidation de ce scrutin et lui offrit l'opportunité de se débarrasser de cette institution soudainement indépendante, intrépide au point de contester l'habituelle omnipotence de la présidence et, plus généralement, des hommes en treillis et galons. »

Piégé, Musharraf n'y va pas par quatre chemins : devant la menace, il déclare l'état d'urgence début novembre, limoge les juges de la Cour suprême et les remplace. Les 19 et 22 novembre, cette dernière, désormais à nouveau aux ordres, valide sa réélection, bien sûr... Le dictateur profite aussi de l'occasion, dans une période où ça ne va pas apparemment très bien pour son avenir, pour mettre en résidence surveillée Benazir Bhutto, revenue entre-temps au Pakistan le 18 octobre. Musharraf craque, de toute évidence, entre la validité de sa réélection – l'opposition n'a pas dit son dernier mot –, et les sondages qui annoncent Benazir largement en tête dans la course au gouvernement.

Le retour de Benazir sur le sol du Pakistan, le 18 octobre 2007, aura été triomphal et dramatique à la fois.

« *Mon pays est en danger* », répétait-elle à qui voulait l'entendre, avant d'y revenir. « *Mon devoir est de participer à son rétablissement, à son retour à la démocratie.* » Sur les dangers qu'elle courait, « *Je n'ai pas peur de la mort* », répondait-elle invariablement. Et pourtant, le terrain est plus que miné pour elle, au Pakistan, entre les extrémistes qui veulent sa peau – trois organisations fondamentalistes ont juré de l'assassiner –, et un pouvoir aux mains de l'éternel duo Armée-ISI qui ne va pas lâcher le morceau comme ça, malgré la pression états-unienne, comme l'indique par exemple l'état d'urgence décrété par Musharraf.

Lorsqu'elle atterrit à Karachi, ce 18 octobre, c'est un accueil digne de celui de 1993 qui l'attend. Il y a en effet plusieurs centaines de milliers de personnes à son arrivée à Karachi, un bon million selon plusieurs médias ! Son retour est de toute évidence un triomphe révélateur. Le PPP et elle sont plus que rassurés sur leur popularité. Même si le danger est bien réel. « *Je peux très bien, comme Begnino Aquino, être abattue d'une balle sur la passerelle même de l'avion, sans encore avoir posé le pied sur le sol de mon pays* », avait-elle dit à un journaliste.

Il semble bien, d'ailleurs, que Benazir Bhutto pressente quelque chose de grave, plus ou moins inconsciemment : on apprendra plus tard qu'elle avait pris un certain nombre de dispositions en cas de grand malheur, avant son retour à Karachi, contrairement aux autres fois.

Elle n'avait pas parlé pour la galerie, en évoquant de grands risques. Le cortège qui l'accompagne met des heures à se rendre là où Benazir doit prononcer un discours, et il est désormais plus de minuit. À minuit et quart, une terrible explosion est déclenchée au passage de Benazir Bhutto, par le biais d'un véhicule piégé. Olivier O'Mahonny, l'envoyé spécial de *Paris Match*, s'en souviendra longtemps. Quelques dizaines de minute plus tôt, il accompagne la « Bhutto-mobile », un camion en fait, à pied, côté gauche. Entre le véhicule qui a explosé et celui de Benazir… Il avait dû s'absenter un peu…

Et puis une deuxième explosion, aussi puissante que la première, finit le « travail ». Une technique éprouvée : la première déflagration tue et blesse, mais provoque aussi un attroupement autour des victimes. La deuxième augmente le nombre de morts et de blessés. Bilan terrifiant : près de 140 morts ! Pas loin des 400 blessés ! Et un nouveau miracle pour Benazir : au moment où la « Bhutto-mobile » doit passer devant la voiture piégée, une autre auto est parvenue à se glisser entre les deux. Ce qui a diminué, évidemment, l'impact sur le camion de la candidate. De plus, elle n'était pas à l'air libre, depuis le toit ouvrant, comme depuis l'aéroport de Karachi, à saluer la foule. Elle venait tout juste, quelques secondes plus tôt, de se rasseoir dans le camion blindé pour feuilleter son discours.

Olivier O'Mahonny est très rapidement sur place. Son témoignage [2] et ceux qu'il a pu récolter sont terribles :

« *Nous arrivons sur les lieux où, trois-quarts d'heure auparavant, deux bombes ont explosé autour du cortège de Benazir Bhutto.* […] *Autour de nous règne un silence de mort et flotte une odeur de chair brûlée. Le sol est glissant à cause du fioul répandu sur la chaussée. Le camion blindé, d'où Benazir a salué la foule depuis son arrivée à l'aéroport de Jinnah, est affaissé. Ses deux pneus avant sont crevés, ses vitres explosées, ses flancs jonchés de sang. À sa gauche, la carcasse d'un pick-up qui a explosé, suivie de celle d'une petite Hyundai Santro, totalement carbonisée.*

« *Abdul Habib Memon, responsable du PPP, candidat aux prochaines élections législatives, se trouvait heureuse-*

---

2. *Paris Match*, Olivier O'Mahonny, 25 octobre 2007.

ment du côté droit – le bon – du camion de Benazir. "C'était épouvantable, il y avait au moins 150 morts, et des morceaux de chair partout..." Son ami Abid Sheikh, militant du PPP, a vu la scène de loin. "J'ai cru à un feu d'artifice", raconte-t-il, "à cause des deux explosions et des coups de feu qui ont suivi". Membre de la sécurité de Benazir, Kamran Orakzri s'est assis sur le trottoir, hébété. Son tee-shirt est maculé de sang. Il est blessé au dos. "J'étais juste derrière le camion de Benazir, à côté de l'échelle qui sert à monter sur le toit, à deux mètres de la voiture qui a explosé. Je pense que le camion m'a protégé. J'étais en train de manger un sandwich en regardant vers l'arrière du cortège quand j'ai entendu une première explosion, énorme, puis une seconde et des coups de feu. Puis j'ai vu sortir Benazir, saine et sauve, l'air très calme. Elle a eu beaucoup de chance. Je suis sûr que la voiture qui a explosé aurait dû heurter son camion. Heureusement, un autre véhicule s'est glissé entre les deux. Sinon, je ne vois pas comment Benazir aurait pu s'en sortir." »

Le reporter de *Paris Match* est probablement le plus complet, sur ce qui a pu être écrit à propos de cette tragédie du 18 octobre. Il se rend dans la foulée à Clifton Road, où se trouve la maison des Bhutto. Ce n'est plus le « 70 Clifton », comme le nommaient affectueusement les Bhutto depuis toujours. Non, l'endroit a été rebaptisé, et désormais la propriété se nomme la « Bilawal House »… Un symbole qui est tout sauf neutre.

« *Le trajet entre le lieu du drame et la maison de Benazir est sinistre* », raconte Olivier O'Mahonny. « *Une demi-heure dans des avenues désertes et mal éclairées. Quand nous y arrivons, une petite foule se masse devant l'impasse qui mène à la demeure de l'égérie du PPP. […] Nous rencon-*

trons deux reporters de Reuters, en larmes. L'un est pakistanais, basé à Islamabad, tandis que son cameraman vient d'arriver de Londres. Ils reviennent tout juste de l'hôpital civil. "Nous étions avec le cameraman d'ITV, Aref, qui est mort sous nos yeux, sa carte de presse sur le ventre."

« Masood, le chef des talibans pakistanais, avait prévenu : "Il y aura des attentats-suicides le jour de l'arrivée de Benazir Bhutto." Malheureusement, il avait raison. […] Parvin Qimkahni, senior vice-présidente du PPP depuis 2003 et secrétaire particulière de Benazir depuis 1992, sort tout juste de la Bilawal House. Son foulard blanc est maculé de sang : "Je me tenais sur le toit du camion de Benazir quand les deux bombes ont explosé. À ce moment, tout le monde s'est baissé. Juste après l'explosion, j'ai vu à côté de moi trois militants tomber. Ils étaient morts…" »

Le journaliste y retrouve Abdul Habib Memon, le responsable du PPP qu'il avait vu deux heures plus tôt sur le lieu du massacre. Ce dernier vient s'inquiéter du nombre de balles, puisque des coups de feu ont également été tirés, qu'Olivier O'Mahonny et ses confrères auraient éventuellement comptés sur le pare-brise explosé du camion : « *Benazir voudrait savoir.* » On fait défiler les clichés sur le petit écran de l'appareil photo numérique. Impossible de distinguer quelque chose : il faudrait un ordinateur. On entre donc dans la Bilawal House, « *bunkérisée* », comme l'écrit le reporter de *Paris Match*. Mais d'abord, on éteint et on laisse les téléphones portables au planton. On se souvient probablement, au PPP, de la mort violente d'un dirigeant du Hamas, victime d'un coup de téléphone « explosif »…

Benazir, qui s'informe de la situation en regardant la BBC, en compagnie de sa garde rapprochée, se demande s'ils ne verraient pas mieux sur le PC les impacts de balles sur le camion ? Il est 4 heures du matin, maintenant, l'adrénaline est retombée et l'ambiance est bizarre, d'un calme triste. L'heure des confidences, peut-être, dans un de ces moments très spéciaux où les émotions, la fatigue et l'évacuation de stress libèrent plus facilement la parole.

C'est ainsi qu'Olivier O'Mahonny, sans pour autant chercher à profiter de la situation, hérite des confidences de Benazir Bhutto, une heure durant, juste après cette sanglante tentative d'assassinat. Un vrai scoop...

« Les traits tirés, elle a les larmes aux yeux quand elle évoque ses gardes du corps tués sur le coup », écrit le reporter.

Comment elle a échappé à l'attentat ?

« On a essayé de me tuer, j'ai eu énormément de chance. Quelques instants avant les explosions, je suis descendue à l'intérieur du camion pour relire le discours politique que je devais prononcer plus tard. J'étais protégée par les parois blindées et c'est ce qui m'a sauvée. J'ai entendu la première explosion, puis j'ai vu la seconde, à laquelle je m'attendais. Mon mari m'a souvent dit que ceux qui commettent ces attentats s'y reprennent toujours à deux, voire trois reprises. La première bombe sert à rabattre les gens, la seconde, à les achever ou à les tuer. […] »

Son état d'esprit, avant l'attentat ?

« Juste avant que les explosions se produisent, j'étais très heureuse. Le cortège était une énorme fête, l'atmosphère était joyeuse, les gens dansaient dans la rue, c'était magnifique. Pour moi, le vrai Pakistan, c'est ça. Et puis, une demi-heure avant l'attentat, nous avons reçu un appel des services de renseignement du gouvernement. Ils nous prévenaient que la police venait de recevoir une alerte à la bombe et qu'elle la prenait très au sérieux. […] »

Qui a essayé de la tuer ?

« Je sais exactement qui veut me tuer. Ce sont les dignitaires de l'ancien régime du général Zia, qui sont aujourd'hui derrière l'extrémisme et le fanatisme. Nous devons purger ces éléments encore présents dans nos services secrets [l'ISI, NdA]. *Bon nombre d'entre eux sont partis à la retraite, puis ont été réembauchés. Ils ont aujourd'hui beaucoup de pouvoir. Pour eux, je représente un danger : si je ramène la démocratie dans le pays, ils perdront leur influence.* [...] »

Sont-ils derrière l'attentat ?

« Les talibans et extrémistes islamistes ne peuvent agir seuls. Ils ne peuvent commettre leurs attentats-suicides depuis une grotte de montagne. Ils ont besoin d'une logistique, de nourriture, d'armes et de quelqu'un qui les supervise. »

« Nos photos du pare-brise de sa "Bhutto-mobile" n'étaient pas concluantes », conclut Olivier O'Mahonny. *« Pas grave : Benazir, jusque-là très maître d'elle-même, a un gros coup de fatigue, le premier de la journée. Elle se lève et congédie tout le monde. Il est cinq heures du matin... »*

Dès le lendemain, elle commencera sa campagne électorale. Avec rage. Elle ne mâche d'ailleurs pas ses mots à l'intention de Pervez Musharraf, qui lui a refusé un service de sécurité, avec pour résultat les centaines de victimes de la veille, à Karachi. Une douzaine de jours plus tard, donc, ce dernier décrète l'état d'urgence et fait placer Benazir en détention à domicile. Grosses colères des USA et de l'Europe. La réaction des États-Unis se fait en deux étapes. L'une médiatique, durant laquelle Condoleeza Rice s'étonne haut et fort des initiatives de Musharraf, ce qui équivaut en diplomatie à une bonne engueulade.

L'autre est plus musclée : le Département d'État missionne le n° 2 des Affaires étrangères, John Negroponte, à Islamabad. Sa mission est de « *dire son fait* » au président pakistanais, entre hommes et discrètement. Il semblerait que Negroponte ait eu la main lourde ce jour-là… De plus, bien que son voyage soit une visite éclair, il rencontre ostensiblement, à deux reprises le n° 2 de l'armée pakistanaise, appelé un jour ou l'autre à succéder à Musharraf à la tête de l'état-major. Et ce genre de choses ne demande aucun commentaire : tancer vertement un chef d'état-major, puis se montrer à la vue de tout le monde, visiblement dans les meilleurs termes avec son éventuel remplaçant, il n'y a pas besoin de dessin…

Musharraf, cette fois, a compris qu'il y avait réellement le feu. Il lève donc l'état d'urgence, et redonne la liberté de ses mouvements à Benazir Bhutto. Qui repart en campagne aussitôt sortie de sa résidence surveillée.

Mais du coup, elle rompt le pacte plus ou moins tacite avec Musharraf. Mieux : elle l'attaque de front, et pour enfoncer un peu plus le clou elle passe une alliance avec… l'ennemi intime de Pervez Musharraf, Nawaz Sharif, le leader de la Ligue musulmane ! Et ce dernier se souvient très bien que, Premier ministre, il a été renversé en 1999, pour « *incompétence, corruption et malversations* », puis très sérieusement enquiquiné par ces accusations, par un certain Musharraf Pervez. Autant dire qu'à partir de ce moment-là, pour les observateurs internationaux, les jours de présidence de Musharraf sont comptés.

On est en droit de penser que, même s'il n'y avait pas eu l'incident de l'état d'urgence, Benazir aurait adopté la même stratégie, créant au besoin un incident pour valider ses décisions. En effet, dans cette nouvelle configuration, elle s'affranchit des États-Unis, encombrants devant ses électeurs, « descend » Musharraf, et en prime étouffe son rival le plus dangereux, Nawaz Sharif : dans une alliance – contre nature, il faut bien le souligner – entre les deux partis, jamais ce dernier n'aura la majorité et le PPP sera en position de force. S'il s'agit du calcul réel de Benazir Bhutto, c'est quand même sacrément bien joué… Du reste, à l'heure où ces lignes sont écrites, l'alliance PPP-Ligue musulmane, au pouvoir, bat de l'aile. Et les ministres minoritaires de cette dernière s'apprêtent à quitter un gouvernement où le PPP leur avait réservé des postes. Qui va rester seul à la tête de l'exécutif ? Le Parti du peuple pakistanais…

On le sait, malheureusement, Benazir Bhutto ne verra jamais tout cela se dérouler. Son assassinat, le 27 décembre, l'en empêchera. Mais sa stratégie, elle, lui aura survécu, et c'est sans doute ce qui lui tenait le plus à cœur.

Sa mort bousculera le monde entier, et pas seulement d'un point de vue humain. Les marchés financiers liés de près ou de loin au Pakistan ont connu de sévères perturbations à l'annonce de sa mort, par exemple. Tout simplement parce que le Pakistan est devenu une véritable interface dans ce qui n'est pas autre chose que la Troisième Guerre mondiale, celle des intégristes musulmans contre les « croisés » de l'Occident, mais aussi les Juifs.

André Malraux a dit un jour : « *Le troisième millénaire sera spirituel ou ne sera pas.* » C'est bien de spiritualité dont on parle là, mais si ça doit débuter comme ça, par une guerre de religions…

Plusieurs mystères ont entouré la mort de Benazir Bhutto, on le sait aujourd'hui. Pourquoi ne sait-on pas exactement et officiellement comment elle a été assassinée ? Le pouvoir s'obstine à expliquer qu'elle n'a pas été tuée par balle, des dizaines de témoins ont vu le kamikaze le pistolet à la main, lui tirant dessus avant de se faire exploser. Les femmes qui ont procédé à sa toilette rituelle ont examiné des orifices d'entrée et de sortie de balle à hauteur de son cou. Scotland Yard, appelé à la rescousse, confirme sans sourciller ce que dit Musharraf, alors qu'une piste évoquée ici et là ces temps derniers – une information à prendre avec prudence –, fait état d'une balle tirée par un sniper, un tireur d'élite, assez loin de Benazir...

Pourquoi Baitullah Mehsud, présenté par les États-Unis comme le nouveau chef d'Al-Qaïda au Pakistan, accusé nommément d'avoir commandité cet assassinat par le pouvoir pakistanais, réfute-t-il cette information ? Alors que, en toute logique et même si c'est faux, il aurait beau jeu de s'en attribuer la paternité, non ?

Autre chose, qui n'est pas négligeable, très loin de là : lors d'une interview menée par le célèbre journaliste américain David Frost, désormais à Al-Jazeera, Benazir Bhutto explique à son interlocuteur qu'Oussama Ben Laden a été assassiné par un ancien membre des services secrets pakistanais, Omar Sheik !

Vous avez bien lu : Ben Laden assassiné ! La vidéo [3] de cet entretien est visible sur un certain nombre de sites Internet spécialisés, et il n'y a pas de doute en écoutant cette conversation : il ne s'agit pas d'un lapsus... Au moins aussi

_____

3. http://video.google.fr/videosearch?q=bhutto + ben + laden

étonnant, le journaliste vedette de la chaîne arabe, pourtant rompu à l'exercice de l'interview, ne relève même pas l'énormité de ce qui vient de se dire et continue son entretien !

La mort de Ben Laden a plusieurs fois été évoquée, au début des années 2000, avec diverses interprétations, notamment celles concernant son état de santé. Jamais en termes d'assassinat. Et l'information que livre Benazir à Al-Jazeera tient la route dans le contexte « Ben Laden est mort » du début de ces années 2000 : Omar Sheik est en prison depuis 2002.

Cette information extraordinaire – c'est-à-dire la dénonciation d'assassinat du terroriste –, donnée par une personne de l'envergure de Benazir Bhutto, à un journaliste de la trempe de David Frost, sur la plus grande chaîne d'infos en continu des pays arabes, aurait dû se retrouver à la une des journaux du monde entier le lendemain matin. Elle a fait « pschiit ! », comme disait l'autre, et on a véritablement de bonnes raisons de se demander pourquoi...

Au Pakistan, certains pensent, aujourd'hui, que Benazir a trop parlé ce jour-là – c'était avant son retour triomphal au pays. Et que c'est peut-être surtout pour cela qu'elle a failli mourir à Karachi, et qu'elle a finalement été assassinée à Rawalpindi le 27 décembre.

Saura-t-on jamais le fin mot de l'histoire ?

Peu de temps après sa mort, on ne le sait que très peu ou on ne s'en souvient pas, une information chassant l'autre, une véritable rafle dans les milieux islamistes terroristes a eu lieu en Europe. La presse européenne a d'ailleurs largement rendu compte de ce démantèlement, le 18 janvier 2008.

Il semble bien que pour l'occasion, en fait, plusieurs pays européens aient échappé à un vague d'attentats terrible. Le président Musharraf était en visite officielle à travers l'Europe, histoire probablement de se refaire une honorabilité, accompagné paraît-il par une poignée de *spin doctors* états-uniens. Marqué à la culotte, quoi…

Le réseau Voltaire a mené une enquête très fouillée et très argumentée [4] sur l'autre morceau de l'iceberg, celui qu'on ne voit pas, beaucoup plus gros. Et les conclusions de Thierry Meyssan sont assez imparables quand il titre : « Comment la DGSE a déjoué une nouvelle vague d'attentats »…

Dans un souci de clarté, et avec l'aimable autorisation de son auteur, une partie de cette enquête est publiée brute, pour une compréhension totale du lecteur :

« Une vaste campagne d'attentats islamistes aurait dû terroriser l'Europe entre le 20 et le 28 janvier 2008. Elle a été déjouée *in extremis* par la DGSE française et son homologue en Espagne, le CNI, sous la supervision de José Luis Zapatero. Mais ces attentats étaient attendus par l'OTAN pour pouvoir intervenir militairement au Pakistan.

« Sur les instructions de l'émir pakistanais Baitullah Mehsud, six kamikazes et cinq complices s'apprêtaient à commettre trois attentats, en quarante-huit heures, à Barcelone, dans deux wagons de la ligne 3 du métro, dans un centre commercial non identifié et à la mosquée de Ciutat Vella. Cette opération aurait marqué le début d'une nouvelle vague d'attentats au Portugal, en France, en Allemagne et au Royaume-Uni. La nouvelle a été annoncée par le ministre de l'Intérieur, Alfredo Perez Rubalcaba [5] […]

---

4. http://www.voltairenet.org/article155002.html
5. « L'Espagne en état d'alerte après un coup de filet antiterroriste », Harold Hecke, Associated Press, 19 janvier 2008.

« Le coup de filet a été rendu possible grâce aux informations données par un jeune homme, destiné à se sacrifier au cours d'un attentat, qui a échappé à ses camarades et s'est spontanément présenté à la police. Trois complices se sont enfuis vers la France où ils sont activement recherchés. Des moyens exceptionnels ont été déployés pour trouver une seconde équipe, qui aurait été chargée de fabriquer les explosifs [6].

« Le chef de la cellule catalane, Maroof Ahmed Mirza, avait été formé durant quatre années dans une *madrasa* (école coranique) extrémiste au Pakistan. Il était suivi par plusieurs services de renseignement occidentaux. Les *"services"* français avaient observé son arrivée sur leur territoire et prévenu leurs homologues espagnols du Centro Nacional de Inteligencia (CNI) de son installation en Catalogne. Ceux-ci avaient retrouvé sa trace dans une banlieue déshéritée, Raval, où il était devenu imam de la mosquée de la rue de l'Hôpital. Pour donner le change, il évoluait avec ses hommes au sein d'une petite communauté musulmane non violente à Barcelone [...].

« Selon le témoignage du jeune repenti (désigné dans les procès-verbaux d'enquête sous le pseudonyme de "F-1"), il aurait été choisi pour mourir avec deux autres compagnons dans un attentat à Francfort, mais au dernier moment, les plans auraient été modifiés. Il aurait dû participer à l'opération de Barcelone et aurait été remplacé, à Francfort, par un certain Akeel Abassi. Le juge Ismael Moreno, chargé de l'affaire, a également entendu les autres interpellés. Au total,

---

6. Enrique Figuerdo et Eduardo Martin de Pozuello, *La Vanguardia*, 29 janvier 2008.

il s'agit de neuf Pakistanais et d'un Indien (ou peut-être huit Pakistanais, un Bengali et un Indien) [7] [...].

« En réalité, F-1 serait un agent des services de renseignement extérieur français (DGSE), infiltré dans les réseaux djihadistes. Les militaires français auraient tenu une réunion d'urgence avec leurs homologues espagnols, à Noël [2007, NdA] à Madrid. [...] Le coup de filet aurait été décidé au vu de la prière collective des membres du commando et de leur purification rituelle, indicateurs d'un passage à l'acte imminent. [...]

« Six autres individus, pistés par le Centro Nacional de Coordinación Antiterrorista espagnol, ont été arrêtés le 24 janvier à l'aéroport britannique de Gatwick, tandis que le [...] service de contre-espionnage (MI5) lançait un avis d'alerte : cette équipe de planificateurs devait déclencher une autre cellule kamikaze qui aurait commis un attentat dans le tunnel sous la Manche [8]. Tous les services de renseignement européens ont été placés en état d'alerte, d'autant que ces événements coïncidaient avec le périple européen du président pakistanais, Pervez Musharraf (Bruxelles, Paris, Londres, Davos) [9]. Un voyage à hauts risques au cours duquel l'ancien chef d'état-major, entouré d'une nuée de *spin doctors* états-uniens, devait se construire une image plus positive de leader fréquentable. Malheureusement ses réflexes autoritaires ressurgissaient chaque fois qu'on l'interrogeait sur l'indépendance des juges de son pays ou la possible

---

7. *Times of India*, 26 janvier 2008.
8. « *Suicide bomb suspects held at Gatwick after tip-off* », David Leppard, *The Sunday Times*, 3 février 2007.
9. « *Les services européens redoutent des attentats* », Arnaud de La Grange, *Le Figaro*, 21 janvier 2008.

implication de son parti politique – la PML-Q – dans l'assassinat de Benazir Bhutto. [...]

« En outre, les événements de Barcelone prenaient place dans un contexte de nombreuses menaces : le 3 janvier, un certain Murabit Muwaded a posté en arabe sur le forum du site islamiste, al-ekhlaas. net, un message promettant de "*mettre un terme à la poursuite des ambitions du président Sarkozy dans les pays du Maghreb*" et de provoquer "*un effondrement de l'économie française au niveau international*".

« Le 5 janvier, un centre états-unien chargé de surveiller les communications du réseau d'Oussama Ben Laden a repéré sur Internet des menaces "*contre Paris et contre son maire Bertrand Delanoë*" afin d'entraîner "*la chute de Nicolas Sarkozy*".

« Le 10 janvier des contrôleurs aériens portugais ont intercepté un message sur les ondes courtes faisant état de menaces terroristes sur Paris [10].

« Le 21 janvier, *Le Parisien* a "*oublié*" de signaler, en une, un entretien avec "la veuve noire", une ancienne dirigeante d'Al-Qaïda, annonçant que la France serait punie pour son allégeance à l'Amérique.

« Le 24 janvier, un message posté sur le forum du site Internet, al-ekhlaas. Net, cette fois signé "*Al-Qaïda en Grande-Bretagne*", exigeait un retrait des troupes britanniques d'Afghanistan et d'Irak, ainsi que la libération des "*musulmans captifs*" de la prison de haute sécurité de Belmarsh. Il désignait Gordon Brown et Tony Blair comme cibles.

---

10. « *Un appel terroriste visant la tour Eiffel a été intercepté au Portugal* », Yves Bordenave, *Le Monde*, 12 janvier 2008.

« Le 5 février, Nigel Inkster, l'ancien directeur adjoint des services secrets extérieurs britanniques (MI6) présentait à Londres le très attendu rapport annuel de l'International Institute for Strategic Studies (IISS). À cette occasion, il a *"confirmé"* que Baitullah Meshud avait organisé l'assassinat de l'ancien Premier ministre pakistanais Benazir Bhutto, en décembre 2007. M. Inskter a désigné le chef néotaliban comme le nouvel ennemi public n° 1 de l'Occident en remplacement d'Oussama Ben Laden et d'Abou Moussab Al-Zarkaoui. […]

« L'affaire de Barcelone est exceptionnelle et l'on imagine que les gouvernements espagnol et britannique ont chaleureusement remercié la Direction générale de la sécurité extérieure (DGSE) française – et particulièrement leur audacieux agent F-1 – pour avoir déjoué ces complots et sauvé tant de vies innocentes. Il n'en est rien. Car il y avait un deuxième niveau de manipulation.

« Le lecteur attentif est peut-être déjà devenu soupçonneux devant la campagne médiatique alarmiste qui précédait ces projets d'attentat. Il aura remarqué la confusion entre courants islamistes. Il aura peut-être souri devant les menaces de *"la veuve noire"*, prétendument ancienne dirigeante d'Al-Qaïda, alors que cette mouvance – affirment les mêmes médias – refuse tout rôle politique aux femmes. Il se sera interrogé sur ce Mashud qui passe du jour au lendemain de statut d'*"artisan de paix"* à celui d'*"ennemi public n° 1"*. Et s'il a vu son interview sur Al-Jazeera, il se souviendra de ces commentaires du journaliste : *"C'est un homme très simple. Il a une garde lourdement armée, mais il ne se comporte pas comme un chef inaccessible. Dans son village, il est chez lui. Contrairement à certains combattants étrangers d'Al-Qaïda, il ne se cache pas.*" Bref, il semble ignorer son nouveau rôle de méchant planétaire et ne craint pas de faire l'objet d'une attaque des forces spéciales états-uniennes. [...]

« Vient le moment où le masque tombe : les six terroristes de la cellule de planification arrêtés par Scotland Yard, à l'aéroport de Gatwick, le 24 janvier, ont été longuement interrogés par le contre-espionnage britannique (MI5) au centre de haute sécurité de Paddington Green. Surprise : l'un était le frère cadet, trois autres les neveux, et les deux derniers des collaborateurs directs de Chaudhry Shujaat Hussain, président de la Pakistan Muslim League Quaid-i-Azam (PML-Q), le parti politique du président Pervez Musharraf. Tout ce petit monde rejoignait la suite de Pervez Musharraf, attendu à Londres. Ils n'avaient aucun éclaircissement à apporter sur leur passage à Barcelone. Après les vérifications d'usage, la raison d'État a prévalu. Ils ont été discrètement expulsés vers Islamabad (Pakistan) par le premier vol disponible tandis que Scotland Yard évoquait une méprise (mais alors, pourquoi les expulser ?) [11].

« S'il n'avait pas été déjoué, le 19 janvier, le scénario de la terreur aurait été le suivant : les deux premiers jours du voyage de Pervez Musharraf en Europe (les 20-21 janvier à Bruxelles et à Paris), la première cellule faisait quarante-huit heures de carnage à Barcelone. Le 22 janvier, le président pakistanais étant toujours à Paris, une seconde cellule y opérait. Entre le 23 et le 25, alors que M. Musharraf pérorait au Forum économique de Davos, des bombes explosaient

---

11. « España tomó por terroristas a cargos del partido de Musharraf », *El País* ; « El CNI confundió a familiares de un colaborador de Musharraf con islamistas », Nando Garcia, *El Mundo*, 6 février 2008.

à Francfort. Et lors de son séjour à Londres (du 26 au 28), un attentat dévastait le tunnel sous la Manche.

« Du Pakistan, Baitullah Mehsud revendiquait cette campagne de terreur. Accordant des interviews à la presse européenne, Pervez Musharraf dénonçait le tueur de Benazir Bhutto et appelait les forces armées US à l'aide. Déjà secrètement rendu sur place, l'amiral Mike McConnell, directeur général du renseignement US, et le général Michael Hayden, directeur de la CIA, dirigeaient une opération contre Meshud. Malheureusement, ils le manquaient de peu, mais tuaient son adjoint, le Libyen Abu Laith al-Libi, le 31 janvier [...]

« Le même jour, George W. Bush battait le tambour en prononçant un discours à Las Vegas sur la guerre globale au terrorisme. Le 1er février, à Paris, Nicolas Sarkozy appelait à un sursaut de l'Occident en recevant le secrétaire général de l'OTAN. Le lendemain à Londres, Gordon Brown et Dick Cheney répondaient à cet appel.

« Le 5 février l'International Institute for Strategic Studies publiait un rapport qui venait à point pour évaluer l'ampleur de la menace Meshud. Les ministres de l'OTAN, réunis les 7 et 8 février à Vilnius (Lituanie), décidaient d'étendre les opérations de l'Alliance de l'Afghanistan au Pakistan.

« Politique-fiction ? Non. Outre que l'agenda des personnalités ci-dessus est exact, [...] ainsi, les services secrets militaires français et espagnol, et José Luis Zapatero, n'ont pas seulement empêché des attentats en Europe : ils ont empêché (ou au moins différé) une opération militaire de l'OTAN au Pakistan, à laquelle ils sont viscéralement opposés. »

On le constate, on n'en est plus au double, mais au triple jeu à propos du Pakistan. Et dans ce contexte – sachant que

George Bush le lui demandait depuis plusieurs mois –, comment oublier la décision du président français, Nicolas Sarkozy, de renforcer le contingent français en Afghanistan de 800 hommes ? Comment ne pas se souvenir, aussi, de son brusque rapprochement de l'OTAN, début 2008, qui en a surpris et effaré plus d'un, y compris dans les rangs gaullistes de l'UMP ?

Et puis, comment ne pas se demander de plus belle, finalement, pourquoi et par qui Benazir Bhutto a été assassinée ?

***

Benazir Bhutto était très consciente de ce début de descente aux enfers du Pakistan. On peut même penser que c'était le ressort principal de sa dernière aventure politique, pour un pays et des gens qu'elle aura aimés et soutenus au-delà de tout ce qu'on peut imaginer. Et elle aura tout supporté, de ses chers morts à l'exil, de la persécution à la prison. Elle aura tout donné, y compris, finalement, sa vie. Il y a d'ailleurs fort à parier qu'elle-même connaissait parfaitement la fin qui l'attendait. Mais elle a continué de tracer le sillon dynastique, avec une foi et une force inébranlables.

Que va désormais devenir le Pakistan ? Très difficile à dire, tant le jeu géopolitique ô combien compliqué de cette région est ardu à cerner. Mais il semble bien que les Pakistanais, après avoir mangé beaucoup plus de pain noir que de pain blanc, aient énormément de soucis à se faire. Y compris en ce qui concerne leur intégrité territoriale. Les dictatures ont mené peu à peu le pays au bord du précipice, et il semble bien que la dernière en date ait été le combat de trop des militaires et des services secrets pour le pouvoir, tous les pouvoirs. Benazir ne sera pas là pour le voir, et tant mieux…

« *Quand Shah Nawaz est mort empoisonné, on a commencé à nous comparer aux Kennedy et aux Ghandi* », a-t-elle dit un jour. Incontestablement, on ne peut que faire le rapprochement entre ces familles, décimées pour avoir voulu le bien public, quelles que soient les orientations et les politiques qu'elles ont menées. Des familles riches de personnalités uniques dans la force et le charisme, avec de vrais grands destins mondiaux, qui ont payé de leur vie d'avoir fait avancer les choses pour les autres.

L'autre point commun, et on ne le dit que trop peu souvent, est que ces mêmes familles, très aisées, auraient pu tout aussi bien se construire des vies de rêves, à l'abri de tout, dans l'insouciance, le luxe et le plaisir. Ça n'était pas leur destin…

Des dizaines de millions de petites gens, au Pakistan, ont pleuré toutes les larmes de leurs corps lorsqu'ils ont appris la mort de Benazir. Elle était « surhumaine », elle seule pouvait les aider à vivre un peu moins mal, les plus de quarante millions qui vivent sous le seuil de pauvreté et les autres, qui survivent avec tout juste ce qu'il faut.

Des dizaines de millions, aussi, ont dû repenser au *Karbala*. Pour les musulmans, ce nom désigne le drame survenu dans la famille du Prophète Mahomet vers 650 après J.-C., quand son petit-fils est tombé en martyr au milieu de ses compagnons, victime du calife usurpateur Yazîd et de ses troupes, qui emmenèrent ensuite les femmes et les enfants de la famille du Prophète en captivité. Une véritable et grande tragédie familiale, régulièrement rappelée, chaque année, par des prières et des reconstitutions.

Chez les chiites, on estime que depuis cet événement, chaque génération accouche d'une famille qui doit revivre le *Karbala*, le drame familial de Mahomet, l'anéantissement et la dispersion de la famille. À la mort injuste de Zulfikar Ali Bhutto, on a noté avec attention ce destin tragique d'un grand homme. À celle de Shah Nawaz, les chiites n'avaient plus de doutes : la famille Bhutto, et c'était un grand honneur, était celle qui aurait à revivre, dans sa génération, le drame du Prophète...

Et si c'était vrai, cette histoire de *Karbala* ?...

Table des matières

ACHEVÉ D'IMPRIMER EN JUIN 2008

SAGIM-CANALE, COURTRY

Imprimé en France

L'imprimerie Sagim-Canale est titulaire
de la marque Imprim'vert®

Dépôt légal : juin 2008

N° d'impression : 10873

Éditions Alphée, Jean-Paul Bertrand
28, rue Comte-Félix-Gastaldi
Monaco